◈ 农村土地制度改革研究

丛书主编 黄贤金 陈美球

谢泽林 黄凌翔 刘戈 等编著

农村建设用地再开发市场决策与调控

南京大学出版社

图书在版编目(CIP)数据

农村建设用地再开发市场决策与调控 / 谢泽林等编著. —南京：南京大学出版社，2019.9
（农村土地制度改革研究 / 黄贤金，陈美球主编）
ISBN 978-7-305-08609-0

Ⅰ.①农… Ⅱ.①谢… Ⅲ.①农业用地-土地开发-市场管理-研究-徐州 Ⅳ.①F321.1

中国版本图书馆 CIP 数据核字（2019）第 220031 号

出版发行	南京大学出版社
社　　址	南京市汉口路 22 号　　邮　编 210093
出 版 人	金鑫荣
丛 书 名	农村土地制度改革研究
丛书主编	黄贤金　陈美球
书　　名	**农村建设用地再开发市场决策与调控**
编　　著	谢泽林　黄凌翔　刘　戈　等
责任编辑	田　甜　吴　汀　　　编辑热线　025-83593947
照　　排	南京紫藤制版印务中心
印　　刷	江苏凤凰数码印务有限公司
开　　本	718×1000　1/16　印张 16.25　字数 217 千
版　　次	2019 年 9 月第 1 版　2019 年 9 月第 1 次印刷
ISBN	978-7-305-08609-0
定　　价	68.00 元

网　　址：http://www.njupco.com
官方微博：http://weibo.com/njupco
官方微信：njupress
销售咨询热线：(025)83594756

* 版权所有，侵权必究
* 凡购买南大版图书，如有印装质量问题，请与所购图书销售部门联系调换

总　序

农村土地制度改革关系到农民土地权益的实现,关系到城乡融合发展战略的实施。由此,自 2015 年以来开展了以农村土地征收、集体经营性建设用地入市、宅基地制度改革为重点的"三块地"改革试点,2016 年我国又实施了以农村土地承包制度完善为核心的农村土地所有权、承包权、经营权"三权分置"制度改革,形成了涵盖农村主要土地利用类型的农村土地制度改革内容,尤其是 2019 年 8 月通过的《中华人民共和国土地管理法》(修正案)进一步确立了农村土地制度的改革方向,创新了农村土地权益实现路径,为全面构建支撑基本现代化建设的中国农村土地制度打下了基础。

这一轮农村土地制度的全面改革,不仅是贯彻落实中共十八大关于全面深化改革战略部署的重要部分,也是建设现代化强国发展之路上的重要一站。从 20 世纪 50 年代的土地改革,到助推改革开放的农地承包经营制度创新,再到当前的农村土地制度综合改革,每一次改革都有其时代性特征,也为下一阶段的农村土地制度完善埋下了伏笔。

农村土地承载着农村的发展、农民的生活乃至城市的兴衰,是实现乡村振兴和国强民富的重要支撑。然而长期以来,受城乡二元体制的影响,农村土地配置受限、农民土地权益受损等问题日益突显,不仅制约了农村地区的发展,也影响到了健康的城乡发展,甚至国民经济和社会发展全局。正是在这样的背景下,新一轮农村土地制度改革应运而生。总体而言,此次农村土地制度改革旨在通过赋予农民应有的土地权益和激活农村低效闲置的土地,来改善农民福祉、促进乡村振兴,并逐步实现城乡融合发展的战略目标。为此,从中共十八大提出改革要求,到十八届三中全会明确改革任务,再到中共中央办公厅、国务院办公厅《关于农村土地征收、集体经营性建设用地入市、宅基地制度改革试点工作的意见》(中办发〔2014〕71号)进一步提出具体试点部署,以及《关于完善农村土地所有权承包权经营权分置办法的意见》,国家层面对改革试点做出了全方位的设计安排。

概括来看,此次农村土地制度改革的核心内容包括四个方面:一是针对目前征地范围过宽,征地程序不完善,补偿安置难以保障被征地农民长远生计等问题,完善农村土地征收制度;二是针对目前集体建设用地权能不完整,无法实现与国有建设用地同等入市、同权同价等问题,推动集体经营性建设用地入市;三是针对目前宅基地取得和保障制度不完善,低效闲置现象普遍和自愿有偿退出机制不健全等问题,探索宅基地制度改革;四是针对农村承包地流转难,难以满足农业劳动力流动以及农业资本市场发展的需要,从而探索经营权与承包权分离的新思路。

这些年来,国家不仅全面探索了农村土地承包权制度的改革,而且还着重围绕国家的顶层设计,将33个市(县、区)正式列入农村集体建设用地制度改革试点,国内不少其他地区也纷纷针对各自面临的问题探究农村土地制度的改革与创新路径。改革实践固然离不开理论的指导,但其反过来也会指引理论的发展。在当前农村土地制度改革如火如荼推进的过程中,适时检视改革实践和总结吸收改革经验,不仅有助于改革的顺利推进,也将为农村土地制度及相关理论的发展完善提供重要支撑。《农村土地制度改革研究》丛书的推出,就是要及时跟踪农村土地制度改革的最新进展、研讨改革过程中遇到的关键问题,并探寻突破改革难点和困境的有效路径。

本丛书由近年来活跃在相关领域的多位中青年学者有关农村土地制度改革研究的最新成果组成。其中:

《乡村振兴与土地使用制度创新》一书主要从土地使用制度创新的视角，探讨了如何通过激活农村土地要素来集聚"钱和人"等其他要素，以促进乡村振兴战略的实现。该书选编了作者及其团队近些年在相关领域发表的29篇论文，其中既有深层次的理论思考，也有基于地方实践的经验凝练；更为可贵的是，作者在系统的理论和实证研究基础上，提出的一系列政策建议，对于完善农村土地使用制度和促进乡村振兴意义重大。

《中国农村妇女土地权益流失探析》一书主要探讨了农民土地权益保障研究和实践中极易被忽视的一个重要问题——农村妇女土地权益。作者基于对江苏、湖北、四川三省的调查，系统阐述了农村妇女土地权益流失的现状及其影响，并从多维视角探究了农村妇女土地权益流失的根源，评价了农村妇女土地维权的意识及现状；该研究不仅揭示了当前中国农村妇女土地权益保障问题的症结，也为这一难题的解决提供了若干良方。

《农民土地依恋问题与征地制度改革》一书则是改变了征地制度改革研究的传统思路，通过借鉴人文地理学中的地方依恋概念，探讨了农民的土地依恋与征地制度改革之间的深层关系；特别是定量分析了农民土地依恋对其征地受偿意愿的具体影响。作者正是抓住了中国农民与土地之间的情感联系，为完善征地制度提供了一个崭新的视角，也更全面地阐释了征地制度尤其是补偿制度的制定不仅要考虑物质属性的土地价值，也不能忽视与土地紧密相连的农民的情感诉求。

《农村建设用地再开发市场机制及地价评估》一书主要针对目前我国村镇建设用地利用与配置低效、市场机制缺失和城乡统一土地市场建立困难等问题，系统研究提出了农村建设用地再开发市场的运行体系与调控机制。作者选择长三角和珠三角等地作为典型研究区域，在探讨农村建设用地再开发市场运行现状、凝练集体建设用地流转模式与创新经验的基础上，结合当前农村土地制度改革的最新动向，构建了集体经营性建设用地流转和宅基地退出的市场运行体系，与农村建设用地再开发基准地价评估技术体系，为农村建设再开发市场提供了技术基础。

《农村建设用地再开发市场决策与调控》一书,基于农村集体经营性建设用地市场制度建设需要,探索性地建立健全了相应的政策管控机制,并从市场监测与模拟、供需分析与仿真,以及决策支持系统的研发等方面健全了保障农村建设用地再开发市场运行的技术体系。

毋庸置疑,上述这些研究成果的出版对于推动我国农村土地制度改革及相关领域的理论研究和实践探索有着积极意义。我们也期盼通过本丛书的出版,吸引更多学者和实践工作者参与到农村土地制度改革研究与实践探索之中,为我国农村土地制度的不断优化添砖加瓦。

南京大学教授、中国土地学会副理事长　黄贤金
2019 年 8 月

目 录

1 农村建设用地市场监测与模拟预测技术 ·· 1
　1.1 技术概述 ··· 1
　1.2 农村建设用地市场监测思路与方法 ··· 2
　1.3 农村建设用地市场监测点优化配置技术 ··· 11
　1.4 农村建设用地市场模拟预测技术 ·· 14
　1.5 实证研究——无锡市滨湖区胡埭镇等建设用地再开发市场监测
　　　·· 27
　1.6 实证研究——无锡市滨湖区胡埭镇等地价监测点优化配置 ······················ 54
　1.7 实证研究——广州市白云区江高镇建设用地再开发市场监测与
　　　模拟 ·· 59
　1.8 实证研究——无锡市惠山区钱桥镇集体工业用地价格模拟预测
　　　·· 69
　1.9 本章小结 ··· 72

2 农村建设用地再开发市场供需分析与仿真技术 ·································· 75
　2.1 技术概述 ··· 75
　2.2 农村建设用地再开发的动力机制 ·· 77
　2.3 农村建设用地再开发的供需影响因素及市场均衡 ································· 79
　2.4 农村建设用地再开发供需关系模型建立 ·· 84
　2.5 农村建设用地再开发市场供需关系分析 ·· 94
　2.6 农村建设用地再开发市场供需的政策驱动分析 ································· 101

2.7　实证研究——无锡市滨湖区胡埭镇建设用地再开发市场供需分析 ·················· 105

　　2.8　实证研究——广州市白云区江高镇建设用地再开发市场供需分析 ·················· 121

　　2.9　实证研究——无锡市农村建设用地再开发市场供需的政策影响分析 ·················· 135

　　2.10　本章小结 ·················· 141

3　农村建设用地再开发市场促进决策支持技术 ·················· 143

　　3.1　技术概述 ·················· 143

　　3.2　再开发方案选择决策方法 ·················· 145

　　3.3　再开发方案选择决策过程 ·················· 155

　　3.4　农村建设用地再开发市场促进综合决策支持系统 ·················· 159

　　3.5　实证研究——无锡市惠山区城铁站地块再开发市场促进决策支持 ·················· 163

　　3.6　实证研究——广州市白云区永泰茶山庄地块再开发市场促进决策支持 ·················· 188

　　3.7　本章小结 ·················· 192

4　农村建设用地再开发市场调控技术集成与示范 ·················· 195

　　4.1　技术集成思路 ·················· 195

　　4.2　技术支持系统总体设计 ·················· 197

　　4.3　技术支持系统各子系统设计 ·················· 205

　　4.4　技术支持系统开发 ·················· 232

　　4.5　技术示范 ·················· 233

　　4.6　本章小结 ·················· 246

附录 ·················· 248

1 农村建设用地市场监测与模拟预测技术

1.1 技术概述

我国已经形成比较完整的城市土地价格体系,并建立了土地市场动态监测监管系统,但现有的土地市场监测监管重城市、轻农村,监测指标不全面,缺乏针对农村建设用地再开发的土地市场监测技术系统。农村建设用地存在国有土地、集体土地两种所有权,集体所有者也有多种类型,产权关系复杂、市场影响因素众多,且用地增长速度快、波动性大,大部分因素存在难以准确定量等问题,而常规的模拟分析方法存在对农村建设用地市场复杂系统的互动与反馈机制表达方面的缺陷,难以模拟农村建设用地市场的变化规律,对农村建设用地市场调控、决策造成极大的困难。

因此,针对目前我国农村建设用地监测体系不完整、信息采集与分析技术滞后等问题,运用智能分析的方法,研究涵盖土地供应、开发利用、价格变化、投资效益等的农村建设用地市场动态监测指标体系构建技术,以及监测点优化配置技术,构建农村建设用地价格与土地市场变化模拟模型,形成农村建设用地市场监测与模拟预测的成套技术、规范及软件,为建立健全城乡统一的土地市场动态监测网络体系提供技术支持。

1.2　农村建设用地市场监测思路与方法

农村建设用地市场监测分为土地供应与开发利用监测、地价监测两方面。总体思路为：首先利用互联网、数据库等信息技术，建立覆盖乡镇—县—市—省—国家多级联网、上下协作的土地市场动态监测信息系统，在此平台上分别进行土地供应，土地开发利用，土地价格信息采集、传输、整理、分析，建立动态更新的土地市场数据库；按照管理部门要求，定期或不定期地进行数据统计分析，编制监测成果，及时向社会公众发布监测信息。土地市场动态监测信息系统应基于现有的国土资源部土地市场监测监管系统、城市地价动态监测系统及各省、市相关系统，按照"互联互通、数据共享"的原则，对现有系统进行升级改造，扩充数据库内容，增加功能模块，满足农村建设用地市场监测相关要求。

1.2.1　监测体系

1. 监测范围和内容

土地市场动态监测的范围包括城市和农村依法运行的国有和集体建设用地市场。土地市场动态监测的内容包括土地供应和开发利用状况、土地价格状况两个方面。土地供应状况包括土地供应规模、结构、方式、时序等。土地开发利用状况包括土地利用程度、用地结构状况、土地利用强度、土地利用效益等。土地价格状况包括地价水平及变化状况、结构特征，以及地价与相关社会经济指标协调状况等。

2. 监测单位

土地供应和开发利用动态监测的基本监测单位为村级以上行政区，地价动态监测的基本监测单位为地价均质地域（包括土地级别和地价区段），其中城镇国有建设用地地价动态监测的基本监测单位宜为地价区段，农村集体建设用地和农用地地价动态监测的基本监测单位宜为土地级别。针对建用用地再开发区片,应划分独立的地价均质地域。

3. 土地类型

土地供应和开发利用动态监测的用地类型按土地利用分类的一级类;国有和集体建设用地地价动态监测的用地类型分为商业、住宅、工业三种基本类别,各类别地价的内涵与相应国有或集体建设用地基准地价内涵一致。根据不同的目的和需要,可以在三种基本类别的基础上再下设亚类用途的地价。为了反映城市和村镇地价的综合状况,可设立建设用地综合地价指标,由商业、住宅和工业地价综合形成。

针对建设用地再开发区片,分别按现状土地用途和规划土地用途进行相关指标监测。

4. 监测周期

土地供应和开发利用动态监测一般采用联网实时上报数据方式,暂不具备条件的可采用定期上报,但上报周期不得超过一个季度。

地价动态监测一般以季度为周期进行。

1.2.2 监测技术路线

土地供应与开发利用动态监测的技术路线为:首先根据监测目标建立监测指标体系,明确监测范围和数据采集要求,各级自然资源部门对辖区内的土地供应与开发利用信息进行及时采集和逐级上报,建立反映城市和农村土地供应与开发利用状况的数据库,定期计算各类监测指标,进行综合分析和评价,编制相关成果并向社会发布。

地价动态监测技术路线为:通过划分地价均质地域,设立地价动态监测点,采用土地评估机构定期评估地价动态监测点价格的方法,收集城市和农村不同土地级别或地价区段、不同用地类型、不同时点的土地价格及相关数据,对地价现状进行调查和分析,并通过系列指标对城市、农村地价状况进行全面描述,做出客观的评价和判断,编制相关成果并向社会发布。

1.2.3 土地供应与开发利用动态监测

1. 监测对象和内容

土地供应与开发利用动态监测的对象包括城市和农村所有依法审批和供应的国有和集体建设用地。土地供应监测内容主要为国有和集体建设用地一级市场、二级市场情况，包括新增建设用地审批情况、土地供应计划、土地储备情况、国有建设用地供应情况（含划拨、出让、租赁等）、集体建设用地流转情况（含拨用、出让、租赁）等。土地开发利用监测内容包括各类已供应或已流转土地的开发建设情况、土地利用强度、土地利用效益等。

具体监测指标应包括：

（1）建设用地计划指标：包括国有建设用地供应计划指标、集体建设用地流转计划指标、土地储备计划指标、土地供应计划落实率等。

（2）建设用地规模指标：供给指标包括供应总面积、国有建设用地面积、集体建设用地面积、新增建设用地面积、存量建设用地面积、土地供应增长率等；需求指标包括人口、固定资产投资、GDP、财政收入、居民收入等方面指标。

（3）建设用地结构指标：包括 GB/T 21010—2007 中各一级类用地率、生活居住用地率、新增建设用地率、存量建设用地率、国有建设用地率、集体建设用地率等。

（4）建设用地价格指标：包括国有建设用地出让单价和总价、集体建设用地流转单价和总价、集体建设用地流转单位面积租金和总租金、建设用地再开发土地出让单价和总价、土地出让溢价率、地价房价比等。

（5）建设用地供应方式指标

国有建设用地供应方式指标：包括国有建设用地划拨、出让、租赁、作价出资、作价入股面积及比例；国有建设用地转让、出租、抵押面积及比例等。

国有建设用地出让方式指标：包括国有建设用地协议出让、招标出让、拍卖出让、挂牌出让面积及比例等。

集体建设用地流转方式指标:包括集体建设用地出让、租赁、作价出资、作价入股面积及比例;集体建设用地转让、出租、抵押面积及比例等。

(6)建设用地利用程度和强度指标:包括新增建设用地供地率、土地闲置率、综合容积率、建筑密度、工业用地综合容积率、工业用地建筑系数等。

(7)建设用地利用效益指标:包括地均GDP、综合地均税收、工业用地地均税收、人口密度等。

2. 监测数据采集上报

(1)监测数据采集是土地市场动态监测的基础性工作,各级国土资源管理部门负责收集相关数据,并对数据的真实性、合法性、有效性负责。

(2)监测数据通过信息系统或电子表格等形式逐级上报。

(3)城镇国有建设用地土地来源、土地供应、开发利用等信息直接使用现有的自然资源部土地市场动态监测与监管系统进行数据采集。

(4)涉及房地产开发投资、城市和村镇规划建设、社会经济发展相关统计数据的,应以统计年鉴或其他主管部门认可的资料为准。

3. 监测数据检查

(1)检查内容

① 完整性检查:检查数据上报的内容是否完整,必填信息是否为空等。

② 有效性检查:检查数据值域是否符合要求、相关性数据逻辑是否一致(如总面积应等于各分项面积之和)、地块坐标是否落在相应行政区范围等。

③ 合理性检查:检查关键数据是否合理,如容积率、建筑密度、土地出让单价、土地面积、土地投资强度、土地产出强度等。

④ 合规性检查:根据相关政策法规,检查上报数据是否符合土地市场管理的相关规定,如数据上报时限是否符合要求、供地方式是否合规、单宗经营性用地出让面积是否超过规定面积、协议出让地价是否低于最低保护价等。

(2)检查方法

采用计算机软件自动检查为主、人工核查相结合的方式。在接收上报数据时,通过计算机软件自动检查,明显不符合要求的数据直接退回,并注明原因;可疑数据提醒人工核查。

4. 监测指标计算

对采集的监测数据,以行政区为单位,按权属性质、土地用途、供应方式、时间(年度或季度等)等进行数据汇总,并计算单位面积土地价格、土地利用强度、土地利用效益等,得到各类监测指标值。

5. 监测结果分析

根据计算的各类监测指标,结合国家宏观调控政策、区域经济发展战略,分析土地市场运行状况及与社会经济发展的协调情况,形成对土地市场运行情况、存在问题、基本走势等分析判断。

1.2.4 地价动态监测

地价动态监测总体思路参照《城市地价动态监测技术规范》(TD/T1009—2007),并结合农村建设用地再开发市场需求,在以下几方面进行补充完善:

1. 监测范围

监测范围分为城市和农村两部分。城市地价监测范围应充分考虑城市土地利用现状,结合近期发展规划,并适当考虑土地利用总体规划和城镇发展战略,已开展国有建设用地地价动态监测的城市,原则上沿用现有的监测范围。农村地价监测范围为各县(市、区)行政管辖范围。

2. 地价均质地域划分

(1) 城市地价均质地域划分原则参照城市地价动态监测相关要求,已开展地价动态监测的城市原则上沿用现有的地价区段。

(2) 农村建设用地地价均质地域按各用途集体建设用地土地级别划分。

(3) 地价均质区域应覆盖所有建设用地再开发区片。

3. 地价均质地域的土地利用条件设定

纳入建设用地再开发规划的地价均质区域应按规划条件分别设定开发

前和开发后的土地开发程度、容积率。

4. 地价监测点布设

（1）农村地价监测点：每类用途每个土地级别内的地价监测点个数原则上应达到相应土地级别内行政村个数的1/3。

（2）村镇地价监测点应兼顾不同类型的物业，如商服用地应兼顾大型商贸集中区、旅游度假区和一般沿街商业，住宅用地应兼顾农村公寓和一般宅基地，工业用地应兼顾工业集中区和零散工业用地。

（3）建设用地再开发区片内应选取反映该区片土地利用和建筑状况的典型地块作为地价监测点。

5. 地价监测点地价评估

（1）建设用地再开发区片内的监测点地价按现状条件和规划条件设定，应分别评估地面地价和楼面地价。

（2）城市监测范围内的监测点只评估国有建设用地使用权价格，村镇监测范围的监测点按土地性质评估国有或集体建设用地使用权的土地价格。

6. 地价监测指标测算

（1）建设用地再开发区片应同时测算现状条件和规划条件下的各类土地价格和指数。

（2）根据不同使用权性质的监测点地价，分别测算国有土地和集体土地的各类土地价格和指数。

7. 其他指标测算

（1）土地出让溢价率

土地出让溢价率测算范围为所有公开出让的土地。

某宗土地的出让溢价率指其公开出让的成交价格相对出让起始价溢出的幅度。

某一时期土地出让溢价率指相应时间范围内所有公开出让土地的出让溢价率按出让面积加权求和得到的平均值。

(2) 地价房价比

地价房价比测算范围为所有公开出让的住宅用地。

某宗土地的地价房价比指该宗土地成交价格与其建成后首期商品房销售平均价格之比。

某一时期地价房价比指相应时间范围内所有建成并上市销售的住宅用地的地价房价比按出让面积加权求和得到的平均值。

(3) 工业与住宅用地价格比

指分用途地价中,工业用地地价与住宅用地地价之比。

(4) 集体与国有土地价格比

指村镇监测范围内各土地用途集体和国有土地使用权地价之比。

(5) 建设用地再开发土地增值率

指建设用地再开发区片现状条件和规划条件下的地价之比。

8. 地价状况分析

地价状况分析中增加建设用地再开发地价分析,主要通过开发前后地价水平值、地价指数、土地增值率等监测指标,对不同时段、不同区域的建设用地再开发地价水平及变化趋势进行比较分析。

1.2.5 监测结果分析

1. 分析内容

(1) 土地供应与开发利用状况

根据监测结果进行下列分析。

① 国有土地供应情况分析

分析国有土地供应实际状况及其变化趋势,包括不同时期的供地总量、供地结构,不同时期及不同地区的供地量比较,不同土地来源、不同供地方式的比较及变化分析,年度供地计划及其执行情况等。

② 集体土地流转情况分析

通过对农村集体土地流转的总量、结构、方式及不同时期、不同地区的分析比较,对集体土地流转市场发育程度及发展态势进行评判;通过与城市国有土地供地总量与结构对比,说明集体土地流转对市场运行的影响因素与程度。

③ 房地产用地情况分析

通过对不同时期和不同地区的各类房地产用地供应量及结构、土地价格等进行比较,分析房地产用地现状、特点和问题,预测房地产用地未来发展趋势。

④ 土地价格变化趋势分析

利用不同时期、不同地区的土地交易价格信息,分析土地价格变化规律,预测未来趋势。

⑤ 土地开发利用情况分析

通过新增建设用地供地率、已供应土地中竣工土地面积、正在建设土地面积和待开工土地面积、闲置土地面积及其变化情况、已竣工项目土地利用强度和效益、建设用地再开发项目土地利用强度和效益等指标,分析土地开发利用情况。

⑥ 土地市场运行宏观经济分析

结合相关宏观经济指标,分析土地供应,尤其是房地产开发土地供应对宏观经济运行的影响。

⑦ 土地市场运行总体情况、主要问题与对策

通过国有土地供应、集体土地流转、土地价格、土地开发利用等信息的综合比较,总结判断土地市场运行总体情况,分析土地市场运行存在的问题,提出相应的管理对策与实施建议。

(2) 土地价格状况

根据监测结果进行下列分析。

① 地价总体水平及变化趋势分析

通过地价水平值、地价指数、土地出让溢价率等监测指标,对不同时段、

不同区域、不同用途的地价水平及变化趋势进行比较分析,并重点关注城市和村镇发展的热点区域和地价异常变动区域。

② 地价与土地市场协调状况分析

通过不同时段、不同区域地价与土地供应量、地价增长率与土地供应增长率、工业与居住用地价格比、集体与国有土地价格比等指标,分析地价与土地市场协调状况。

③ 地价与房产市场协调状况分析

通过不同时段、不同区域地价与房屋供应量、地价增长率与房屋供应增长率、地价房价比等指标,分析地价与房产市场协调状况,并且关注国家和地方政府出台的相关房地产市场调控政策与地价变化之间的关系。

④ 地价与社会经济协调状况分析

通过不同时段、不同区域地价、地价增长率与国内生产总值、固定资产投资、房地产投资、城镇居民可支配收入、城镇化发展水平、消费物价指数(CPI)、生产者物价指数(PPI)等社会经济指标的高低比较,分析地价与社会经济协调状况。

⑤ 建设用地再开发地价分析

通过建设用地再开发前后地价水平值、地价指数、土地增值收益率等指标,对不同时段、不同区域的建设用地再开发地价水平及变化趋势进行比较分析。

⑥ 未来地价变动趋势分析及政策建议

结合国家和地方出台的相关政策,对未来地价变动趋势进行预测,并提出相关政策建议。

2. 分析方法

土地市场分析预测可采用以下方法:

(1) 描述性统计法:通过数学计算和图表展示,对采集的数据资料进行整理、分析,反映土地市场运行的总体状况、地区差异、发展趋势等;

（2）模型法：运用回归模型法、时序模型法、灰色模型法等，挖掘土地市场与社会经济环境的内在联系和规律，进行土地市场供需分析和预测；

（3）空间分析法：运用GIS技术和地统计学方法，分析土地市场时空格局和变化特征、空间分异规律等。

1.3 农村建设用地市场监测点优化配置技术

1.3.1 市场监测点优化配置需求

目前《城市地价动态监测体系技术规范》对土地市场监测点的数量设置只有一个总量的要求，"直辖市不应低于200个，省会城市和计划单列市不应低于120个，其他城市不应低于60个"，显然不能满足城乡统一土地市场发展的需要；对地价监测点的定位配置也只是以定性描述为主，关键的技术性环节仍显得很薄弱。并且土地市场动态监测点的设置主要是考虑国有出让土地，没有对集体土地市场进行监测。在此以无锡市胡埭镇、钱桥镇、锡北镇为例，对土地市场监测点优化配置技术进行探讨。

以往地价监测配置研究，或者将已有地价样点群化简到要求监测点数，或者运用经典抽样法与其他手段计算监测点总数、分层监测点数。现行国家或地方的地价动态监测技术规范从监测点设置的原则与数量上提出要求，按区段和级别布设监测点也属分层随机抽样法。地价监测点配置的空间群点简化模式与分层抽样模式各有优点，但太过强调监测点数量的控制与简化，忽略了地价分布的空间相关性，从而使得通过监测点把握地价空间分布的准确性降低，也不利于发挥地价监测体系在地价更新方面的作用。尝试利用地统计学与GIS相结合的方法建立农村建设用地地价监测点配置的空间关联模式，提高地价监测数据的质量，更全面地监测城乡地价的时空分布。

1.3.2 市场监测点配置的空间关联模式设计

(1) 区位演变与地价监测

杜能在《孤立国》中提出著名的农业区位论,按农产品生产活动追求地租收入最大化的前提,形成了土地利用同心圆圈结构,同时他拓展该完全均质条件下的杜能圈模式,考察了河流、其他小城市、谷物价格和土质对杜能圈的影响。地价是地租的资本化,而地价空间分布与区位存在很强的相关性,受杜能圈的启示,假设完全均质条件下地价的空间分布也呈以城市中心为圆心的同心圆圈结构,在各圈层边界地价等值线上按一定距离布设地价监测点,当局部区位条件改变时,地价发生变化的话,则在地价等值线发生变化处增设监测点。

(2) 空间相关与地价监测

空间要素在一定尺度上通常具有空间自相关性,空间抽样的设计、样本大小、总体特征估计、抽样方差都与空间相关性有关。对比空间抽样的三种主要方法:简单随机抽样、分层抽样与系统抽样,系统抽样结果的精度最高,而且对于空间要素的局部估算,规则格网抽样模式是最合适的。但若要素在空间分布上具有趋势性,系统抽样可能导致偏差,系统非对齐抽样方法可以有效减少偏差。

城市地价的空间分布往往存在很强的自相关性,高值与高值相聚集,低值与低值相聚集。地价分布呈现从城市中心到市郊逐渐降低的趋势,而且城市发展轴线通常是数字地价三维模型的"山脊",所以地价分布又表现出各向异性。因此,对城市地价进行空间抽样,布设地价监测点,适合采用"系统非对齐抽样"方法。

(3) 地价监测点配置模式设计

结合区位演变、空间相关与地价监测的关系,以及各类用途地价空间分布共性,运用"系统非对齐抽样"方法,设计地价监测点配置的一般模式,关键步骤如下:

① 格网设计。格网单元边长由半方差分析确定；若地价分布存在各向异性，沿着地价空间相关性最强（连续性最大）的方向延长格网单元。

② 监测点定位。在格网单元内的地价等值线上布设监测点，位置尽量选择等值线拐点处，或选择单元内等值线的中点处，以保持地价的区位差异特征与各级等值线上监测点布设间距的合理性。

1.3.3 地价监测点空间优化配置方法

借助 ArcGIS 的空间数据处理功能与地统计学的半方差分析功能。半方差函数是地统计学特有的基本工具，能够同时描述区域化变量的随机性和结构性，即空间自相关性，函数定义为

$$r(h) = \frac{1}{2N(h)} \sum_{i=1}^{N(h)} [Z(x_i) - Z(x_i+h)]^2$$

式中：h 为延迟距离（或称步长）；$N(h)$ 为间距为 h 时的"样本对"数；$Z(x_i)$ 为 $Z(x)$ 在空间位置 x_i 处的值；$Z(x_i+h)$ 为 $Z(x)$ 在空间位置 x_i 处距离偏离 h 的值。

半方差函数可以利用一些理论模型进行拟合，获得一些参数进行地学属性的空间变异性分析，主要包括：基台值（sill）、块金方差（nugget）、结构方差（structure）和变程（range）。其中变程 a 是 $r(h)$ 达到一个相对稳定常数（基台值）时的延迟距离，当 $h>a$ 时，数据点间不再存在相关性。生成住宅地价样点的半方差分布图检验方差各向异性，在此基础上设定地价监测的"系统非对齐抽样"格网。利用 ArcGIS 的空间叠加分析，将"系统非对齐抽样"格网与地价等值线叠加，然后求算各格网单元内等值线段的中点，作为地价监测点的位置参考。若格网单元内等值线段存在明显拐点，则优先将其作为监测点位置参考。

1.4 农村建设用地市场模拟预测技术

1.4.1 农村建设用地市场模拟预测思路

以构建城乡统一的建设用地市场为目标,根据农村建设用地市场特点,设计调查问卷,对政府官员、村干部、农户和企业等开展政策认知及市场情景模拟调查,分析市场主体各方对城乡统一的建设用地市场的政策认知情况、市场行为模式、利益诉求等,在此基础上对市场未来发展态势进行预测,提出相关政策建议。

1.4.2 农村建设用地市场模拟预测方法

(1) 典型调查法。根据农村建设用地市场特点,兼顾不同土地用途、土地性质、交易方式和空间分布,选取有代表性的典型交易案例作为市场监测点,开展农村建设用地市场模拟预测。

(2) 问卷调查法。根据研究区的土地流转形式、土地经营状况、经济发展水平等因素的差异,设计调查问卷,选取调查区和调查样本,将随机抽样与重点调查相结合,针对政府官员、企业负责人、乡镇村干部、农户等开展深度调研。全面了解区位条件与经济发展水平,农户家庭收入状况,家庭劳动力状况,农业经营状况,近年来农村土地流转情况,农村建设用地再开发参与各方对集体土地流转、建设用地再开发相关政策的认识、建议、决策行为及影响因素等。

(3) 情景模拟法。根据建立城乡统一的建设用地市场的要求,设定集体建设用地直接入市的市场情景,对市场主体各方的行为模式、利益诉求及由此导致的城乡土地利用变化等进行模拟预测。

1.4.3 基于多智能体的集体工业用地价格与土地市场互动机制分析

(1) 基本思路

多智能体系统(Multi-Agent System,MAS)在现代计算机科学及其应用领域扮演重要的角色。应用在复杂系统中,多智能体系统由一组相互作用的、种类相同或不同的智能体组成。基于多智能体的建模仿真方法利用多智能体系统中各种智能体的属性和行为,模拟组成系统的个体与个体之间的相互作用关系,通过利用区域中大量微观能动的智能体的局部决策和相互作用来模拟和表达区域宏观上的行为。这样就克服了复杂系统研究理论基础尚未成熟,通过系统分析产生的数学模型可信度比较低,很难以一种严格的数学形式进行定义及定量分析等复杂系统建模仿真难点。由此,基于多智能体的建模仿真方法为研究复杂系统提供了一种有效的方法。

现阶段我国集体工业用地价格一方面受自然、社会、经济等环境因素及宗地个别因素影响,另一方面还在很大程度上受到市场参与各方的影响。在CAS理论支撑下,通过多智能体建模方法,将集体工业用地市场作为一个复杂系统,将管理部门、企业、集体经济组织、村民、中介机构等作为智能体,通过环境的变化、智能体学习适应环境以及智能体之间、智能体与环境之间的相互作用,模拟集体工业用地价格与土地市场的互动机制。

(2) 集体工业用地市场环境分析

集体工业用地市场环境指影响集体工业用地市场供应和需求,并不能为市场交易双方控制的一系列因素,一般分为自然、社会、经济因素。具体来看,集体土地市场其既具有类似于国有土地市场的影响因素,也有与其自身特点相关的其他影响因素。

① 类似于国有土地的影响因素

根据《城镇土地分等定级规程》,国有土地的定级因素包括商服繁华度、道路通达度、公交便捷度、对外交通、路网密度、生活设施、公用设施、人口密度等因素。根据《城镇土地估价规程》,城市土地价格的影响因素包括一般因素、区域因素和个别因素。其中一般因素指影响地价总体水平的人口、行政区划、城市发展过程、地理位置、社会经济状况、土地利用规划等,区域因素指影响城市内部区域之间地价水平的繁华程度、交通条件、公共设施水平、区域环境、土地使用限制等,个别因素是指与宗地直接相关的自然条件、使用限制、市政条件等。

根据对实证区的调研,当前集体工业用地多用于发展传统制造业,故本研究主要考虑传统制造业用地的影响因素。其中,一般影响因素包括地区经济发展水平、产业结构、土地利用规划、税收政策等因素,区域因素包括与消费市场的位置关系、道路交通、基础设施、产业配套、产业集聚、规划限制、污染控制等因素,个别因素包括地形、面积、邻接道路等级与通达性、与主干道路位置关系、电力燃气热力给排水通达性、土地使用限制等。

② 不同于国有土地的价格影响因素

集体工业用地与国有工业用地的主要差异在于权属差异、区位条件差异和开发程度差异[1-2]。

根据土地管理法等相关法律法规,集体经营性建设用地所有权是一种受限制的、不完全的权利,在使用权、用益物权和担保物权方面存在障碍,残缺的土地产权使得即使相邻的集体土地和国有土地也会存在显著价格差异。同时,由于集体经营性建设用地确权登记还未全面完成,土地所有权不具有完全的排他性,部分尚未确权登记的集体土地可能存在权属纠纷。因此,从土地产权角度看,集体经营性建设用地是否登记确权、是否可以抵押是需考虑的因素。

集体工业用地大多地处农村,区位条件、周边基础设施条件与国有土地有显著差异。在众多区位条件中,与城市之间的距离、与城市之间的交通通达度成为影响突出的区位要素[3]。就工业用地而言,距离省市级工业园区的距离和交通通达度也是影响工业用地的重要因素之一。

由于区位条件、配套条件和政策因素的限制,集体工业用地的利用效率普遍偏低,土地闲置、物业空置现象显著。由于集体经济组织经济实力普遍有限,出于节省拆除改造成本的考虑往往会直接流转旧厂房,也有部分经济实力较强的村集体会投资建设标准厂房增加收益。因此,区别于国有工业用地统一开发程度的定价方法,集体工业用地价格还受容积率、建筑密度、建筑物成新、是否标准厂房等因素影响。

(3) 集体工业用地市场主体属性及行为分析

集体工业用地入市交易的过程是集体经济组织通过出让、出租等形式,将集体工业用地使用权有偿转让给其他经济主体使用和收益的行为。其流转的主体是集体经济组织(转让人)和用地单位(受让人),客体是一定年限的土地使用权。各级地方政府和土地管理部门作为管理机构,对集体工业用地流转进行监督管理。在部分地区,随着集体工业用地流转成交量的增加,会自发形成或专门组建提供信息和中介服务的交易场所,但交易场所的建立并非集体工业用地市场形成的必要条件。

因此,本节将根据集体工业用地入市交易中涉及的企业、集体经济组织、村民、政府部门和中介部门的相关因素进行分析。

① 企业

马歇尔在《经济学原理》中提出,企业家才能是生产的第四要素,是将传统的土地、劳动、资本三要素合理组织并充分发挥其生产效率的要素。企业家才能体现在整合土地、劳动、资本要素,提供战略决策,和承担经营风险三方面。在农村建设用地再开发市场中,企业的行为决策是根据投资利润最大化、风险最小化原则,从土地价格、物流成本、产业集聚等方面选择投资项目类型和地点。

② 集体经济组织

在农村建设用地再开发过程中,集体经济组织需要根据所获信息对土地的投资建设、入市形式、招商类型等做出符合自身利益最大化的决策[4]。对集体经济组织而言,是否对土地追加建设投资,体现了集体经济组织对风险的承受能力;是否对土地利用进行前期规划、是否对招商企业提出效益产业环保等方面的要求,体现了集体经济组织长远发展的战略决策能力。从入市形式来看,根据威廉姆森的交易成本理论,交易的不确定性和交易的频率对交易成本有决定性影响[5]。对集体工业用地使用权交易来说，普遍存在的交易方式有流转（长租）和出租，其主要区别在于交易的频率。就交易频率看，流转（长租）的交易频率低，交易成本相对较高；出租交易频率高，交易成本相对较低。就交易不确定性看，流转（长租）不确定性低，交易成本相对较低；出租不确定性高，交易成本相对较高。

在农村建设用地再开发市场中，集体经济组织的行为决策是根据本集体经济组织所在区域自然和社会经济特点，结合再开发政策，综合考虑利益和风险，对集体工业用地是否再开发进行决策。

③ 村民

在农村建设用地再开发过程中，无论是相对于集体经济组织还是相对于作为买受方的企业，村民都是处于绝对弱势的地位的，交易的发起、谈判、合同的解释权都掌握在交易双方手里，村民几乎完全处于被动接受地位。村民自身的能力、水平无法形成集中的意见，只能作为个体去表达利益诉求，相对于集体经济组织和企业自然显得势单力薄，这种情况造成农民难以享受到土地的真正价值。随着农村土地制度改革的深化，村民对相关政策的认识将进一步提高，维权意识将进一步增强，将促使管理部门加强市场调控，切实维护农民权益，同时在土地市场交易中村民也将扮演更为重要的角色，对集体经济组织和企业的行为约束将逐步显现。

④ 中介机构

在农村建设用地再开发市场中，中介机构主要通过为市场参与各方提供相关信息和中介服务，尽量减少交易费用，促成市场各方达成交易。交易费用包括发现相对价格的费用、谈判和签约的费用等，进一步可将交易成本细化为事前交易成本和事后交易成本，事前交易成本包括信息成本、议价成本、决策成本，事后交易成本包括监督成本、保证成本和不适应成本[6]。对集体工业用地的流转过程而言，中介机构的存在对集体工业用地的价格影响主要体现在节省交易成本。中介机构能有效减少事前交易成本，而公开统一的土地交易市场则有效减少事后成本。在现实中,公开的土地交易市场往往也兼具信息中介功能,故以是否建立公开的土地交易(中介)市场作为衡量交易成本的因素。

(4) 集体工业用地市场主体与市场环境的互动分析

① 企业

从宏观上看,企业是推动村镇经济发展的主要力量,是工业用地市场的需求方,不同类型企业的集聚和发展能影响所在区域的社会经济环境,改变区域土地供求状况,进而影响区域土地价值。从微观上看,企业的"逐利性"决定了其根据投资利润最大化、风险最小化原则,从土地价格、物流成本、产业集聚等方面选择投资项目类型和地点,从而形成不同区域的产业分布特点,影响土地价格的空间格局。在当前城乡土地市场割裂的情况下,国有工业用地价格偏高,在成本因素的作用下,大量技术水平低、竞租能力弱的工业企业不得不向村镇转移,从而形成目前村镇以传统制造业为主的产业格局,相应地村镇工业用地价格也低于城镇国有土地价格。同时,企业也会根据市场环境的变化,从自身利益考虑,调整自身的行为决策,不断适应市场环境。

② 集体经济组织

集体经济组织是村镇主要的土地供应方,负责村镇集体土地的统筹规划、投资建设、入市决策。是否对土地利用进行前期规划、是否对招商企业提出效益产业环保等方面的要求,将影响所在区域的土地利用效率,进而影响地价水平;是否对土地追加建设投资以及投资强度直接影响了所在区域的土地价值;对土地入市时机、入市方式、入市价格的决策将改变所在区域的土地市场供求关系,进而影响土地价格。同时,集体经济组织也会根据市场环境的变化,从自身利益考虑,调整自身的行为决策,不断适应市场环境。

③ 村民

当前,由于相关制度尚不健全,村民在集体工业用地市场中处于绝对弱势的地位,难以分享到土地的真正价值。随着农村土地制度改革的深化,村民对相关政策的认识将进一步提高,维权意识将进一步增强,村民在土地市场交易中将扮演更为重要的角色,对集体经济组织和企业的行为约束将逐步显现。例如,在集体经济组织与企业交易的过程中,村民应有知情权、监督权和参与权,如发现侵害了自身权益,可以要求集体经济组织调整土地入市方案甚至否决该宗土地入市,从而对市场供求和土地价格产生影响。另外,村民的政策认知和行为模式也会受到市场环境的影响,及时做出相应的调整。例如,在宅基地有偿退出政策的影响下,部分在城市打工的村民可能会自愿退还宅基地,从而腾出更多的土地用于村镇经济发展,对市场供求和土地价格产生影响。

④ 管理部门

各级政府管理部门主要对集体工业用地的利用和交易进行监督管理。由于管理部门也具有理性人特征,当监管平均收益低于监管平均成本时,倾向于实施宽松监管,这也是隐形的集体土地市场得以发育的原因之一。当监管平均收益高于监管平均成本时,倾向于实施严格监管。在苏州、芜湖等政府主导集体经营性建设用地入市的地区,各级政府按照地方法规有权参与集体土地入市的收益分配,对土地收益的追求激励行政部门对隐形入市行为采取更加严格的监管措施,从而促进形成规范有序的市场,提高了土地价格。此外,由于土地的用途和使用需要符合土地规划和城市规划的安排,但我国农村地区的城乡规划编制工作尚未全面覆盖,法定规划是否确定地块用途将影响集体土地的使用预期。故地方政府是否参与收益分配、是否纳入规划范围体现了管理部门对集体工业用地价格的影响。同时,各级政府管理部门也会及时根据市场环境的变化,调整相应的管理措施,不断优化市场环境。

⑤ 中介机构

中介机构包括金融机构、评估机构、不动产登记代理机构、不动产经纪机构等,在集体工业用地市场中,各类中介机构通过提供相关信息和中介服务,能减少市场各方交易成本,促成交易的达成,进而促进市场发展。同时,中介机构也会根据市场环境的变化,及时推出新的服务,或调整完善原有的服务模式,不断健全服务体系,全方位满足市场需求。

(5)集体工业用地价格与土地市场互动的概念模型

集体工业用地价格与土地市场的互动是以参与市场的管理部门、企业、集体经济组织、村民、中介机构等为行为主体,通过复杂的人员、信息、技术、物质和资金的流通和交互活动,与自然、经济、社会等市场环境因素彼此作用、相互影响和制约而形成的具有一定功能结构的复杂适应系统。分工、合作、激励、约束是集体工业用地价格与土地市场互动的基础机制,市场主体间通过这些机制的相互作用,影响市场运行的自然、社会、经济、政策、技术等环境,进而改变市场供求关系,最终表现为土地价格的变化。

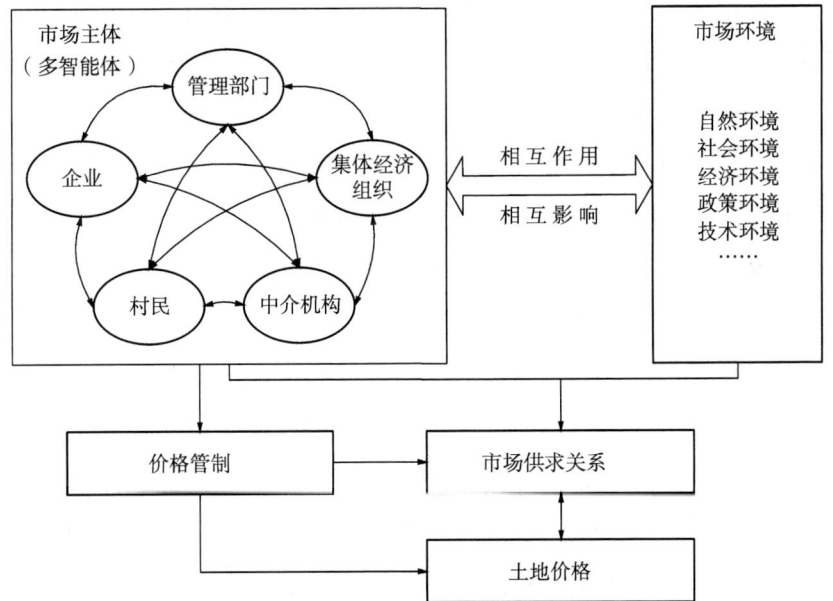

图1-1 集体工业用地价格与土地市场互动机制概念模型

1.4.4 基于神经网络技术的集体工业用地价格建模

1. 集体工业用地价格建模基本思路

从以上分析看出,集体工业用地价格影响因素复杂,各因素相互关联,而地价与影响因素之间一般成非线性相关关系,很难用某种确定的数学模型表达,因此采用回归分析等方法建立的确定型地价评估模型存在明显缺陷。由此,集体工业用地价格的复杂性需要用解决复杂问题的方法进行分析研究,人工神经网络正是研究分析该问题的一个有效手段。

人工神经网络(简称神经网络)是一种模拟生理学上真实人脑神经网络结构和功能的信息处理系统,是由大量具有简单结构和功能的人工神经元(信息处理单元)构成的能获取、存储和利用经验知识的物理细胞系统。它具有大规模并行处理和分布式存储、容错性、自学习、非线性动态处理等显著优点,特别适合于处理那些大规模的、动态变化的复杂关系结构问题,如大范围、大面积的农村建设用地价格评估等。按照网络结构、性能、学习方式以及突触连接性质,可将神经网络模型细分为近百种不同形式。目前应用最广也最重要的是基于误差反传算法(ErrorBack—Propagation)的 BP 网络。它由一个输入层、一个或多个隐含层和一个输出层组成,层与层之间采用全互联方式,但同一层的节点之间不存在相互连接。

BP 网络的学习过程由正向传播和误差反向传播组成。第一步,输入信息(一个样本)由输入层传入网络,经隐含层逐层处理并计算每个结点单元的输出值,最终产生输出层的输出值,这一过程称为正向传播;第二步,将正向传播后获得的网络输出值与期望值比较,若误差未满足要求,则转为反向传播,即把误差信号沿路返回,调整各层神经元间的连接权值,使网络误差最小化。重复上述过程,直至得到所期望的输出结果为止。

其中,神经网络模型参数的确定就是根据具体对象选择合适的神经网络,并对参数进行设定,包括模型的类型(连接方式、学习算法等)、规模(神经网络的层数、隐结点个数、输入输出结点个数等)。神经网络的训练就是历史数据调整神经网络的连接权值和阈值,使得神经网络能够模仿历史数据的因果关系,包括训练函数的选择、训练参数(训练步数、选连目标误差等)的选择。预测模型测试就是用测试样本输入到训练好的神经网络,得到预测输出,再与实际数据进行对照,看误差是否在可接受范围以内。如果神经网络拟合和预测模型测试都达到了要求,则说明训练好的神经网络有较好的拟合能力和泛化能力,可以用来进行预测。否则,需要重新选择神经网络模型,直到达到要求为止。

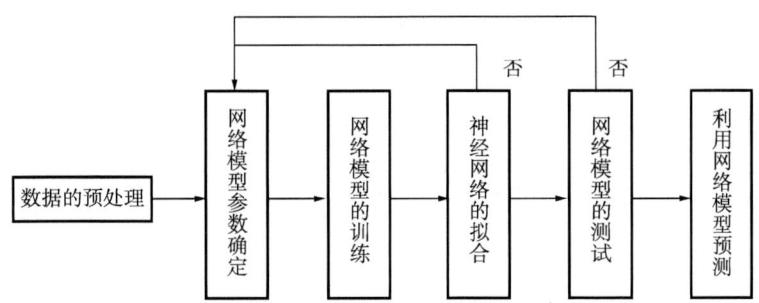

图 1-2 基于神经网络的集体工业用地价格建模基本思路

本研究对集体工业用地价格及其影响因素之间关系进行模拟,从而实现地价的预测,模型输出层节点数为1,即土地价格,输入层节点数为选取的影响因子的个数。

2. **集体工业用地价格建模步骤**

根据上述思路,按下列步骤建立基于神经网络的集体工业用地价格模型[7]:

① 样本调查和预处理

收集区域内的样点地价资料,并进行必要的分析和检验,剔除不合格的样点数据,确保样本数据的可靠质量。样本的预处理工作包括:划分样本数据、剔除个别样点、样本数据的归一化处理等。

② 建立网络模型

建立一个完整的神经网络模型主要步骤有:输入层的选择,也就是地价影响因素的选择；隐含层节点数的选择；网络训练次数的设定，确定目标误差和初始权值、阈值等。

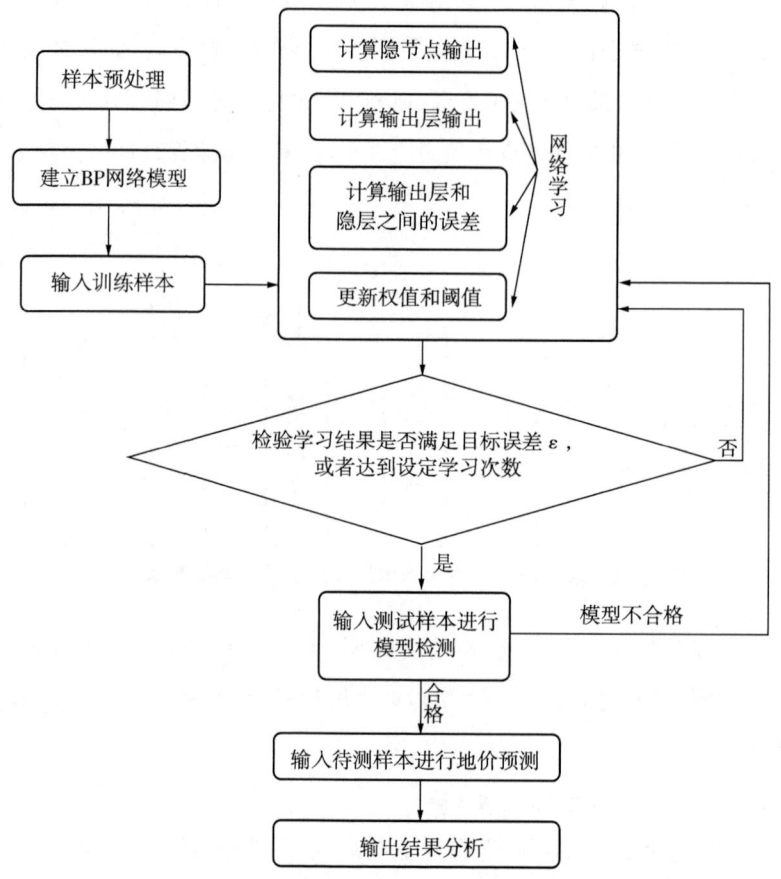

图 1-3　基于神经网络的集体工业用地价格建模步骤

③ 输入训练样本

输入划分好的训练样本，进行网络学习。

④ 网络学习

学习过程包括分别计算隐层节点和输出层之间的输出，并计算它们之间的学习误差，误差反向传播更新网络的连接权值和节点的阈值，不断进行网络学习。

⑤ 检验学习结果

对训练样本的学习结果进行分析检验,如果结果满足目标误差,则进行下一步学习;如果不满足目标误差,转向第三步重新进行样本学习。

⑥ 输入测试样本进行模型检测

将测试样本输入训练好的网络模型,测试模型是否合格,如果合格,那么基于B-P网络的土地估价模型就建立成功了,可以转向下一步进行地价预测;如果输入测试样本进行网络测试后,网络模型不合格,转向④重新进行学习。

⑦ 测算待估样本地价

将待估地价样本的影响因素输入训练合格的网络模型,进行地价预测。

⑧ 预测结果分析

对模型预测出的地价结果进行分析。

3. 集体工业用地价格神经网络结构的确定

① 输入输出层单元确定

本研究应用神经网络来模拟集体工业用地价格与其影响因素之间的映射关系,从而达到对土地价格评估预测的目的。依据BP神经网络结构构建的流程,通过对影响集体工业用地价格的环境因素、个别因素及对入市过程中管理部门、企业、集体经济组织、村民、中介机构属性及行为的分析,结合实际调研情况,选取如下指标作为网络的输入层单元,样本地价作为输出层单元,这样确定构建的集体工业用地价格神经网络模型的输入层节点数为22个,输出层节点数为1个。

表1-1 基于神经网络的集体工业用地价格建模的输入输出层单元确定

变量性质	变量类型	变量含义
输出层	集体工业用地价格	单位面积土地价格

续 表

变量性质	变量类型	变量含义
输入层	社会经济因素	村工商企业数量
		村集体收入
		村集体资产总额
		村常住人口密度
		村就业人口密度
		村内是否提供税收优惠政策
	区位交通因素	距中心城镇距离
		距最近高速公路出入口距离
		路网密度
		距最近市级及以上开发区车程
		是否处于城市规划区内
	土地利用因素	地上建筑情况(无厂房/有旧厂房/有标准厂房)
		工业用地确权登记率
		签约周期
		村内工业用地平均基础设施配套水平(三通一平/五通一平/七通一平)
		村内土地能否抵押
	入市交易因素	是否由市场定价
		是否村自主定价
		是否政府指导价格
		是否对入驻企业提出要求
		是否制定产业发展规划
		政府是否参与收益分成

② 训练参数的选取

根据前人经验,对于 BP 神经网络的输出层的传递函数选用 purelin 函数,而输入层到隐含层采用 tansig 函数。根据样本数据的特征,选用的网络模型的训练误差为 0.01,设置的训练最大次数为 1 000,初始学习速率为 0.01。

③ 隐含层的确定

根据目前对于 BP 神经网络隐含层的研究,学者们对于多个隐含层的神经网络研究较少,大都是通过调整单个隐含层节点数量来调整网络模拟效果。因此本研究采取三层的神经网络,即设置一个隐含层,隐含层节点的数量将成为影响模型模拟效果的关键。

1.5 实证研究——无锡市滨湖区胡埭镇等建设用地再开发市场监测

1.5.1 数据整理入库

在调研基础上,根据相关技术系统要求,对采集的数据进行整理入库。

(1) 数据核查

从数据的完整性、合理性等方面进行核查,对明显不符合要求或不合理的数据进行补充调查,无法补充调查的直接剔除。

(2) 数据完善

对数据进行进一步修改完善,如土地面积、价格等单位换算、字段值规范化、行政代码赋值等。

(3) 数据导入

将核查并修改完善的数据,按 Excel 模板格式进行整理,导入土地价格与土地市场模拟预测软件。

1.5.2 土地供应监测分析

1. 土地供应规模

2014 年,三个乡镇共供应 56 宗建设用地再开发地块,同比增长 107.41%;供应面积为 121.84 公顷,同比增长 47.01%。与该区域 2009 年的土地供应数量为 7 宗地,供应面积为 14.71 公顷的供应情况相比,六年来的区域土地供应数量、面积总体上呈稳步提高态势。

分地区看,锡北镇距离主城区较远,建设用地再开发的紧迫性相对不足,土地供应量较少,2014年无土地供应,2012年供应面积最多,为65.17公顷。

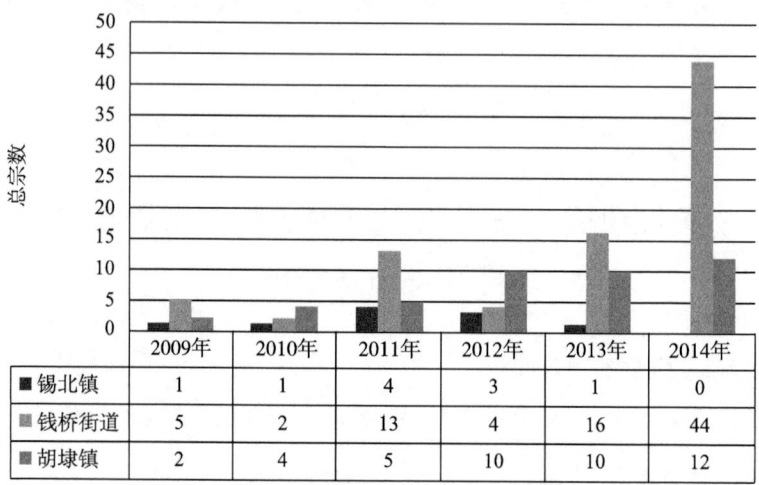

图1-4　2009—2014年土地供应数量图

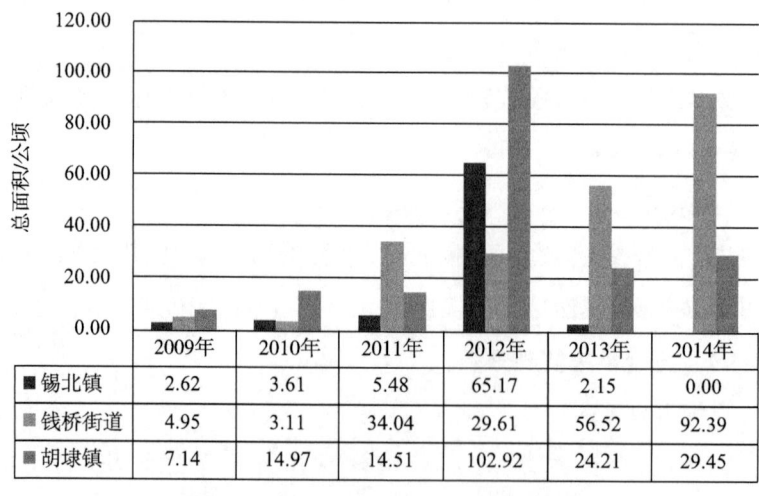

图1-5　2009—2014年土地供应面积图

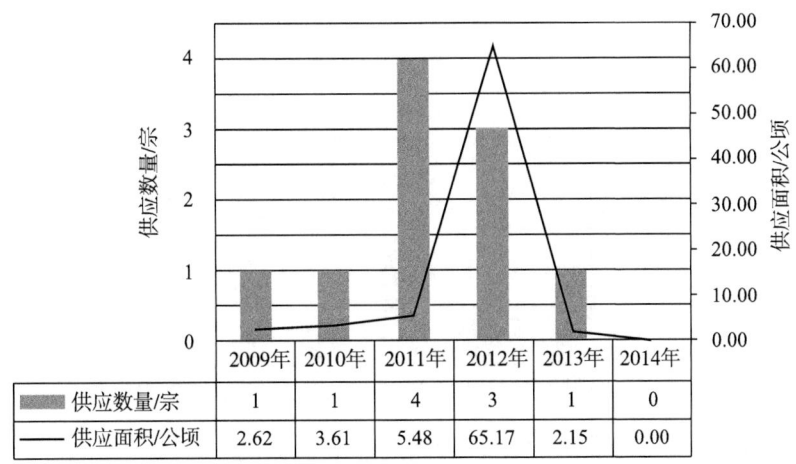

图 1-6　2009—2014 年锡北镇土地供应情况图

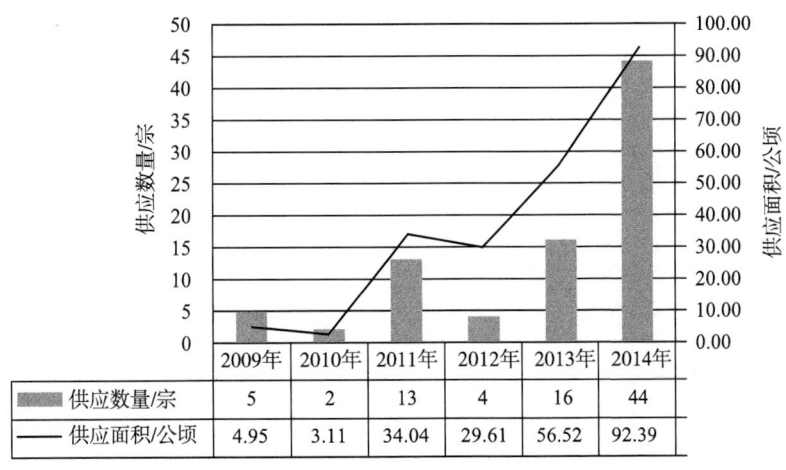

图 1-7　2009—2014 年钱桥街道土地供应情况图

钱桥街道离主城区最近,是典型的旧城镇,2014 年土地供应数量与面积最高,供应 44 宗土地,面积为 92.39 公顷。2009 年以来,在政策因素和市场状况影响下,钱桥街道土地供应面积呈阶梯式上升,土地供应出现"大小年"的情况,略有波动。

胡埭镇 2014 年土地供应数量达到 2009 年以来的峰值,供应 12 宗土地。

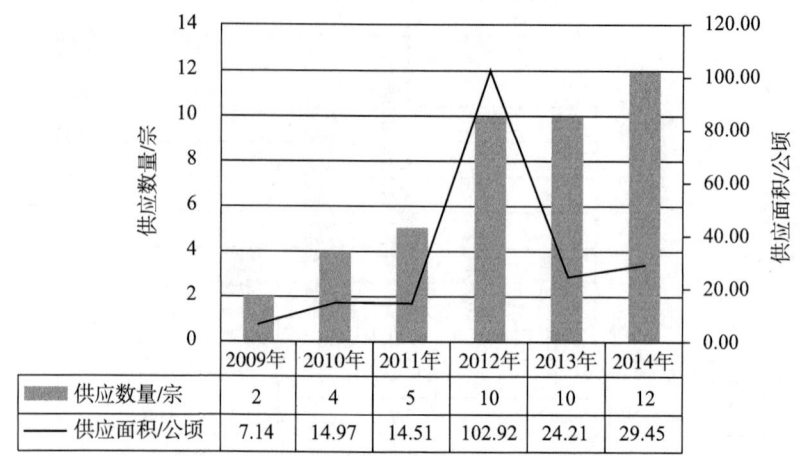

图1-8 2009—2014年胡埭镇土地供应情况图

2009年以来,土地供应总体上稳定增长,2012年急剧放量,供应面积达102.92公顷,随后逐渐回落,缓慢增长。

2.土地供应来源

将建设用地再开发土地供应(存量建设用地供应)与新增建设用地供应进行对比,情况如下:

2014年新增建设用地供应面积为14.24公顷,同比减少8.95%,占供地总量的11.69%。存量面积为107.60公顷,同比增长60.02%,占供地总量的88.31%。2009年以来,新增建设用地面积总体上小幅增长,而存量面积在三个乡镇都呈现快速增长,其中2012—2013年出现较大波动,说明地方政府在稳增长的压力下,不断挖掘存量用地潜力,产生了一定成效。

从存量面积占比来看,总体维持较高水平,锡北镇波动较大;钱桥街道因为靠近无锡主城区的旧城镇,近年来土地供应主要靠挖掘存量用地潜力,存量用地比例多年接近100%,只有2011年为67%;胡埭镇主要为无锡市工业"退城进园"的承接区,存量面积比例相对较低,受传统工业大环境影响,各年份波动较大。

1 农村建设用地市场监测与模拟预测技术

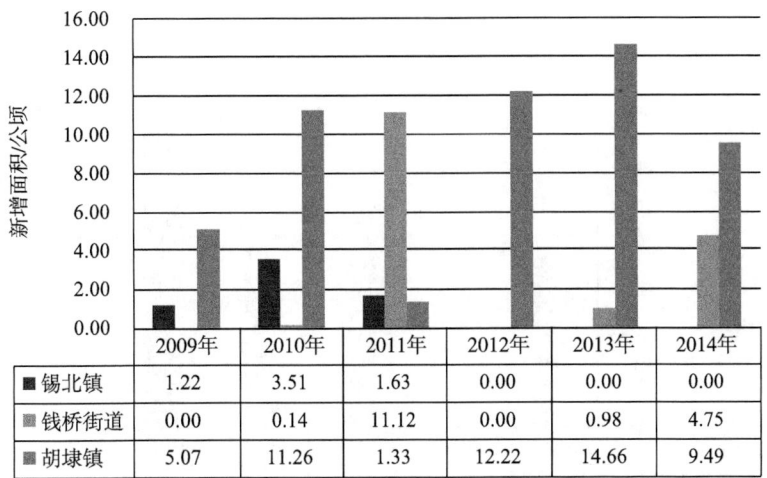

图1-9 2009—2014年土地新增面积数量图

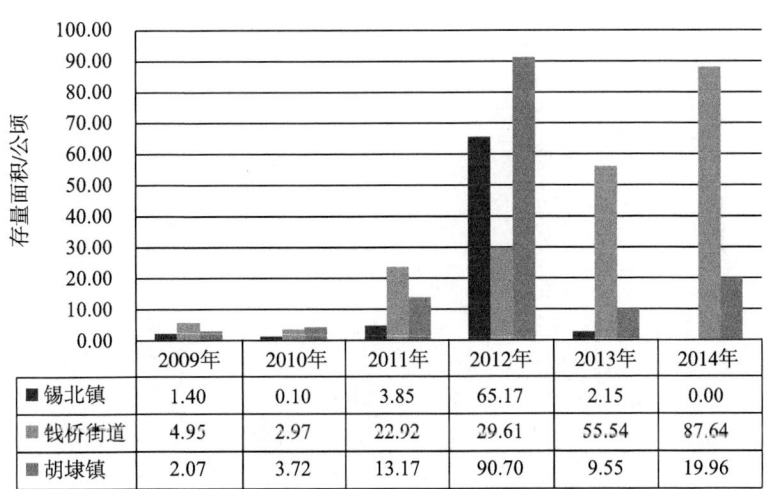

图1-10 2009—2014年土地存量面积数量图

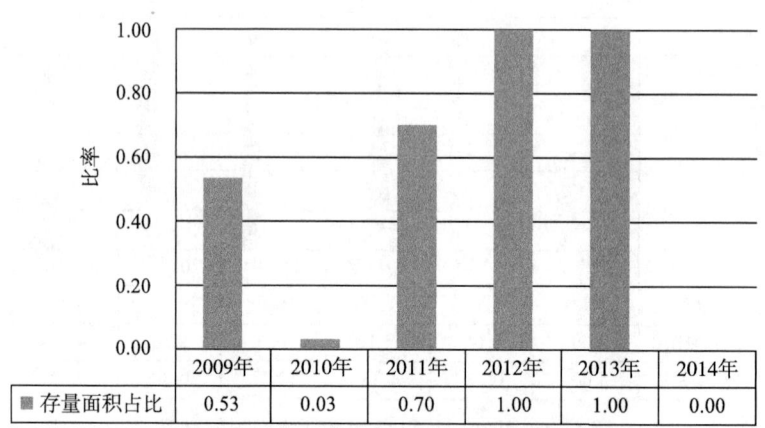

图1-11 2009—2014年锡北镇存量面积占比图

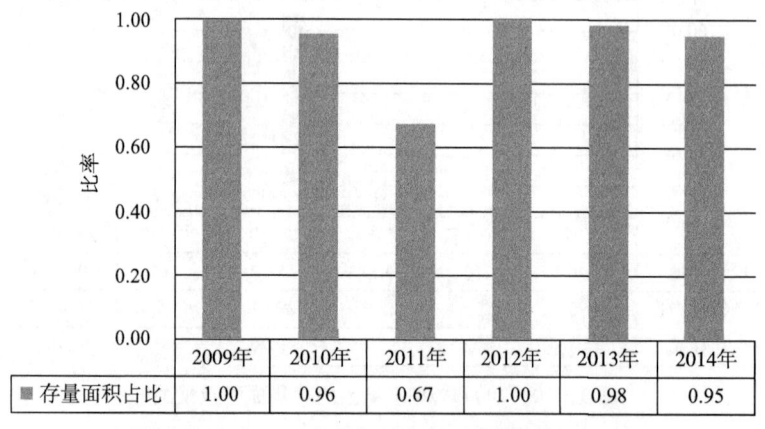

图1-12 2009—2014年钱桥街道存量面积占比图

1 农村建设用地市场监测与模拟预测技术

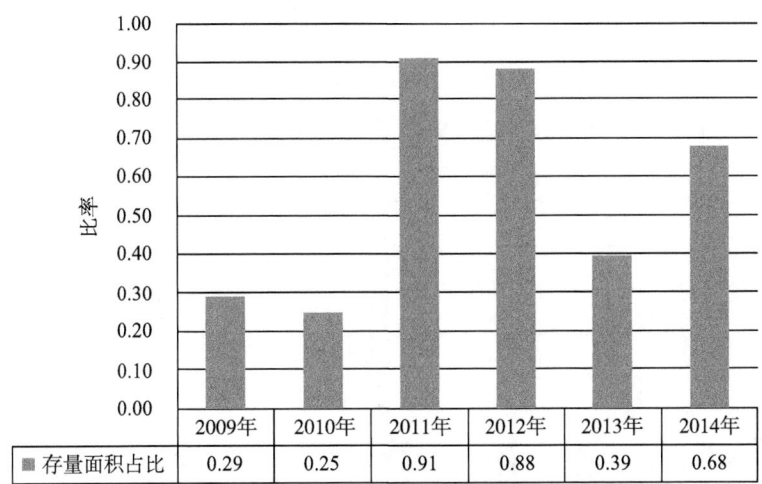

图 1-13 2009—2014 年胡埭镇存量面积占比图

3. 土地供应结构

2014年,在房地产市场不景气、供求关系逆转的影响下,经营性用地(指商服和住宅用地,下同)供应面积为 5.58 公顷,同比减少 60.81%,占供地总量的 4.58%。工业用地面积为 98.29 公顷,同比增长 93.9%,占供地总量的80.67%。其他用地面积为 17.97 公顷,同比增长 0.17%,占供地总量的 14.75%。

2009 年以来,受楼市调控政策和房地产市场环境影响,经营性用地面积总体上波动较大,在 2011—2012 年出现急涨后又急降,2011 年经营性用地面积为 18.38 公顷,达最高峰,随后 2012 年回落到 1.47 公顷,为近 6 年最低。

受 2008 年金融危机影响,工业用地在 2009—2011 年三镇总量均偏低,在"保增长"系列措施的推动下,2012 年骤升,总体上前三年总量较低,后三年总量相对前三年大幅提高。从各个镇的情况看,2009 年以来锡北镇总量低,有的年份没有工业用地供应,钱桥街道从 0 到 80.18 公顷起伏较大,胡埭镇每年均保持一定量的工业用地供应,但波动较大。

分区域看,2009 年以来,锡北镇各类用地供地面积中,其他用地最大,经营性用地次之,工业用地最小,这与锡北镇远离城区,目前正进行大规模基础设施投资有关。钱桥街道和胡埭镇各类用地供地面积中,总体上工业用地最大,其他用地次之,经营性用地最小,这说明地方政府在房地产市场不景气的形势下,切实落实"保增长"措施,加大工业招商力度,取得了一定成效。

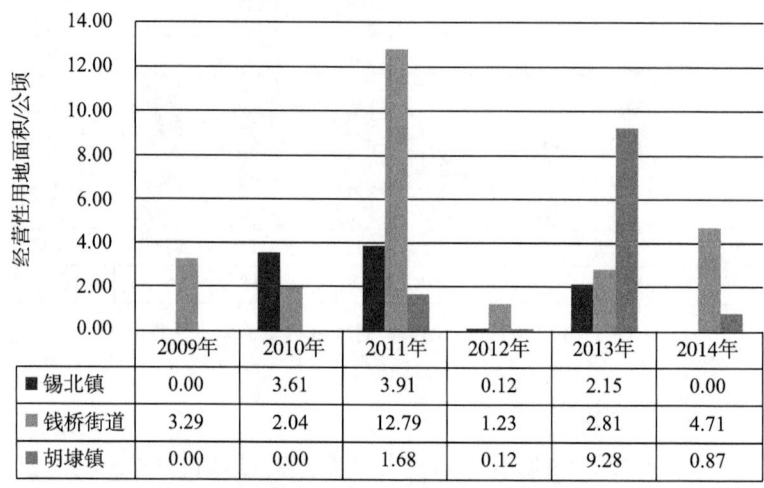

图1-14 2009—2014年经营性用地面积图

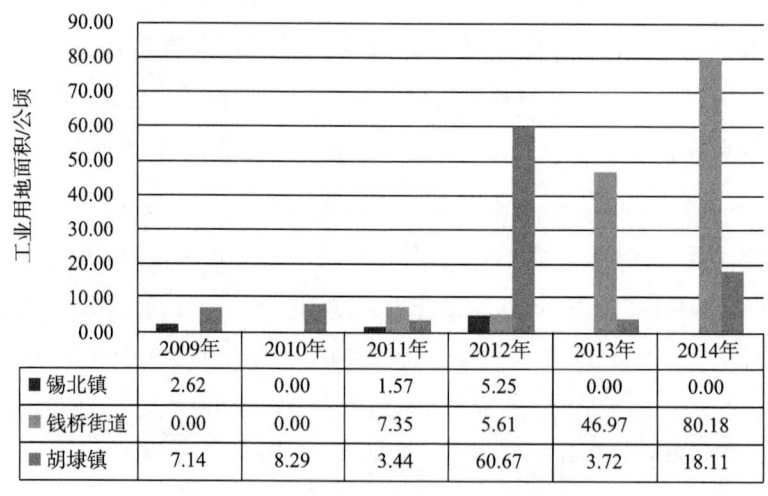

图1-15 2009—2014年工业用地面积图

1 农村建设用地市场监测与模拟预测技术

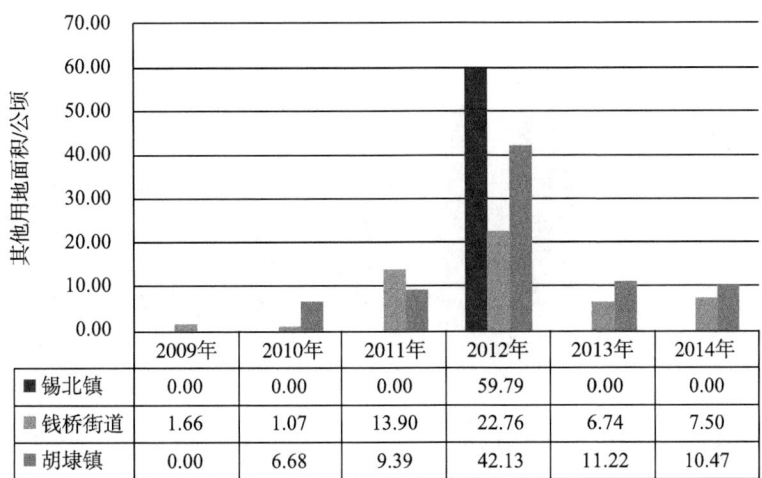

图 1-16　2009—2014 年其他用地面积图

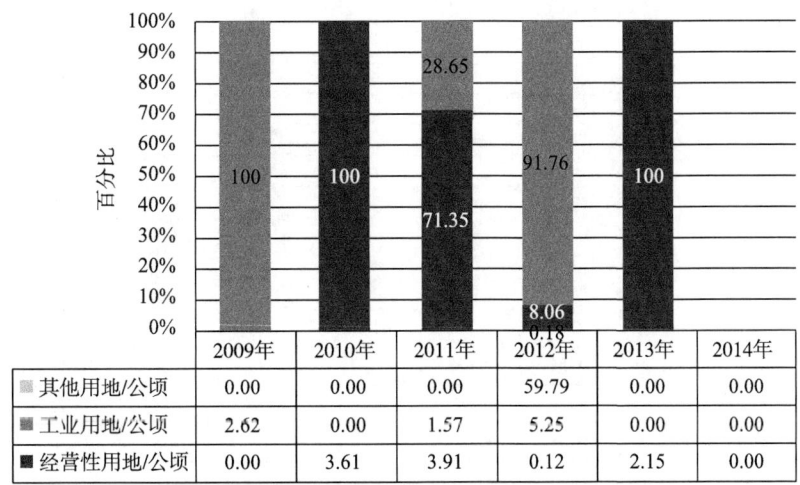

图 1-17　2009—2014 年锡北镇土地供应结构图

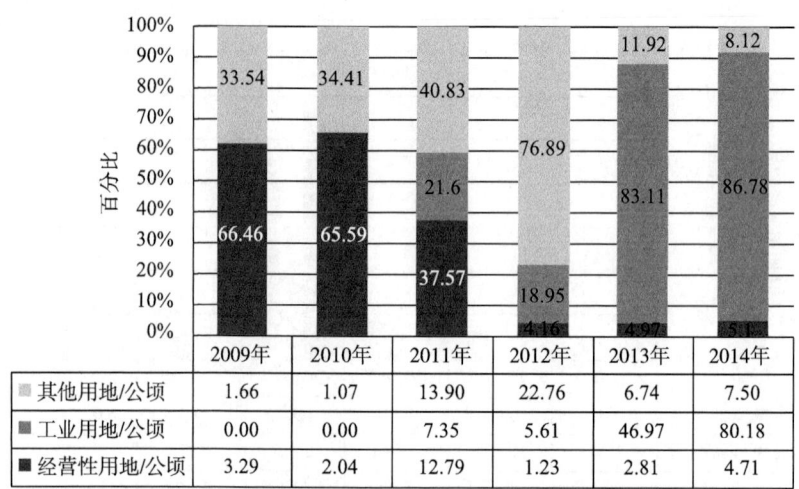

图1-18　2009—2014年钱桥街道土地供应结构图

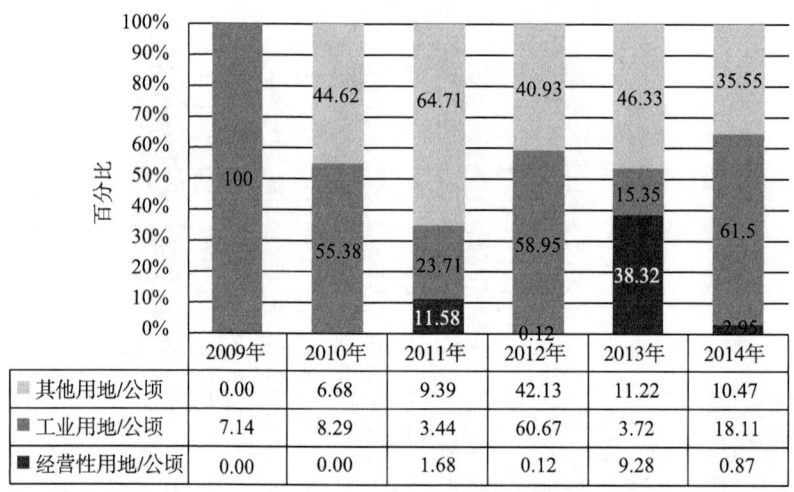

图1-19　2009—2014年胡埭镇土地供应结构图

4. 土地供应方式

2014年划拨土地面积21.47公顷,同比增长3.12%,出让土地面积88.81公顷,同比增长51.04%。公开出让土地面积77.27公顷,同比增长39.1%,占出让土地总面积87%。

1 农村建设用地市场监测与模拟预测技术

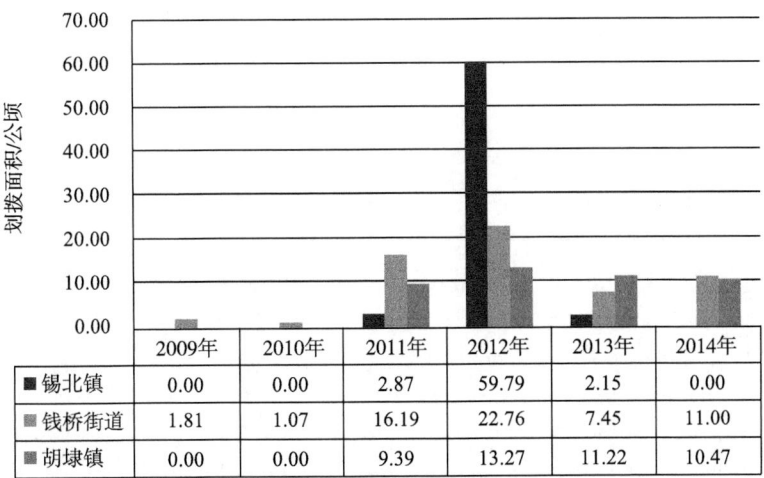

图 1-20 2009—2014 年划拨土地面积图

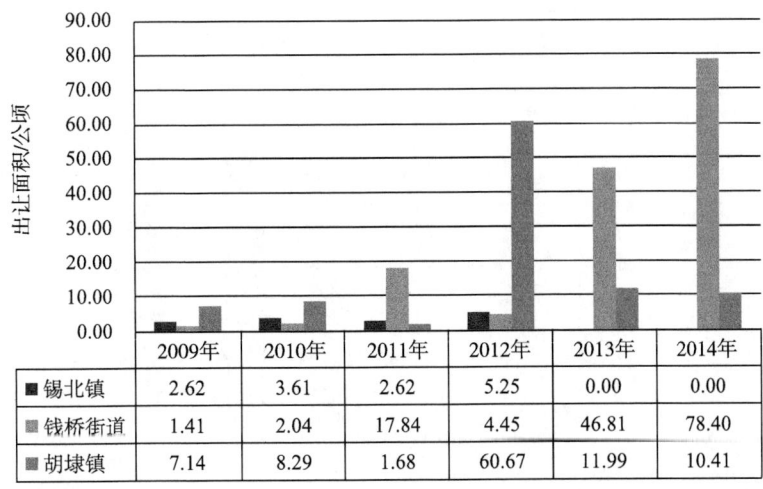

图 1-21 2009—2014 年出让土地面积图

2009 年以来,锡北镇不断加大基础设施投资,打造良好投资环境,反映在土地供应上,总体上划拨土地面积最大,公开出让土地次之,协议出让土地较少。钱桥街道公开出让土地面积最大,划拨土地次之,协议出让土地最少。胡埭镇公开出让土地面积最大,协议出让土地次之,划拨土地最少。

从供应方式看,各地均严格执行国家供地政策,土地市场化程度达到较高水平。

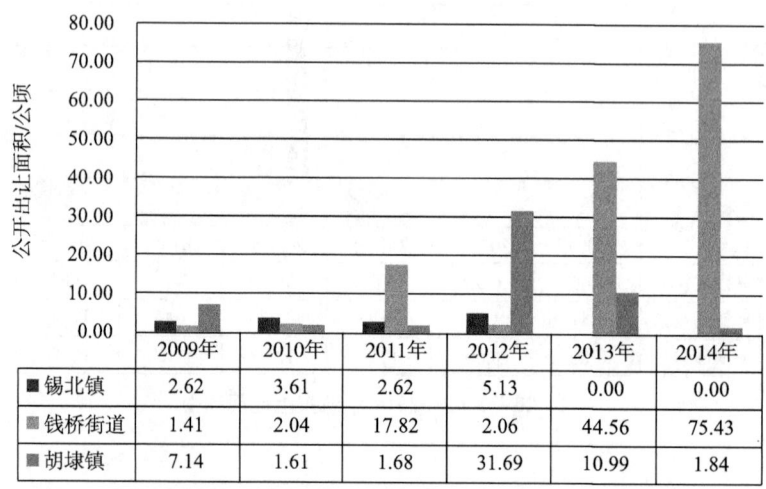

图1-22 2009—2014年公开出让土地面积图

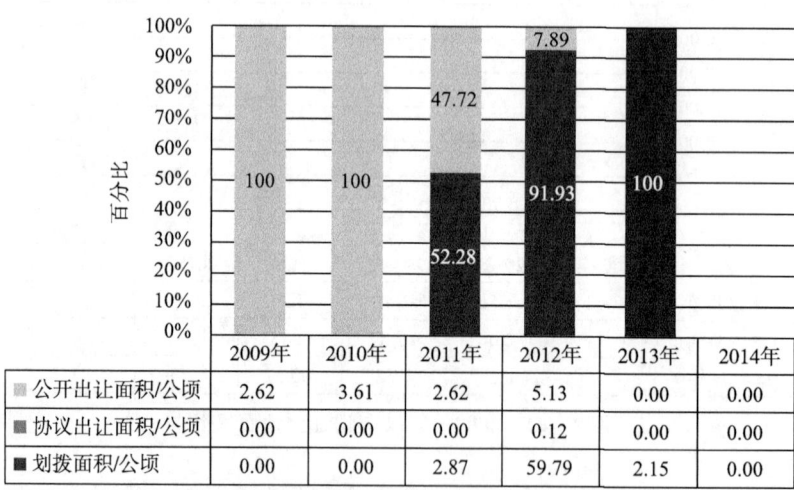

图1-23 2009—2014年锡北镇土地供应面积结构图

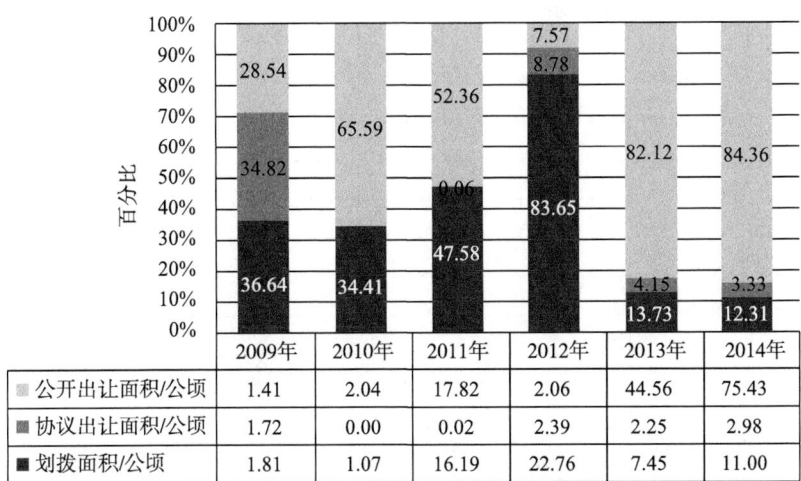

图1-24 2009—2014年钱桥街道土地供应面积结构图

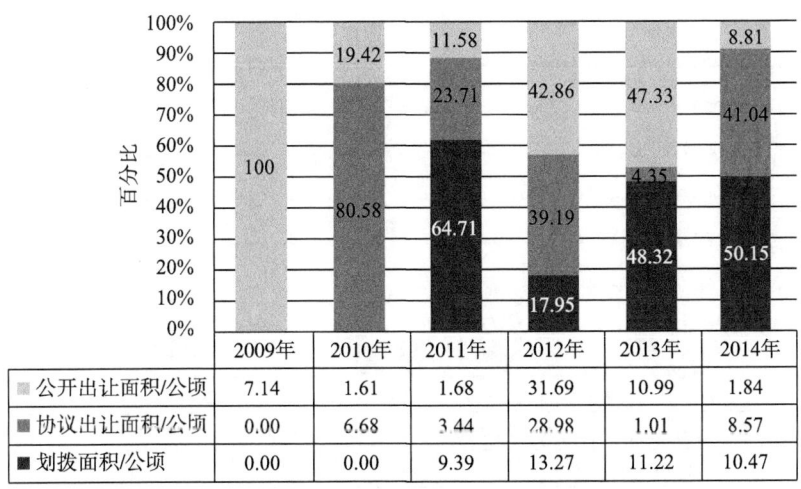

图1-25 2009—2014年胡埭镇土地供应面积结构图

5. 土地出让金额

2014年土地出让金总额为58 246.5万元,同比增长1.28%;其中,经营性用地出让金为3 483万元,同比减少88.72%,占出让金总额的5.98%;工业用地出让金为54 763.5万元,同比增长105.74%,占出让金总额的94.02%。在土地出让收入中,工业用地占比超九成。

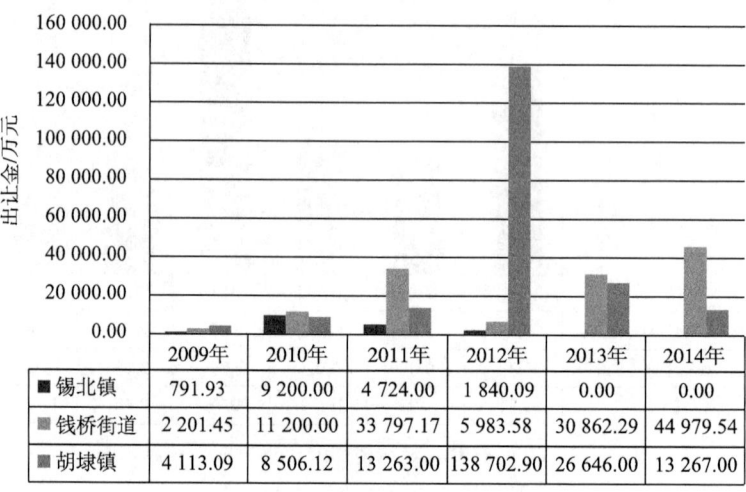

图1-26 2009—2014年出让金总额图

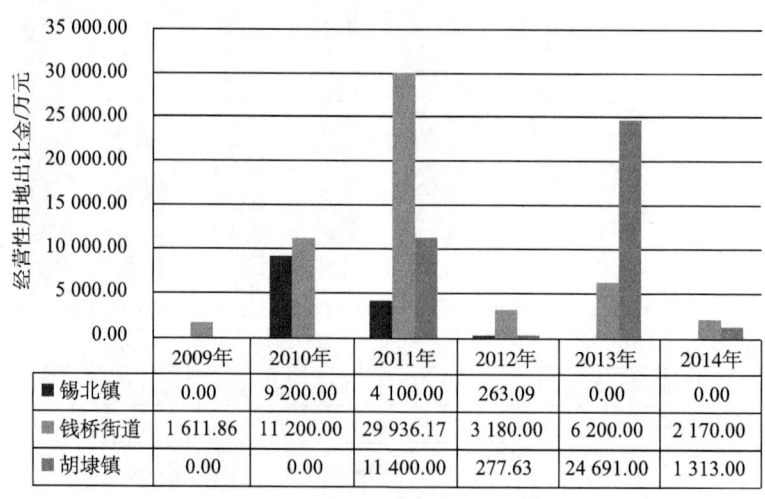

图1-27 2009—2014年经营性用地出让金图

2009年以来,受楼市波动影响,出让金总额在2012年达到峰值,为146 525.57万元,2009年出让金总额为7 106.47万元,为最低值。锡北镇离城区较远,土地增值收益相对较低,出让金总额总体最低,波动较小。钱桥街道出让金总额呈阶梯式增长,胡埭镇在 2012 年达到峰值 138 702 万元,同比增长 945.78%,波动巨大。

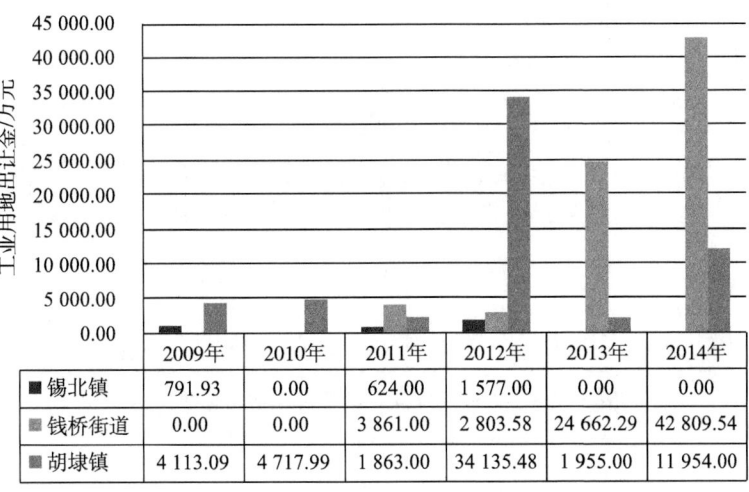

图 1-28　2009—2014 年工业用地出让金图

6. 土地出让价格

2014 年经营性用地平均出让单价为 1 719.68 万元/公顷,同比下降 27.15%。2009 年以来,受房地产市场波动影响,出让价格在 2011 年达最高峰,并一直处于上下波动状态。

2014 年工业用地平均出让单价为 588.82 万元/公顷,同比增长 16.29%。2009 年以来,工业用地出让单价稳步上涨,并在 2014 年达到最高,说明工业用地地价管理政策取得了明显成效。从区域层面看,三个镇工业用地价格差异较小,基本均处于 400 万～500 万元/公顷水平,较稳定。

2009 年以来,经营性用地出让价格和溢价率均波动较大。锡北镇 2011 年最高,为 3 081.2 万元/公顷,同比 33.69%;2012 年降至最低,为 1 789.6 万元/公顷,同比减少 41.92%。经营性用地平均溢价率在 2009 年、2012—2014 年均为 0,2010 年平均溢价率为 27.38%,2011 年平均溢价率为 74.88%。钱桥街道 2010 年出让单价达其峰值,为 3 469.6 万元/公顷,同比增加 222.21%;

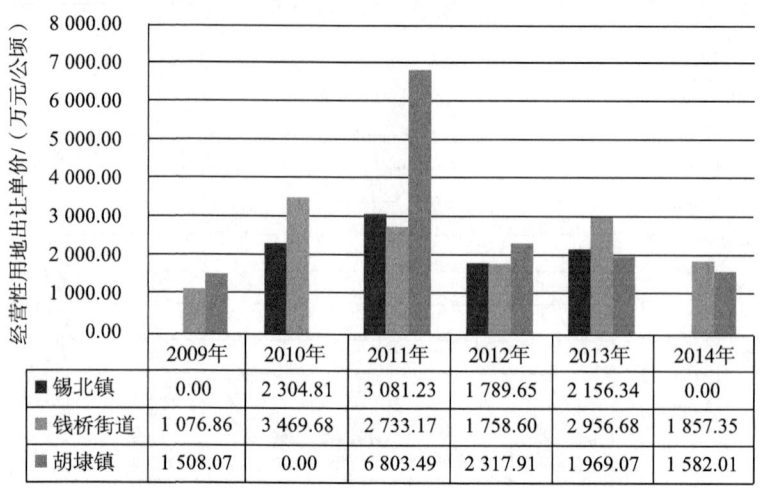

图 1-29 2009—2014 年经营性用地出让单价图

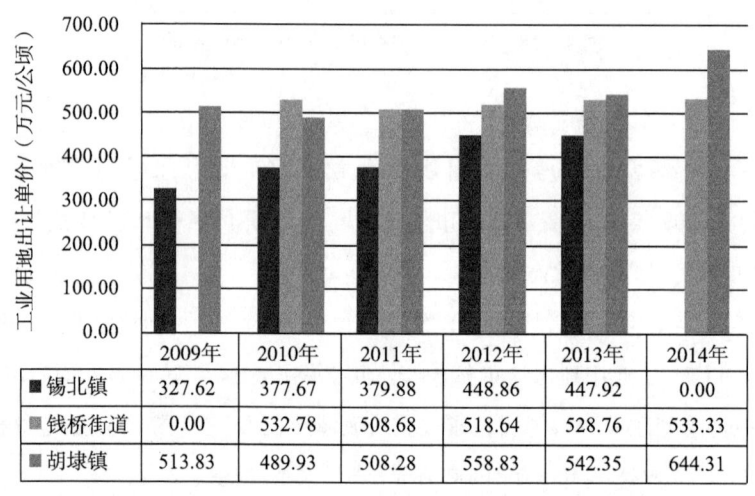

图 1-30 2009—2014 年工业用地出让单价图

2009 年出让单价最低,为 1 076.8 万元/公顷。经营性用地平均溢价率多数年份均接近 0,而 2010 年平均溢价率达 97.83%,波动剧烈。胡埭镇 2011 年出让单价达其峰值,为 6 803.4 万元/公顷,2009 年最低,为 1 508 万元/公顷(2010 年没有经营性用地出让)。除 2011 年较高外,其他年份基本在 1 000

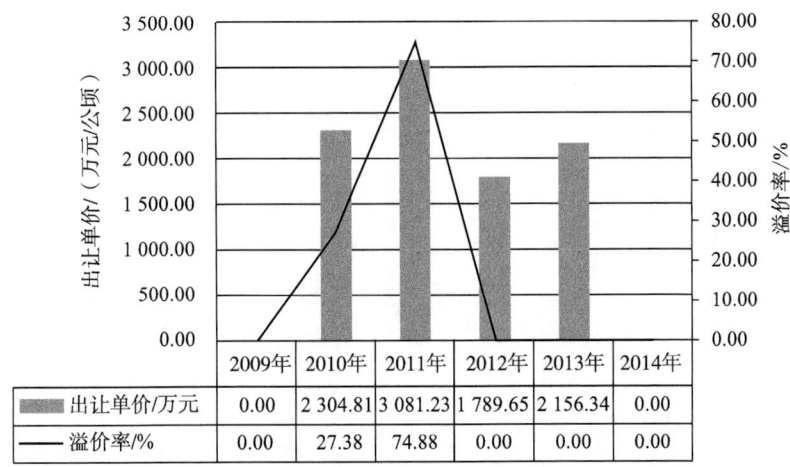

图1-31 2009—2014年锡北镇经营性用地出让情况图

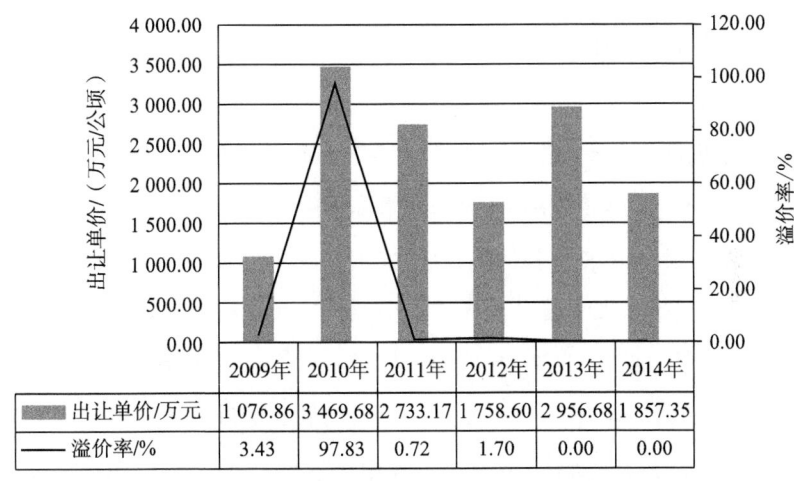

图1-32 2009—2014年钱桥街道经营性用地出让情况图

万~2 000万元/公顷的水平。经营性用地平均溢价率在2011年为188.61%，其他年份均为0。

总体来看，工业用地地价管理政策取得了明显成效，工业用地出让价格稳步增长；经营性用地出让价格主要与房地产市场状况有关，不同年份间波动较大，市场调控需进一步加强。

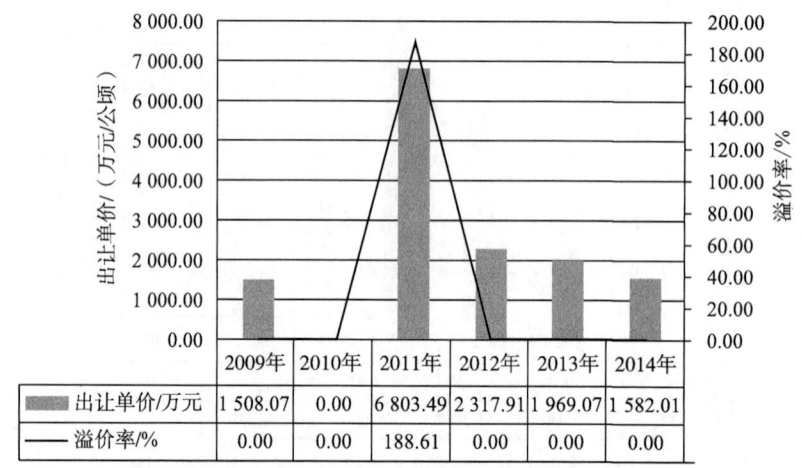

图 1-33　2009—2014 年胡埭镇经营性用地出让情况图

1.5.3　地价监测分析

1. 地价水平分析

（1）区域地价水平变化情况不一,但住宅地价均下降

① 胡埭镇工业、住宅用地价格有所下降,商业用地价格上升

2014 年,较 2009 年,胡埭镇工业、住宅用地价格有所下降,商业用地价格上升。其中,受近年来宏观经济环境和房地产市场状况影响,工业用地的价格为 490 元/平方米,较 2009 年下降了 12 元/平方米,住宅用地价格为 1 180 元/平方米,较 2009 年下降了 68 元/平方米,而商业地价为 1 260 元/平方米,较 2009 年上涨了 102 元/平方米。三大用途地价水平比例由 2009 年度的 1∶2.31∶2.49 调整为 1∶2.57∶2.41。

② 钱桥街道商业、住宅用地价格有所下降,工业用地上升幅度较大

2014 年,较 2009 年,钱桥街道商业、住宅用地价格明显下降,工业用地价格明显上升。其中,商业用地价格为 1 668 元/平方米,较 2009 年下降了 496 元/平方米,住宅用地价格为 1 327 元/平方米,较 2009 年下降了 119 元/平方米,而工业地价为 486 元/平方米,较 2009 年上升了 94 元/平方米。三大用途

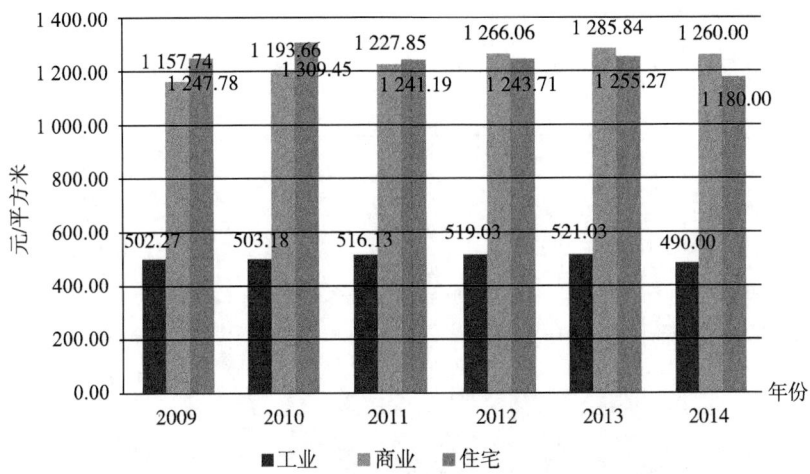

图 1-34　2009—2014 年无锡市胡埭镇地价水平对比图

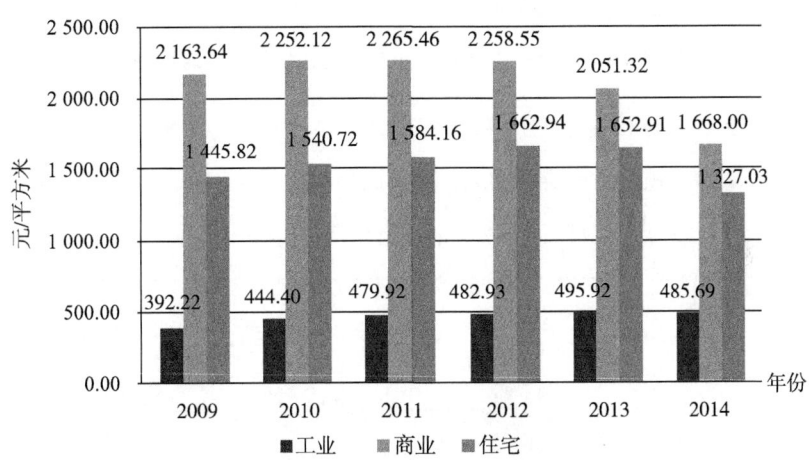

图 1-35　2009—2014 年无锡市钱桥街道地价水平对比图

地价水平之比由 2009 年度的 1∶5.52∶3.69 调整为 1∶3.43∶2.73。

③ 锡北镇工业、商业用地价格上升明显，住宅用地价格略有下降

2014 年，较 2009 年，锡北镇工业、商业用地价格上升明显，住宅用地价格略有下降。其中，工业用地的价格为 485 元/平方米，较 2009 年上升了 160 元/平方米；商业用地价格为 1 362 元/平方米，较 2009 年上升了 245 元/平方

米;而住宅地价为 1 520 元/平方米,较 2009 年下降了 43 元/平方米。三大用途地价水平之比由 2009 年度的 1∶3.44∶4.81 调整为 1∶2.81∶3.13。

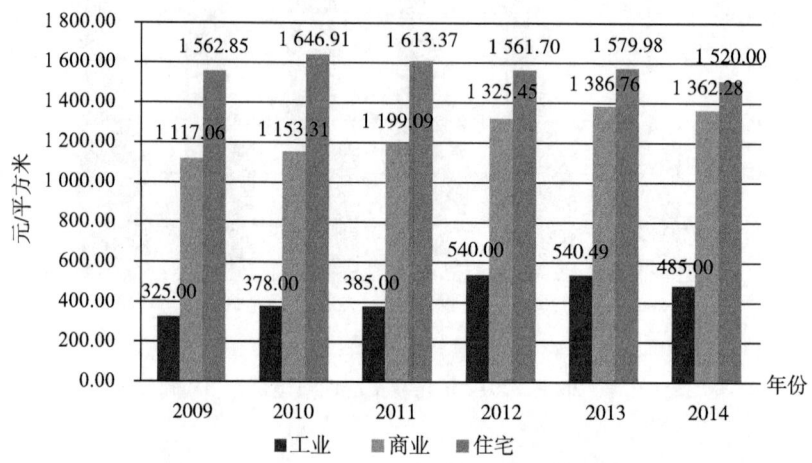

图 1-36　2009—2014 年无锡市锡北镇地价水平对比图

（2）区域间地价差异较大,钱桥街道高于胡埭镇和锡北镇

2014 年,三镇地价差异显著,总体上钱桥街道最高、锡北镇次之、胡埭镇最低。分用途来看,区域间商业地价的差异最大,其中钱桥街道的商业地价

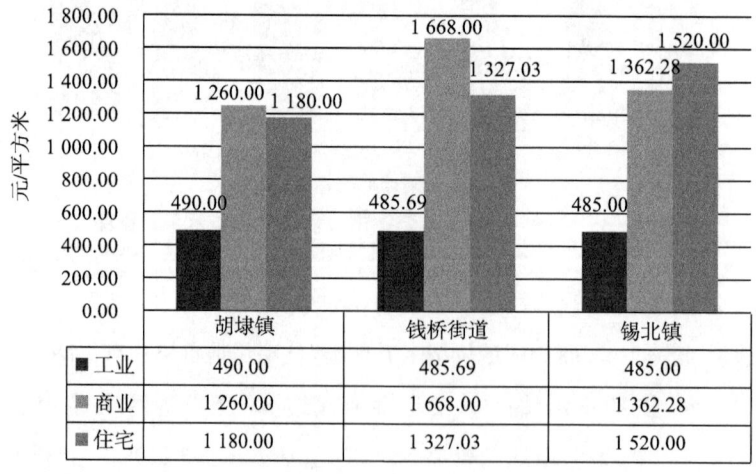

图 1-37　2014 年度无锡市三镇地价水平对比图

分别是胡埭镇和锡北镇的1.32和1.22倍;住宅地价分别是胡埭镇和锡北镇的1.12和0.87倍;工业地价三个乡镇无明显差异。

商业和工业用地价格差异主要由三个镇的区位条件所致,而工业用地价格受地方政策影响大,当前基本为成本价交易,级差收益在地价中没有充分反映。

2. 地价指数分析

2014年,胡埭镇工业、商业、住宅地价较2013年均呈明显下降,增长率分别为－6.35%、－3.57%和－6.93%。相较于监测初期,工业地价近六年来三次环比下降,2014年下降幅度最为明显;商业地价一直处于上下波动的状况;住宅地价2009—2012年上下波动较大,2014年再度明显下降。

2014年,钱桥街道工业、商业、住宅地价较2013年均明显下降,增长率分别为－4.75%、－9.51%和－19.12%。相较于监测初期,各用途地价在2010年普遍增速较快,而在2014年均出现不同程度的下降;工业地价近六年来三次环比下降,其中2010年的增速非常快,后逐年回落,增速放缓;商业地价从2010年环比上升后逐年下降;住宅地价上下波动较大,2010年明显上升,2014年则大幅下降。

2014年度,锡北镇工业、商业、住宅地价较2013年均呈明显下降趋势,增

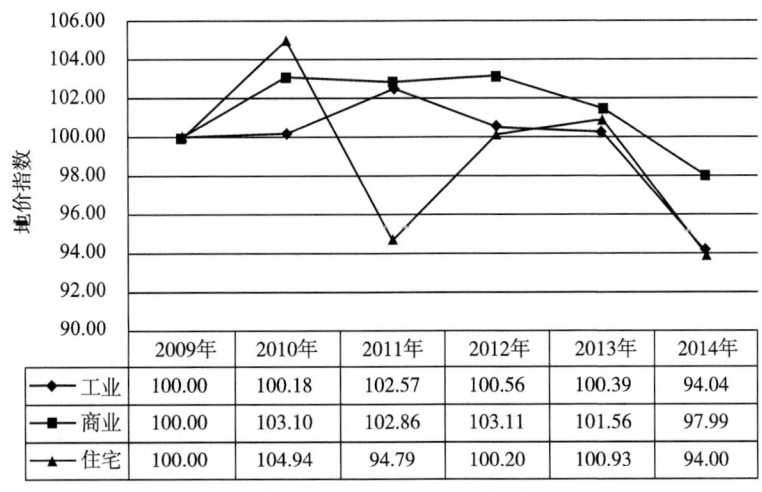

图1-38 2009—2014年无锡市胡埭镇各用途地价季度环比指数

长率分别为－10.36%、－6.4%和－4.97%。相较于监测初期的各用途地价指数，工业地价近六年来不断波动且幅度较大，其中2012年的环比增速极快，较2011年增长率为38.41%，后又猛然下降，2013年较2012年增长率为－40.17%；商业地价六年来波动较平稳；住宅地价自2010年上涨5.38%第二年又下降了7.42%后，环比保持低速增长。

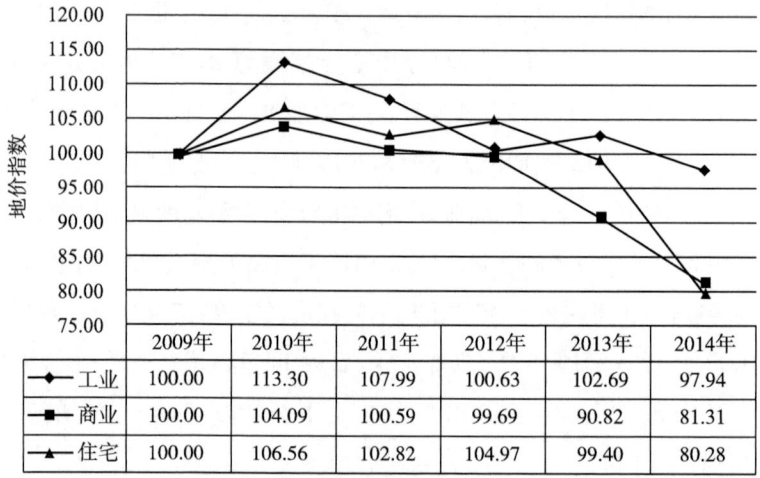

图1-39　2009—2014年无锡市钱桥街道各用途地价季度环比指数

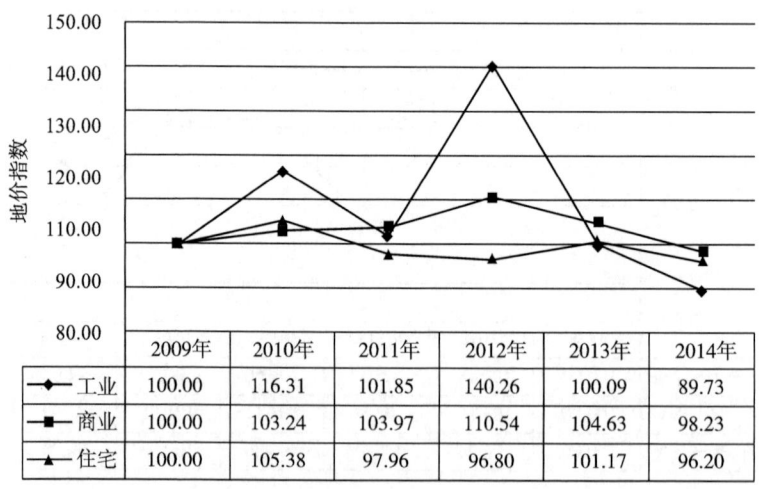

图1-40　2009—2014年无锡市锡北镇各用途地价季度环比指数

总体来看,三个乡镇各用途地价六年来增速均呈下降趋势,这与总体宏观经济环境形势、房地产市场状况基本相符。

3. 工业与住宅用地价格比分析

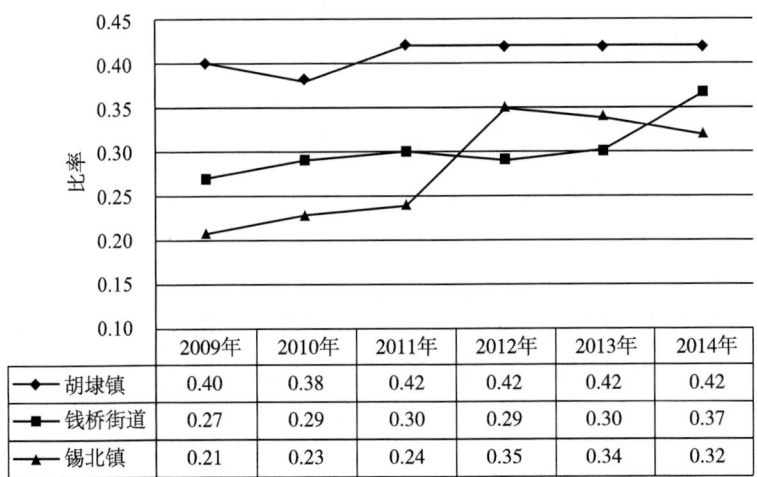

图 1-41　2009—2014年无锡市三镇工业与住宅用地价格比图

从六年来的工业与住宅用地价格比的平均水平看,胡埭镇最高,钱桥街道次之,锡北镇最低,这主要是由于胡埭镇为无锡市工业"退城进园"承接区,以发展工业为主,住宅地价支撑力较差。

目前工业与住宅用地价格比总体上为 0.3~0.4,六年来都有不同幅度的增长,即这三个乡镇的工业地价的涨幅普遍高于住宅地价的涨幅,反映出政府的地价管理政策产生了一定成效。

1.5.4　土地利用监测分析

结合三个乡镇典型工业企业调研数据对胡埭镇、钱桥镇、锡北镇三个乡镇建设用地利用特征及问题进行概括分析。

1. 工业用地占比偏重,国有及集体产权并存

从表 1-2 中可以看出三个乡镇的建设用地占土地面积总比例存在差异,钱桥镇的建设占用比例最高,达到了 47.01%,胡埭镇的建设占比为 26.47%,

主要是因为41%的土地属于水域,扣除水域部分建设占比可达到44.87%,锡北镇的建设占比最低,可能和锡北镇区位偏远及经济发展水平相对较低有关。经过对胡埭镇、钱桥镇、锡北镇建设用地结构分析,发现工业用地的比重普遍偏大,《城市用地分类与规划建设用地标准》(GB 50137—2011)规定工业用地占建设用地的比例应控制在15%~30%,三个乡镇工业用地比例分别达到了56.25%、41.30%、65.03%,都远高于标准。造成工业用地比重偏大的原因一方面可能是相比商业用地和住宅开发,地方政府偏爱乡镇工业用地开发;另一方面无序的城市规划、农村集体土地征收滥用的做法以及工业用地地价偏低造成了工业企业土地利用巨大浪费,存在大量闲置低效工业用地。

表1-2　三个乡镇土地利用结构分析表

乡镇	土地总面积（公顷）	建设用地面积（公顷）	建设占比（%）	建设用地结构(%)				
				工业用地	农村宅基地	城市住宅用地	商服用地	其他建设用地
胡埭镇	5 718.56	1 513.95	26.47	56.25	4.40	11.56	4.08	23.70
钱桥镇	4 621.37	2 172.64	47.01	41.30	4.59	17.2	4.97	31.93
锡北镇	7 058.78	1 574.32	22.30	65.03	17.23	10.32	0.79	6.62

除了工业用地比重大外,三个乡镇工业用地还存在土地产权结构复杂的特点,国有工业用地和集体所有工业用地并存,通过表1-3分析可知,胡埭镇、钱桥镇、锡北镇集体所有工业用地均占了相当大的比例,分别达到了工业用地总面积的33.95%、42.19%、33.80%。

表1-3　三个乡镇土地权属结构分布表

乡镇	建设用地		工业用地		农村宅基地		城市住宅		商服用地		其他建设用地	
	国有占比	集体占比	国有占比	集体占比	国有占比	集体占比	国有占比	集体占比	国有占比	集体占比	国有占比	集体占比
胡埭镇	73.42	26.58	66.05	33.95	0	100.00	97.12	2.88	88.95	11.05	90.32	9.68
钱桥镇	76.11	23.89	57.81	42.19	0.21	99.79	96.08	3.92	92.99	7.01	97.30	2.70
锡北镇	58.95	41.05	66.20	33.80	4.94	95.06	93.84	9.12	0	0	80.91	26.39

2. 工业用地布局相对分散,产业功能格局混杂

除胡埭镇工业用地布局比较集中外,钱桥镇和锡北镇工业用地布局均比较分散。工业用地分布零散,主要原因是乡镇工业用地存在紧靠道路布局的特点。道路交通基础设施对工业土地利用空间格局具有重要的导向作用,引导城市工业空间向外扩展,因为主要道路沿线具有货物运输和人员集散的便捷性,所以工业企业一般会选择城市外围交通沿线布置厂区,无锡市三个示范乡镇工业空间的布局也明显地体现出沿交通干线呈放射状扩展的特点(见图1-42,清晰的彩图请扫描章末二维码)。分散的工业用地与城中村、农村宅基地交在一起,不利于城镇功能的专业化发展,工业、居住空间混杂问题突出。

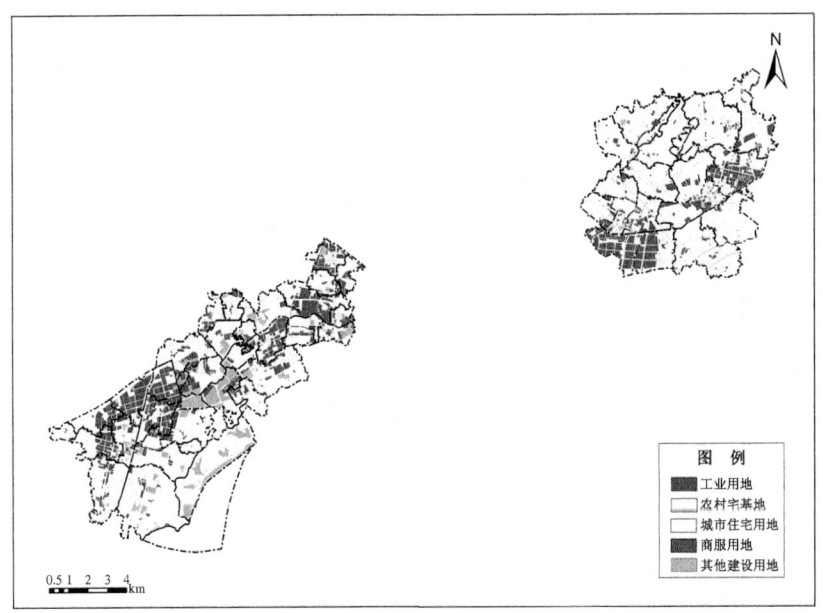

图1-42 胡埭镇、钱桥镇、锡北镇现状建设用地汇总分布图

3. 工业用地"两规"吻合度存在差异,符合区位于镇中心附近

通过表1-4可知胡埭镇、钱桥镇、锡北镇2014年现状工业用地与土地利用总体规划、城市总体规划叠加分析结果,除了胡埭镇工业用地同时符合"两

规"的比例比较高外,钱桥镇、锡北镇工业用地符合"两规"的比例均不足30%,这可能和胡埭镇本身处于中心城区,城市总体规划实施比较早,相对于钱桥镇和锡北镇来说更成熟有关。胡埭镇、钱桥镇和锡北镇工业用地符合土地利用总体规划的比例均高于符合城市总体规划的比例,这和"两规"管制分区有关,土地利用总体规划建设用地管制分区将规划区全域划分为允许建设区、有条件建设区、限制建设区、禁止建设区四个区,落在允许建设区范围内即符合规划,而城市总体规划是对规划范围内的建设用地进行了严格功能分区,工业功能分区远小于允许建设用地范围,此外,城市规划编制基期大部分工业用地已经存在,城市总体规划的规划期到2030年,还有15年的实施期,而土地利用总体规划的规划期是到2020年,仅还有5年的实施期,故而符合土地利用总体规划的比例相对高。通过图1-43(彩图请扫描章末二维码)可知,胡埭镇、钱桥镇、锡北镇工业用地"两规"均符合的区域,大都靠近镇中心工业集中区域。

表1-4 胡埭镇、钱桥镇、锡北镇工业用地"两规"叠加汇总分析结果

乡镇名称	权属性质	工业用地面积(公顷)	符合土地规划比例(%)	不符合土地规划比例(%)	符合城市规划比例(%)	不符合城市规划比例(%)	"两规"同时符合比例(%)	"两规"均不符合比例(%)
胡埭镇	国有土地	562.50	88.56	11.44	88.53	11.47	79.45	2.36
	集体土地	289.08	85.27	14.73	67.18	32.83	59.98	7.53
	合计	851.58	87.44	12.56	81.28	18.72	72.84	4.12
钱桥镇	国有土地	518.74	94.26	5.74	6.45	93.55	6.16	5.45
	集体土地	378.60	95.16	4.84	18.21	81.79	17.95	4.58
	合计	897.34	94.64	5.36	11.41	88.59	11.14	5.08
锡北镇	国有土地	562.50	83.87	16.13	28.21	71.79	23.61	11.53
	集体土地	289.08	72.29	27.71	21.27	78.73	20.47	26.91
	合计	851.58	79.96	20.05	25.86	74.14	22.55	16.73

1 农村建设用地市场监测与模拟预测技术

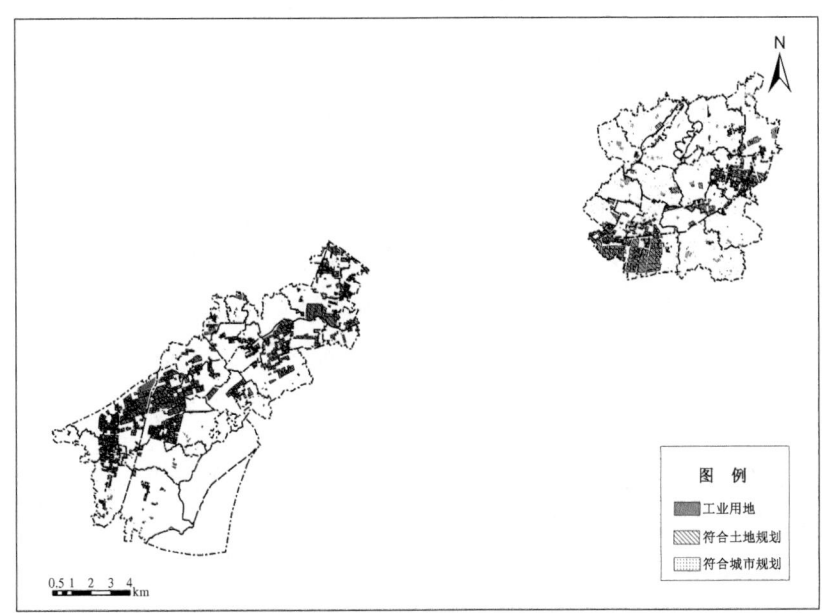

图 1-43 胡埭镇、钱桥镇、锡北镇工业用地符合"两规"情况汇总分析图

4. 工业用地集约利用水平不高,产值偏低

通过分析土地利用强度、土地投入强度、土地利用效益等指标发现调研的三个乡镇典型企业工业用地主要以中小规模为主,土地集约利用水平低下,主要表现在地均投资强度和地均产值低下。具体分析如下:

从表 1-5 中可以看出三个乡镇容积率普遍不高,胡埭镇建筑容积率最高,但也仅为 0.82 未达到 1,而从无锡市原国土局网站上工业土地挂牌公告中得到的调查情况,无锡工业用地规定的容积率上、下限为 1.0、1.5,标准厂房的容积率不得低于 1.2,可见三个乡镇现状工业用地容积率均偏低。三个乡镇企业用地规模均小于 1 公顷,可见示范镇大部分工业企业多为中小型乡镇企业。锡政发〔2011〕235 号文件《无锡市进一步推进节约集约用地促进产业转型升级的实施意见》提出省级以上开发区、乡镇工业集中区用地设置门槛,每亩工业用地投入需分别达 450 万元、350 万元,由此可见三个乡镇工业用地地均投资强度普遍偏低,均未达到 350 万元/亩;地均投资强度最高的是钱桥镇,

达到了267.49万元/亩,胡埭镇投资强度次之,达到了187.62万元/亩,最低的锡北镇投资强度不足100万元/亩,连用地标准的1/3都未达到,仅为97.32万元/亩。平均投资强度最高的是钱桥镇,达到3 513.32万元/家,胡埭镇和锡北镇的平均投资强度相对比较低。除了钱桥镇亩均产值超过400万元,胡埭镇和锡北镇亩均产值均低于400万元,无锡市原国土局于2011年起对省级以上开发区、乡镇工业集中区用地设置门槛,省级以上开发区产出必须达到亩均500万元以上,乡镇工业集中区产出必须达到亩均400万元以上,由此可见胡埭镇、锡北镇土地利用效益不高。三个乡镇的工业用地总体投资水平和工业产值低下,有一重要原因是用地门槛低,落后产能的行业也进驻当地。

表1-5 三个乡镇工业用地集约利用情况

子目标	指标层	总体样本	胡埭镇	钱桥镇	锡北镇
土地利用强度	建筑容积率	0.67	0.82	0.68	0.59
	企业平均用地面积(公顷/家)	0.75	0.52	0.88	0.71
土地投入强度	地均固定资产投资强度(万元/亩)	205.98	187.62	267.49	97.32
	平均固定资产投资强度(万元/家)	2 316.22	1 466.82	3 513.32	1 032.44
土地利用效益	地均利税(万元/亩)	26.49	44.13	24.29	22.05
	地均吸纳劳动力人数(人/公顷)	56.17	69.68	50.28	60.80
	平均吸纳劳动力人数(人/家)	42.11	36.32	44.03	43.00
	地均工业产值(万元/亩)	410.20	310.34	486.26	313.73
	平均工业产值(万元/家)	4 612.66	2 426.30	6 386.87	1 032.44

1.6 实证研究——无锡市滨湖区胡埭镇等地价监测点优化配置

1. 研究区及数据来源

选择无锡市胡埭镇、钱桥镇、锡北镇(详见《农村建设用地再开发市场机制及地价评估》6.5)为研究区,以工业地价的监测点布设为例,检验所设计的模式在监测点空间配置方面的合理性。数据来源于无锡市原国土局提供的2014年度工业用地国有出让地价样点数据以及南京大学课题组2014年8月对无锡三镇的集体工业用地实地抽样调研获得的样点地价数据资料。对地价样点进行开方转换，使其更符合正态分布，选择 Kriging 方法对转换后的数据进行空间插值，在插值结果栅格图上按照100元/m² 间距提取等值线，为地价监测点布设准备。

2. 土地样点地价分析

（1）国有工业用地出让地价分析

从图 1-44、1-45 和 1-46 可知，三个镇的国有工业用地地价均呈现集聚的特点，地价呈现同质化现象。胡埭镇国有工业用地地价均值为519.93，钱桥镇为536.57，锡北镇为401.78。

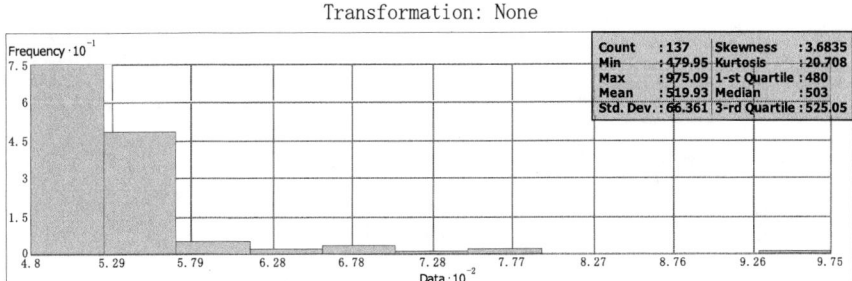

图 1-44 胡埭镇国有工业土地出让样点地价直方图

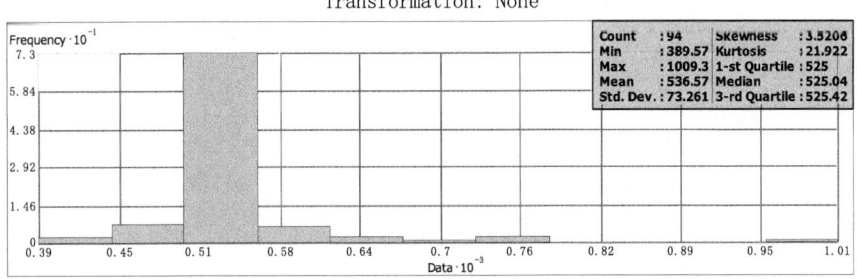

图 1-45 钱桥镇国有工业土地出让样点地价直方图

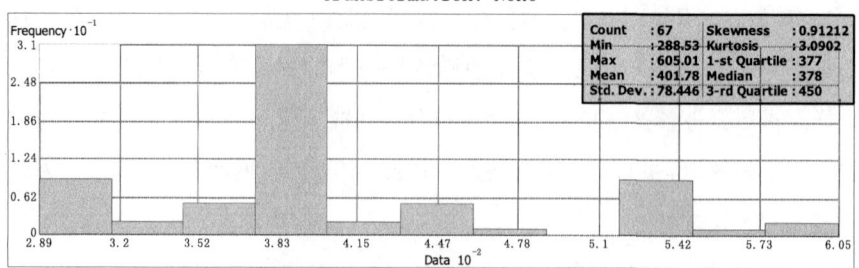

图 1-46　锡北镇国有工业土地出让样点地价直方图

(2) 厂房出租样点地价分析

从图 1-47、1-48 和 1-49 可知，三个示范镇厂房出租价格在不同地价水平上分布差异显著，不同地段价格不一致，地价的区位性得到体现。

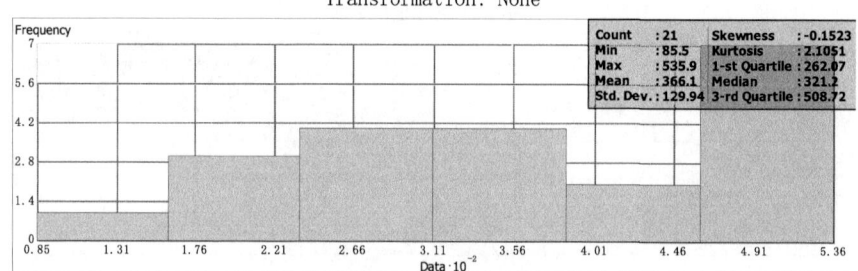

图 1-47　胡埭镇厂房出租样点地价直方图

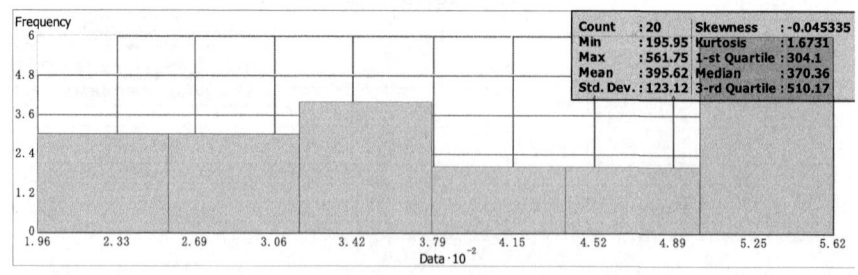

图 1-48　钱桥镇厂房出租样点地价直方图

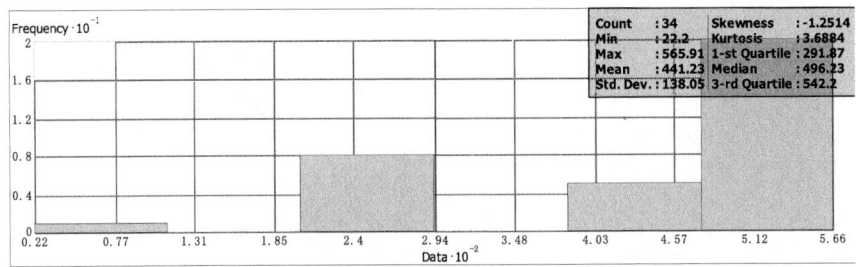

图 1-49　锡北镇厂房出租样点地价直方图

(3) 集体土地出让样点地价分析

从图 1-50、1-51 和 1-52 可知，相比国有出让地价，集体出让地价偏低，胡埭镇均价为 117.81，钱桥镇均价为 291.56，锡北镇均价为 276.28。胡埭镇的区位比另外两个镇有优势，但其集体土地出让地价最低，这主要和其样本交易时间较早有关。钱桥和锡北的集体土地出让地价均为国有出让地价的一半左右，可见集体土地由于产权的不完善，在市场上受到明显的价格歧视。

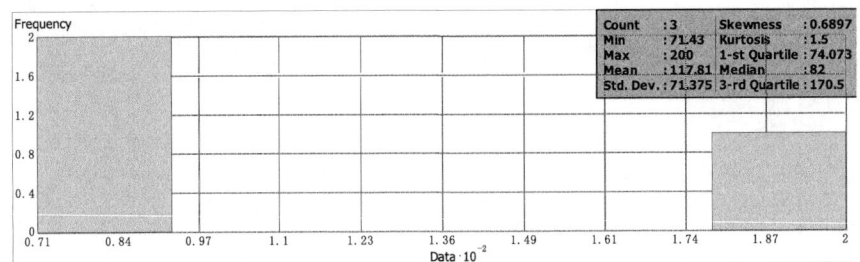

图 1-50　胡埭镇集体土地出让样点地价直方图

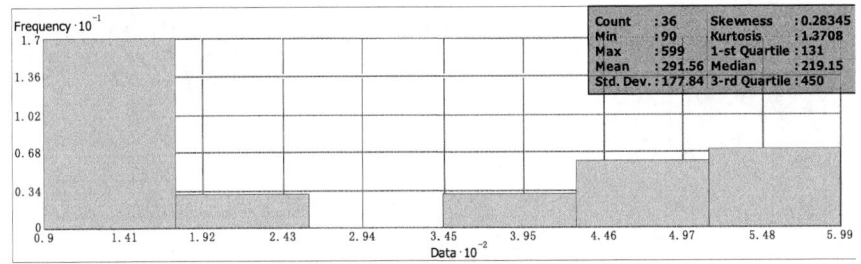

图 1-51　钱桥镇集体土地出让样点地价直方图

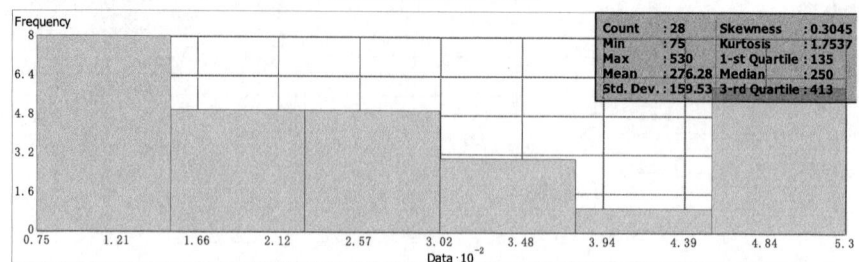

图 1-52　锡北镇集体土地出让样点地价直方图

(4) 集体土地出租样点地价分析

从图 1-53、1-54 和 1-55 可知,三个乡镇的集体土地出租地价出现集聚,样点地价的方差很小,说明不同样点的租金差异不算大,这一方面是因为无锡市各乡镇大都制定了集体土地出租指导价,不同乡镇租金标准相差不大,另一方面是因为集体土地出租样点均为近年成交,交易时间没有明显差异。

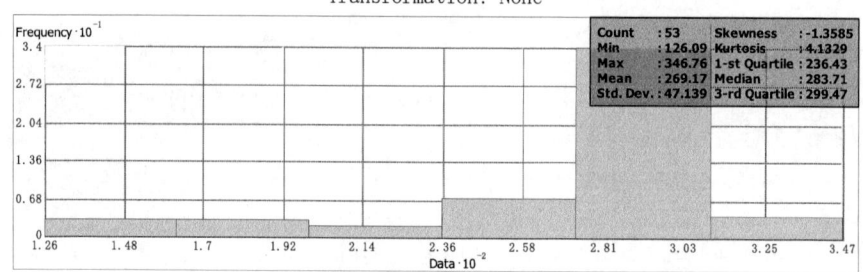

图 1-53　胡埭镇集体土地出租样点地价直方图

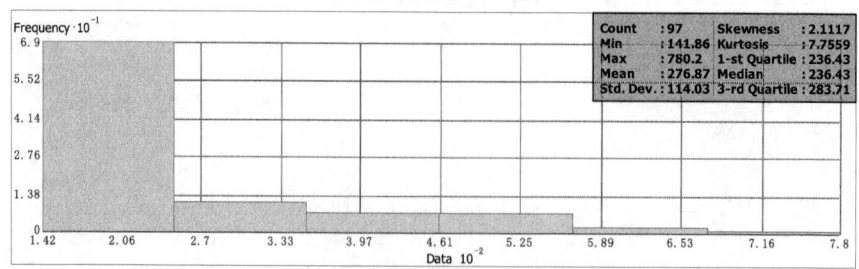

图 1-54　钱桥镇集体土地出租样点地价直方图

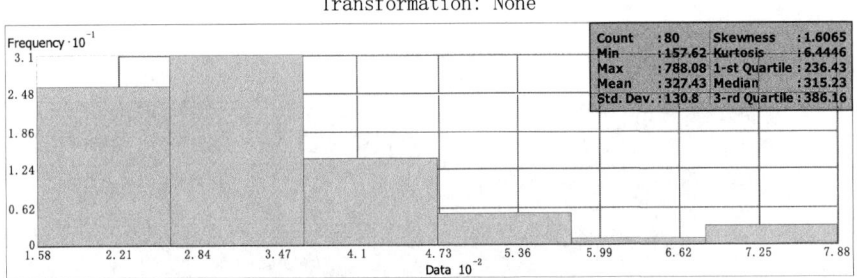

图1-55　锡北镇集体土地出租样点地价直方图

3. 地价监测点优化配置

以下各图可以反映三个乡镇不同类型地价监测点、地价样点及空间插值结果空间分布情况。

① 国有工业用地出让地价监测点配置结果(附图1-1、1-2和1-3)

② 厂房出租地价监测点配置结果(附图1-4、1-5和1-6)

③ 集体土地出让地价监测点配置结果(附图1-7、1-8和1-9)

④ 集体土地出租地价监测点配置结果(附图1-10、1-11和1-12)

1.7　实证研究——广州市白云区江高镇建设用地再开发市场监测与模拟

1.7.1　研究区调研

研究区为广州市白云区江高镇,具体情况见《农村建设用地再开发市场机制及地价评估》6.7。2016年1月,对白云区江高镇进行了一个星期的集中调研,了解了当地集体建设用地市场状况,收集了相关市场交易资料。

通过调研,对江高镇集体土地流转情况、农户对土地政策的认知、农户对土地征收的满意度、企业土地取得及用地情况、村干部对土地政策认知及意

图 1-56　现场调研照片

愿、政府土地管理等相关部门对农村建设用地市场政策认知及行为意愿等情况有了深入、全面的了解。

1.7.2　数据整理入库

在调研基础上,根据相关技术系统要求,对采集的数据进行整理入库。

(1) 数据核查

从数据的完整性、合理性等方面进行核查,对明显不符合要求或不合理的数据进行补充调查,无法补充调查的直接剔除。

(2) 数据完善

对数据进行进一步修改完善,如土地面积、价格等单位换算,字段值规范化,行政代码赋值等。

1 农村建设用地市场监测与模拟预测技术

序号	行政区	项目名称	合同编号	项目总面积（公顷）	出让金额（万元）	土地用途	供应方式	签订日期	操作
1	江高镇	广州市温馨泉电子商务有限公司（商业用地）		0.419700	1833.000000	商务金融用地	挂牌	2015-06-26	✎ ✕
2	江高镇	广州市新志友房地产开发有限公司（市场用地（C26））		4.328400	14284.000000	批发零售用地	挂牌	2013-09-15	✎ ✕
3	江高镇	广州江南果菜批发市场有限责任公司（普通仓储）		19.914400	50000.000000	仓储用地	挂牌	2012-11-01	✎ ✕
4	江高镇	广东秋鹿实业有限公司（工业）		2.318100	1428.000000	工业用地	挂牌	2012-04-23	✎ ✕

图 1-57　江高镇国有土地出让信息

序号	行政区	标题	发布时间	面积（m²）	价格	价格单位	地址	操作
1	江高镇	广州市白云区江高镇泉溪村榴园9号	2016	860.000000	38.370000	元/平米/年	广州市白云区江高镇泉溪村榴园9号	✕
2	江高镇	广州市白云区江高镇泉溪工业区1—2号	2016	3000.000000	38.330000	元/平米/年	广州市白云区江高镇泉溪工业区1—2号	✕
3	江高镇	广州市五丰工业区	2016	140000.000000	40.930000	元/平米/年	广州市五丰工业区	✕
4	江高镇	广州市江高镇水沥工业园	2016	2800.000000	39.290000	元/平米/年	广州市江高镇水沥工业园	✕
5	江高镇	广州市江高镇古楼工业区	2016	8000.000000	41.250000	元/平米/年	广州市江高镇古楼工业区	✕
6	江高镇	广州白云区江高镇新广花二路18号	2016	1100.000000	40.910000	元/平米/年	广州白云区江高镇新广花二路18号	✕
7	江高镇	广州市江人一路	2016	5096.000000	218.010000	元/平米/年	广州市江人一路	✕
8	江高镇	广州市白云区江高镇雄丰村联华北路63号	2016	6200.000000	43.550000	元/平米/年	广州市白云区江高镇雄丰村联华北路63号	✕
9	江高镇	广州市江高镇南岗村	2016	8000.000000	44.130000	元/平米/年	广州市江高镇南岗村	✕
10	江高镇	广州市白云区江高镇泉溪村	2016	3000.000000	37.670000	元/平米/年	广州市白云区江高镇泉溪村	✕

记录总数：110 总页数：11 当前页：1/11　　首页 上一页 下一页 尾页　1　转到

图 1-58　江高镇集体土地使用权出租信息

序号	行政区	标题	发布时间	面积（m²）	价格	价格单位	厂房类型	地址	操作
1	江高镇	广州大岭村市大岭南路79号	2016	5000.000000	158.000000	元/平米/年		广州大岭村市大岭南路79号	✕
2	江高镇	广州市白云区江高镇蓼江村工业区	2016	1800.000000	166.670000	元/平米/年		广州市白云区江高镇蓼江村工业区	✕
3	江高镇	广州市白云区江高镇泉溪工业区1—2号	2016	3000.000000	164.000000	元/平米/年		广州市白云区江高镇泉溪工业区1—2号	✕
4	江高镇	广州市江高镇江村村	2016	650.000000	161.540000	元/平米/年		广州市白云区江高镇江村村	✕
5	江高镇	广州市白云区江高镇龙湖工业区龙霭路自编6号	2016	8000.000000	147.250000	元/平米/年		广州市白云区江高镇龙湖工业区龙霭路自编6号	✕
6	江高镇	广州市白云区江高镇龙霭路38号	2016	1000.000000	178.000000	元/平米/年		广州市白云区江高镇龙霭路38号	✕
7	江高镇	广州市江高镇水沥工业园	2016	20000.000000	124.250000	元/平米/年		广州市江高镇水沥工业园	✕
8	江高镇	广州市江高镇古楼工业区	2016	6000.000000	178.330000	元/平米/年		广州市江高镇古楼工业区	✕
9	江高镇	广州市江人一路	2016	2000.000000	192.500000	元/平米/年		广州市江人一路	✕
10	江高镇	广州市白云区江高镇新广花二路18号	2016	800.000000	136.630000	元/平米/年		广州市白云区江高镇新广花二路18号	✕

记录总数：84 总页数：9 当前页：1/9　　首页 上一页 下一页 尾页　1　转到

图 1-59　江高镇工业厂房出租信息

（3）数据导入

将核查并修改完善的数据，按 Excel 模板格式进行整理，导入土地价格与土地市场模拟预测软件。

1.7.3 土地市场监测分析

1. 国有建设用地供应情况

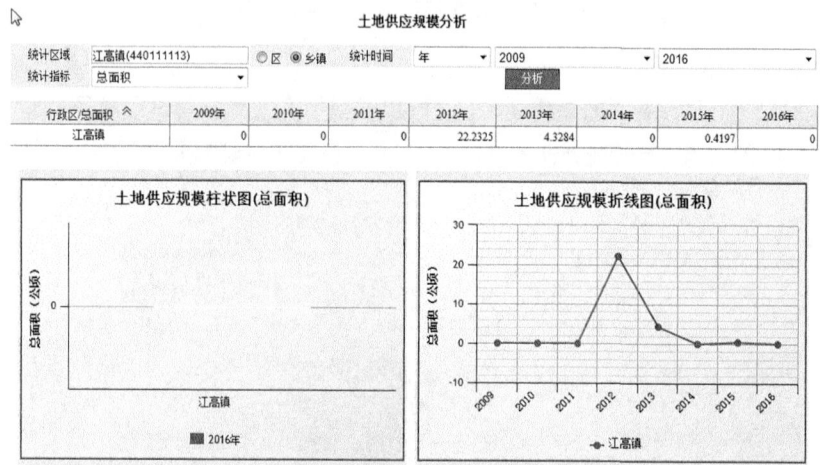

图 1-60　江高镇国有建设用地供应规模分析

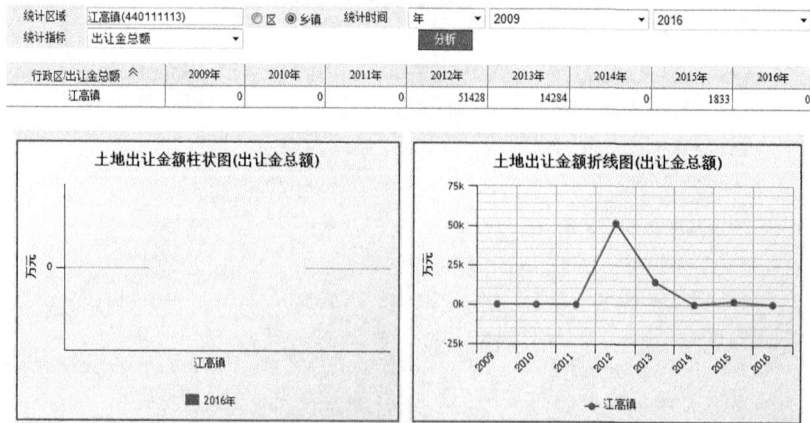

图 1-61　江高镇国有土地出让金额分析

总体来看,江高镇地处广州市北郊,远离广州主城区,不是广州市重点发展区域,历年供应的国有建设用地很少。自2009年以来,只有2012、2013和2015年有供应,分别为22.232 5公顷、4.328 4公顷、0.419 7公顷,相应的出让金额分别为51 428万元、14 284万元、1 833万元。

2. 集体土地出租情况

从集体土地出租租金来看,受宏观经济形势影响,租金水平自2009年以来总体呈现增长趋势,个别年份明显偏低,总体在40元/(平方米·年)。土地租金与经济发展状况基本吻合,反映出江高镇集体土地出租市场较为成熟。

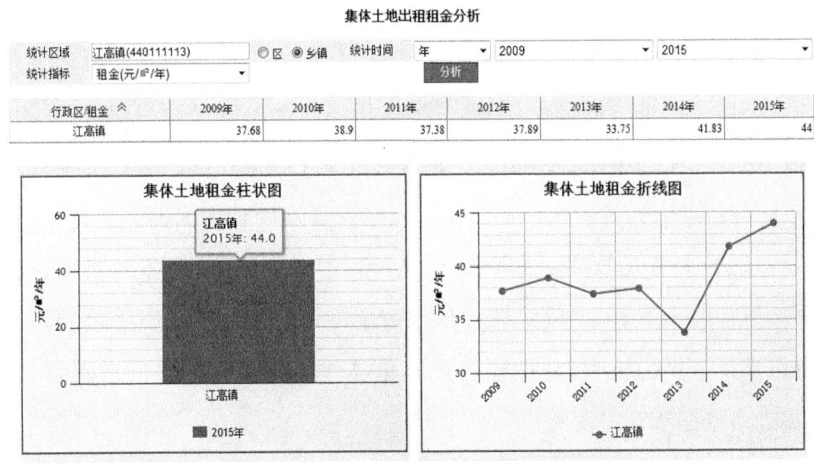

图1-62 江高镇集体土地租金分析

3. 工业厂房出租情况

工业厂房出租租金总体情况与集体土地出租类似,波动主要受宏观经济形势影响,2012年快速回落后再逐步上涨,呈现V形走势,近两年保持稳定。租金水平总体在150～180元/(平方米·年)。厂房租金与经济发展状况基本吻合,反映出江高镇厂房出租市场较为成熟。

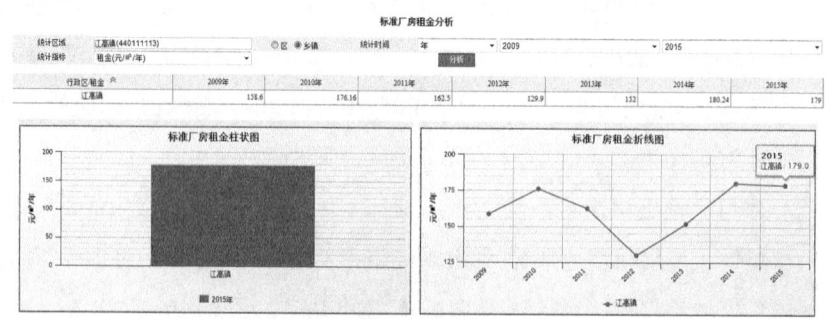

图 1-63　江高镇工业厂房租金分析

4. 总结与建议

江高镇地处广州市北郊，远离广州主城区，不是广州市重点发展区域，历年供应的国有建设用地很少，土地市场以集体建设用地交易为主，包括集体土地出租和工业厂房出租等形式。近年来土地租金和厂房租金总体与经济发展状况基本吻合，反映出江高镇集体土地市场发展较为成熟。从调研的样本来看，租金水平仍存在较大差异，除区位因素外，主要还受签约时间、交易对象具体情况等影响，今后应进一步规范集体建设用地交易程序，对异常交易价格进行必要的核查，并按年度发布集体建设用地和标准厂房租赁指导价，促进市场健康有序发展。

1.7.4　土地市场情景模拟

通过对村干部和农户、企业负责人进行问卷调查，设定"政策允许集体土地同权同价入市流转，农村宅基地、工业用地等可以入市买卖"的土地市场情景，了解市场参与各方对集体建设用地入市的政策认知、市场行为模式、利益诉求等，提出建立城乡统一的建设用地市场的政策建议。

1. 基于村干部视角

通过村干部访谈，对部分问题调查结果进行统计，结果如下：

(1) 村民是否会因为集体土地升值预期而增加宅基地？

51.85%的受访者选"是"，主要是考虑到宅基地有升值预期，能增加收入；

选"否"的主要认为在土地资源紧张、用地管理日趋规范的情况下,已不可能增加宅基地。

（2）是否愿意将宅基地上的房屋加层或盖更多的房屋出租、出售？

74.07%的受访者选"是",主要考虑到能增加收益；选"否"的认为还要看农户自身情况,如个人素质、经济状况等。

（3）是否会因为集体土地的升值预期将菜地乃至耕地转为建设用地？

选"是"的约占一半,主要考虑到能增加收益；选"否"的认为这种情况政策是不允许的,另外耕地和菜地是维持农民基本生活的保障。

（4）是否愿意将建设用地指标卖给政府,用到城市建设等方面？

56.52%的受访者选"是",主要考虑能获得收益,只要价格合理就会卖；选"否"的认为土地可以留着自己发展经济,长期来看还会升值。

（5）村集体是否会将低效闲置的工业用地收回？

64%的受访者选"是",主要考虑到改造后能产生更大收益；选"否"的觉得村集体没这个权利,另外还要看收回土地重新利用后的收益如何。

（6）村集体是否会扩大建设用地建工业园或其他物业？

56%的受访者选"是",主要考虑能增加集体收益；选"否"的觉得村集体没这个权利,也没有用地指标,规划也不允许,此外村里基本上已没有空闲地可用等。

（7）政府是否会在集体土地入市政策出台前集中征地？

25%的受访者选"是",主要考虑能增加政府卖地收入；选"否"的认为政府不会盲目征地,有实际需求时才会,另外征地也需要村民同意等。

（8）如果农民对土地有了更多权利,是否更加愿意留在农村？

95.83%的受访者选"是",主要考虑到土地增值、可以在村镇企业就业、农村环境好、农民也有社保等；选"否"的基本已离开农村,在城镇发展,他们希望拆迁换安置房。

（9）村民以前是否关注过土地如何使用？

61.54%的受访者选"是",主要觉得村里的土地利用关系切身利益；选

"否"的一般对土地价值没有概念,只关心拆迁补偿有多少。

(10) 如果农村土地更值钱了,今后是否会关注土地如何用?

84.62%的受访者选"是",主要觉得在利益驱动下,农民会更关心切身利益;选"否"的觉得政策复杂,很多村民文化素质不高,难以理解相关问题。

2. 基于农户视角

通过农户访谈,对部分问题调查结果进行统计,结果如下:

(1) 是否会因为集体土地升值预期而增加宅基地?

40.33%的受访者选"是",主要是一些有经济实力的农户;选"否"的要么没钱买宅基地,要么觉得目前房子已经够用。

(2) 是否愿意将宅基地上的房屋加层或盖更多的房屋出租、出售?

55.52%的受访者选"是",主要认为能增加收益;选"否"的有的是因为房子已经够用,有的担心租出去房子被破坏,有的没有资金,还有的觉得自身没有这个权利。

(3) 是否会因为集体土地的升值预期将菜地乃至耕地转为建设用地?

29.9%的受访者选"是",主要认为能增加收益;选"否"的有的认为政策不允许,有的觉得耕地和菜地是生存所需,有的不会经营,还是种地稳妥。

(4) 是否愿意将建设用地指标卖给政府,用到城市建设等方面?

56.8%的受访者选"是",他们愿意支持政府工作;选"否"的大多对政府行为持怀疑态度。

(5) 村集体是否会将低效闲置的工业用地收回?

41.75%的受访者选"是",主要考虑改造后能产生更大收益;选"否"认为村里没这个权利,此外还要看土地收回重新利用后的收益如何。

(6) 村集体是否会扩大建设用地建工业园或其他物业?

97.73%的受访者选"是",他们认为能增加收益;选"否"的觉得村集体没这个权利,也没有用地指标,规划也不允许,此外村里基本上已没有空闲地可用等。

(7) 政府是否会在集体土地入市政策出台前集中征地?

15.7%的受访者选"是",他们认为政府这样做能增加卖地收入;选"否"的觉得相关审批严格、政府不能随意征地等。

(8) 如果对土地有了更多权利,是否更加愿意留在农村?

23.31%的受访者选"是",他们主要从土地能增值、农村环境好、习惯在农村居住、农民也有社保等考虑;选"否"的觉得还是城市好,特别是一些年轻人在城里工作,希望上班近。

(9) 您以前是否关注过土地如何使用?

32.79%的受访者选"是",他们觉得土地利用关系切身利益,可以分享收益等;选"否"的认为关注了也没用、村里已经没有地可用,有的对土地利用相关政策不甚了解。

(10) 如果农村土地更值钱了,今后是否会关注土地如何用?

32.76%的受访者选"是",他们觉得土地利用关系切身利益,可以分享收益等;选"否"的认为关注了也没用、村里已经没有地可用,有的对土地利用相关政策不甚了解、认为这是政府的事。

3. 基于企业视角

通过企业负责人访谈,对调查结果进行统计,部分结果如下:

(1) 集体土地入市应由谁主导?

受访者中,认为应由政府主导的占56.52%,村集体主导的占27.54%,用地企业主导的占10.14%,村民主导的占5.80%。

(2) 希望以何种方式使用集体建设用地?

受访者中,希望一次性买断30～50年土地使用权的占57.89%,希望土地长租短约的占27.63%,希望厂房长租短约的占7.89%,希望厂房短期租赁的占3.95%,其他占2.63%。

(3) 集体土地入市的价格应如何制定?

受访者中,认为应由政府指导、市场调节的占45.33%,认为应完全根据市场确定的占 29.33%,认为应由政府规定的占 13.33%,认为应由用地单位和土地权利人协商的占 12.00%。

(4) 集体土地直接入市后可以承受的土地租金(价格)涨幅。

受访者中,能承受 10% 以内的涨幅的占 87.67%,能承受 10%~20% 涨幅的占 10.96%。

(5) 转让、出租土地(厂房)获得的收益中,愿意上缴给政府的比例。

受访者中,愿意上缴 10% 以内的收益的占 84.29%,其他的愿意上缴更高比例。

(5) 是否会因为集体土地升值预期而扩大用地规模?

受访者中,会因为土地升值预期而扩大用地规模的占 65.33%。

(6) 是否认为只要符合规划,农村土地可以不经政府征收直接用于各类建设?

受访者中,认同此观点的占 56.58%。

(7) 是否愿意完善用地手续?

受访者中,愿意完善用地手续的占 79.17%。

(8) 对完善用地手续有哪些担心的问题?

受访者中,35.29% 的担心手续复杂,32.35% 的担心会增加用地成本,22.06% 的担心后续税费增加。

(8) 集体土地入市收益,政府和集体谁应拿大头?

受访者中,68% 的认为集体应拿大头,22.67% 的认为政府和集体对半开比较合理,9.33% 的认为政府应拿大头。

(9) 集体土地入市收益,村集体和农户谁应拿大头?

受访者中,61.33% 的认为农户应拿大头,22.67% 的认为村集体和农户对半开比较合理,16% 的认为村集体应拿大头。

4. 总结与建议

在集体土地同权同价入市的情况下,村干部、农户和企业主在利益驱动下,大多有增加建设用地、加盖房屋的意愿,但由于政策限制及可用土地不足等原因,普遍认为难以实现。同时,在集体土地权益得到充分保障的情况下,农户和企业大多没有搬迁的意愿,他们对村镇土地利用和相关政策相对以往会有更多的关注。企业普遍认为集体土地入市应该由政府主导,政府应制定统一的交易指导价,具体交易价格可在指导价的基础上根据市场情况调节,土地使用期限应相对较长,确保企业最大限度投入资金经营。在集体土地入市的收益分配上,应更多地向农户和村集体倾斜。

因此,建议进一步规范集体建设用地交易程序,实行"长租短约"的交易方式,按年度发布集体建设用地和标准厂房租赁指导价,在村镇层面加大集体建设用地入市相关政策的宣传,让村民和企业主熟悉政策、消除疑虑、参与监督,促进市场健康有序发展。

1.8 实证研究——无锡市惠山区钱桥镇集体工业用地价格模拟预测

1. 基础数据采集

研究区选定为无锡市惠山区钱桥镇(具体情况见《农村建设用地再开发市场机制及地价评估》6.5),通过对该镇近年来工业用地出让、租赁、厂房出租等样点信息的调查整理,建立样点空间数据库,编制样点分布图(如图1-64)。

2. 分析及处理

根据市场调研收集的相关数据和图件,应用GIS等技术,对各类因素进行定量化处理,以下为部分因素的处理方法和结果:

① 区位条件

以样点离最近的中心城镇距离反映样点的区位条件。

② 交通条件

包括路网密度、高速公路出入口影响度两个因子,其中路网密度利用村

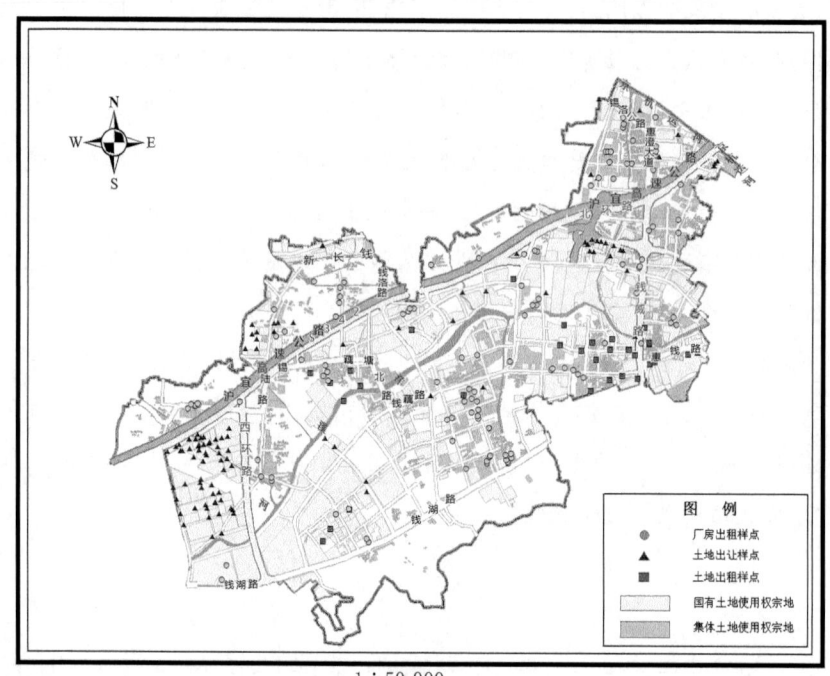

图1-64 钱桥街道交易样点分布图

级行政区图和路网图叠加后自动量算；高速公路出入口影响度采用样点离最近的高速公路出入口距离表示。

③ 经济水平

根据所收集的资料情况，通过所在村工业企业数量、村集体收入、村集体资产总额三个因子反映所在区域的经济水平情况（附表1-1，附表扫描章末二维码获得）。

④ 人口状况

根据所收集的资料情况，通过样点所在村的常住人口密度和从业人口密度两个因子反映所在区域人口状况（附表1-2）。

3. 集体工业用地价格模拟预测

根据上述建模思路和步骤，利用MATLAB神经网络工具箱，将采集的样点数据,随机拆分为训练集、测试集、验证集。训练集用来估计网络参数;测试集用来防止过度训练;验证集用来单独评估最终网络。通过网络学习和检验,建立训练合格的网络模型,最后将样点预测价格与评估价格进行比较,结果见表1-6。

表1-6 预测结果与评估价格误差分析表

编号	评估价格（元/m²）	预测价格（元/m²）	误差值（元/m²）	误差率
ZCW0813004	315.23	333.95	18.72	5.94%
ZCW0813002	204.90	227.91	23.01	11.23%
HYH0813001	236.43	261.30	24.87	10.52%
CWH081301	326.03	303.57	22.46	6.89%
WYG0812003	274.25	295.04	20.79	7.58%
WYG0812003	283.71	315.63	31.92	11.25%
QY0813002	224.90	258.39	33.49	14.89%
XNY0812002	354.64	311.52	43.12	12.16%
XMM0813003	397.04	339.39	57.65	14.52%
WYG0813003	338.68	305.32	33.36	9.85%
XGL0813002	331.00	357.02	26.02	7.86%
YLF0812001	292.52	332.24	39.72	13.58%
平均值	298.28	303.44	31.26	10.52%

从上表看出,模型预测结果与评估价格总体存在一定误差,平均误差率为10.52%。其中评估价格是根据土地或厂房出租信息,采用收益还原法、剩余法评估得到,在估价参数取值等方面有一定的主观性,因此评估结果本身就存在一定偏差,只能作为参考。而模型预测结果与评估价格也相差不大,误差尚在可接受的范围,因此该方法总体可行,但需要在实践中进一步探索和完善。从长远来看,随着集体工业用地市场逐步发展成熟,价格机制进一步健全,采用神经网络技术进行价格模拟预测将具备可推广性。

1.9 本章小结

本章主要介绍了农村建设用地市场监测与模拟预测相关技术,并进行了实证研究,形成以下结论:

1. 农村建设用地市场监测分为土地供应与开发利用监测、地价监测两方面。可基于现有的国土资源部土地市场监测监管系统、城市地价动态监测系统及各省、市相关系统,按照"互联互通、数据共享"的原则,对现有系统进行升级改造,扩充数据库内容,增加功能模块,满足农村建设用地市场监测相关要求。

2. 农村建设用地市场模拟预测以构建城乡统一的建设用地市场为目标,根据农村建设用地市场特点,设计调查问卷,对政府官员、村干部、农户和企业等开展政策认知及市场情景模拟调查,分析市场主体各方对城乡统一的建设用地市场的政策认知情况、市场行为模式、利益诉求等,在此基础上对市场未来发展态势进行预测,提出相关政策建议。

3. 土地市场监测与模拟预测技术可以揭示农村建设用地市场及价格变化特征,为应用市场机制促进农村建设用地再开发提供客观准确的市场信息和价格依据。

参考文献

[1] 李南洁,徐庆平.地价监测点空间配置模式研究——以重庆市主城区为例[J].重庆工商大学学报,2007,24(6):623-626.

[2] 彭建超,吴群,钱畅.城市地价监测点配置的空间关联模式[J].资源科学,

2011,33(4):698-703.

[3] 崔宇.集体建设用地定级估价核心技术问题探讨[J].中国土地科学,2013,27(2):67-72.

[4] 胡博.集体建设用地与国有建设用地地价评估差异影响因素[J].中国房地产,2014,12:45-50.

[5] 夏飞.高速公路发展对我国农村工业化、城镇化和现代化的影响研究[D].南京理工大学,2004.

[6] 马歇尔.经济学原理[M].刘生龙,译.南昌:江西教育出版社,2014.

[7] Williamson Olive E.Public and Private Bureaucracies:A Transaction Cost Economics Perspective[J]. Journal of Law Economics and Organization,1999,15(1):306-342.

[8] 沈满洪,张兵兵.交易费用理论综述[J].浙江大学学报(人文社会科学版),2013,02:44-58.

[9] 杨芳.GA-LM算法改进BP神经网络模型在延安市城区基准地价更新中的应用研究[D].长安大学,2014.

[10] 叶丽芳,黄贤金,谢泽林,赵小风.城乡土地市场一体化的乡镇工业用地现状及特征分析——以无锡市胡埭镇、钱桥镇、锡北镇为例[J].土地经济研究,2015(1).

[11] Ye L, et al. Effects of Dual Land Ownerships and Different Land Lease Terms on Industrial Land Use Efficiency in Wuxi City, East China[J]. Habitat International, 2018, 78: 21-28.

[12] 杨俊,黄贤金.2014年土地经济学研究进展与展望[J].土地经济研究,2015(02):148-163.

[13] 胡石元,郑沁,唐旭,刘耀林,吴建军.面向城市地价动态监测的数据移动采集系统[J].测绘地理信息,2015,40(05):76-81.

[14] 范继光.关于统筹地价动态监测和基准地价更新工作的若干思考[J].价

值工程,2013,32(25):317-318.

[15] 曹天邦.南京市主城区住宅地价时空演变及其影响因素研究[D].南京师范大学,2013.

[16] 党青,杨武年.城市地价动态监测系统设计[J].测绘科学,2012,37(05):138-140.

[17] 杨湛,胡月明.城乡统一地价动态监测研究[J].安徽农业科学,2012,40(21):11077-11079.

[18] 揣小伟,黄贤金,许益林.农村集体建设用地基准地价初步研究——以安徽省良玉村为例[J].经济地理,2012,32(02):121-126.

[19] 贾丽,张雅杰.地价动态监测中数字地价模型建立方法——以武汉市为例[J].国土资源科技管理,2011,28(05):91-96.

[20] 李国权.城市地价动态监测的发展与研究[J].商品与质量,2011(S7):46.

[21] 罗少峰.城市地价动态监测和网格点基准地价更新信息管理系统[J].科技资讯,2011(07):28-29.

[22] 吴迪,刘学,付博.城市地价动态监测成果应用分析——以沈阳市为例[J].国土资源,2010(10):52-53.

[23] 万基茹.日照市城区地价动态监测体系与时空分异规律研究[D].山东农业大学,2010.

[24] 董玉哲,李勇.城市地价动态监测工作中存在的问题及建议[J].国土资源,2010(04):52-53.

扫一扫
获得本章图表

2 农村建设用地再开发市场供需分析与仿真技术

2.1 技术概述

针对我国建设用地供需矛盾突出的问题,以及"严控增量、深挖存量"的要求,推进增存挂钩、增减挂钩政策落地,为有效拓展建设用地空间,合理开发农村建设用地,研究农村建设用地再开发市场供需模型与模拟分析技术,研制农村建设用地再开发市场供需关系建模与仿真软件工具,研究土地政策、产业政策、财政政策、货币政策等因素的量化分析方法及在农村建设用地再开发中的作用机制。在此基础上,形成农村建设用地市场供需分析与仿真的成套技术,为合理配置再开发农村建设用地提供技术支持。

本技术总体上分为资料收集、理论研究、模型建立、系统研发四个阶段,具体研究的技术路线如图 2-1 所示。各阶段研究方法如下:

(1)资料收集阶段主要对国内外农村建设用地再开发的经验模式进行总结,研究德国、美国、韩国、日本等国外典型国家城镇化过程中农村建设用地再开发的模式特点,我国台湾地区市地重划和农地重划的经验启示及当前我国大陆典型地区的经验模式;对国家集体建设用地入市流转相关政策进行梳理;搜集农村建设用地再开发市场调控方面相关文献;并针对典型区域开展调研和数据整理分析。

(2)理论研究阶段对农村建设用地再开发的相关概念内涵进行界定;从内部和外部深入研究农村建设用地再开发的动力机制及反馈机制,为分析我国农村建设用地再开发的潜力和类型划分奠定良好的理论基础。

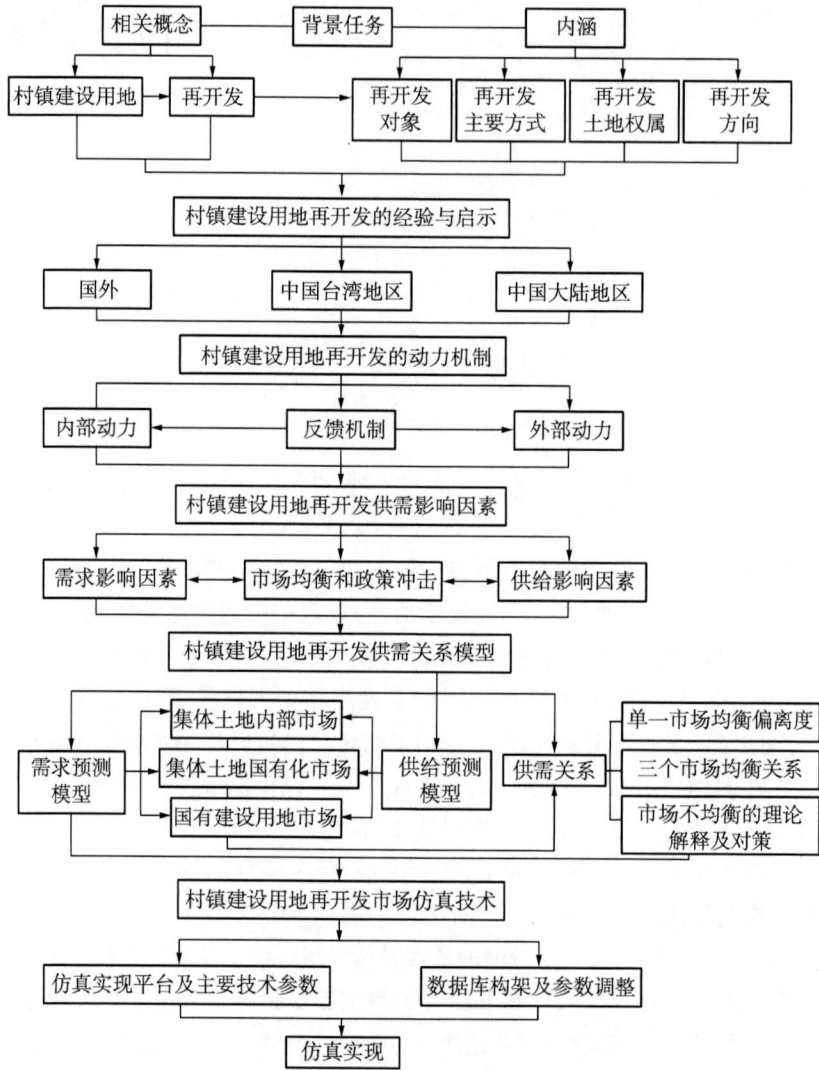

图 2-1 农村建设用地再开发市场供需分析与调控技术研究思路

(3) 模型建立阶段主要研究农村建设用地再开发过程中土地供需影响因素运行的内在机理及土地政策、产业政策、财政政策、货币政策等冲击下土地市场的均衡情况,并将农村建设用地再开发市场细分为三个环节,分别建立供需预测模型。

（4）系统研发阶段按照"仿真技术及相关参数研究—数据库构架及参数调整—仿真实现—应用示范"的流程进行仿真软件开发。

2.2 农村建设用地再开发的动力机制

农村建设用地再开发的内在动力主要有农村建设用地利用低效、农业经营方式改变、农村产业结构演化以及村镇区位优势；其外部动力主要来自土地宏观调控下的制度改革、新型城镇化的建设路径、城乡发展差距带来的经济驱动以及村镇可持续发展的要求。农村建设用地再开发的动力机制如图2-2所示。

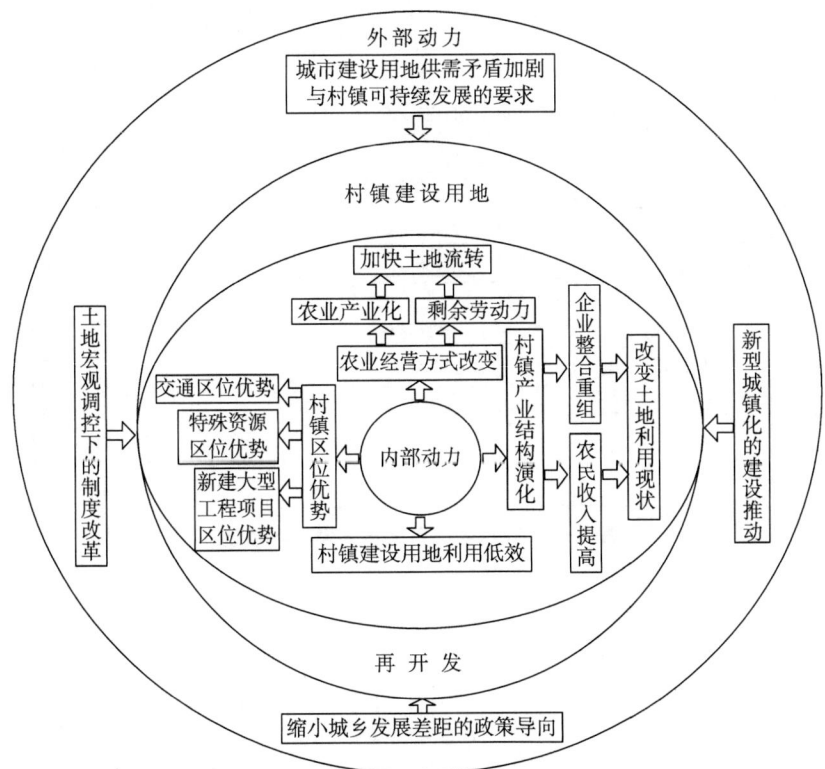

图2-2 农村建设用地再开发动力机制

由于我国村镇种类众多,不同区域的经济发展水平、土地利用水平差异较大,从而内在动力和外在动力在各地表现不一,农村建设用地再开发对经济发展、城镇化进程、村民生活状态和产业结构升级等方面的影响也存在较大的区域差异,其结果可能表现为四种情形,不同情形的反馈机制也不尽相同。在村镇经济发展,居民生活水平提高;村镇经济发展,村民生活水平未改观或下降;村镇经济未得到发展,农村居民生活水平提高;村镇经济未得到发展,村镇居民生活水平未改观或下降四种情形下考虑农村建设用地再开发的反馈机制(如图2-3所示)。

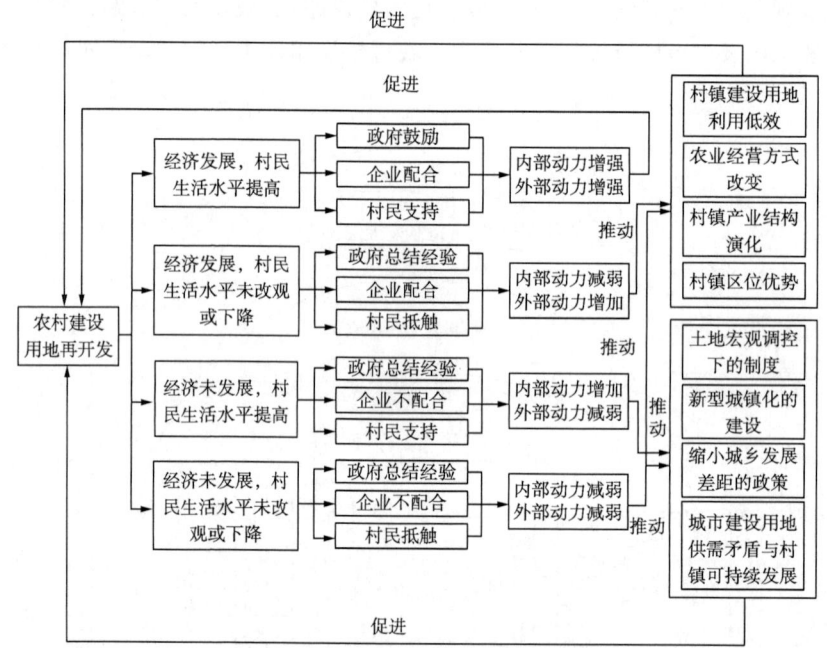

图 2-3 农村建设用地再开发反馈机制

2.3 农村建设用地再开发的供需影响因素及市场均衡

2.3.1 农村建设用地再开发市场供需均衡分析

土地市场运行的管理目标是满足各类土地需求,促进土地资源的优化配置与合理利用,这也是土地市场能够正常运行的前提条件。随着城镇化发展,农村建设用地需求量不断增长,在需求无限增长与有限供给之间矛盾日趋尖锐的形势下,如何保证土地市场供需平衡是目前面临的重大难题。

研究发现对农村建设用地再开发需求影响较大的因素主要有人口因素、宏观经济因素和农民收入结构因素;对供给影响较大的因素主要有土地资源状况、土地利用规划和供给主体收入水平。农村建设用地再开发市场中土地价格和再开发规模符合一般供需法则,即当土地供给增加,需求不变或减少,土地价格就会下降,反之,当土地供给减少,需求不变或增加时,土地价格就会上升;不过对于农村建设用地再开发市场,需求来自城镇二、三产业需求和农村非农产业发展需求,前者受城市工业化水平影响,后者受农村农业现代化水平的影响,而供给相对城市土地市场显得弹性大一些,主要因为农村土地目前集约利用程度低,随着新农村建设、土地综合整治的大力推进,潜在的供给会大大增加,但能否进入市场则更多地受到土地价格带给土地所有者利润的影响,此外,由于农村集体数量较多,与城市土地单一供给来源不同,农村建设用地再开发市场更为复杂。

供需平衡是指单位时间内商品的供应量与需求量基本相等的状况,经济学中的新古典供求均衡理论认为价格是市场均衡的信号,一般商品的供需规律为:供给和需求曲线弹性较大,价格下降造成供给减少和需求增加,从而抑制价格下降,使得价格回升;价格上涨造成供给增加和需求减少,进而造成价格有下降趋势,长此以往,价格总趋向于均衡价格,市场最终达到供需均衡。

但农村建设用地再开发土地市场不同于一般土地市场,有其自身的特殊性,市场供给弹性大于城市土地市场,由于当前形势下农村土地利用集约程度较低,且农村集体建设用地数量众多,伴随着集体建设用地流转入市及土地综合整治、新农村建设等改革的大力推进,潜在的供给与需求会大大增加,农村建设用地再开发土地市场变得更为复杂。

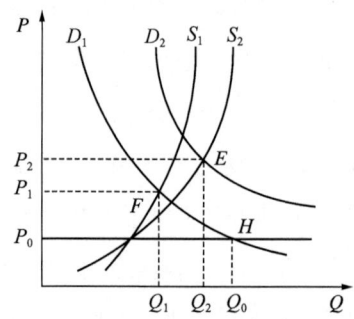

图 2-4　农村建设用地再开发市场供需均衡图

农村建设用地再开发市场上土地供给重在挖掘存量建设用地,以往建设用地来源渠道单一,由国家垄断,统一供给,其审批价格设为 P_0(如图 2-4 所示),随着农村集体建设用地入市流转政策限制的放宽,农村建设用地再开发市场上供给增多,供给弹性变大,供给曲线由 S_1 变为 S_2,市场上潜在的用地需求会变为实际需求,致使需求曲线由 D_1 变为 D_2。在图 2-4 中,当仅由国家一方供应时,供需平衡点为 H,需求量为 Q_0,而实际市场机制作用下供需均衡点为 F,均衡价格为 P_1,需求量为 Q_1,(P_1-P_0) 代表市场均衡价格与国家审批价格的差额,由此便导致了建设用地的过度需求 (Q_0-Q_1),这种情况下极易造成土地投机和隐形市场交易现象的产生;而随着国家土地政策改革与农村建设用地再开发的推进,土地市场产生新的供需均衡点 E,需求量为 Q_2,新的均衡价格与国家审批价格仍存在差价 (P_2-P_0),但此时的过度需求量为 (Q_0-Q_2),小于之前的 (Q_0-Q_1),这代表农村建设用地的再开发有效缓解了土地市场的过度需求。

2 农村建设用地再开发市场供需分析与仿真技术

总之,农村建设用地再开发市场上的供需机制主要在调节土地供需与价格之间起作用,当建设用地需求大于供给时,大量的土地需求将会带动市场上土地价格上涨,造成供给增加;当建设用地供给大于需求时,市场上的供需机制会促使土地供应结构和数量的调整,使土地价格下降,建设用地市场上的这种供需关系不断变化引起土地价格的升降,而土地价格的升降又会调节建设用地供需量的增减。影响土地供需的因素众多,这些因素又相互关联,导致农村建设用地再开发市场土地供需关系不断变化,供需平衡是偶然的,不平衡是常态,但从长远来看,土地供需机制会调节各种对立不平衡的状态,使再开发市场上土地供需趋于一致、均衡。

2.3.2 资源约束下的农村建设用地再开发市场均衡

在资源约束条件下,农村建设用地的供给仅为现有的存量土地,假设政府不干预土地市场的运行,此时,农村建设用地再开发市场可以被近似看作完全竞争市场:供给方是自然状态下的土地供给;需求方是各自利益不同、数量众多的用地者,且用地者只是土地价格的接受者,只能按照既定的市场均衡价格购买他们愿意购买的任何数量土地而不致对土地价格产生明显的影响。

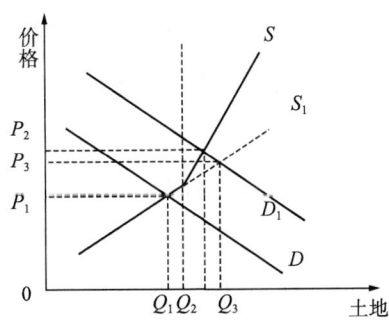

图 2-5 资源约束下的农村建设用地再开发市场均衡

如图 2-5 所示,土地供给曲线 S 由左下方向右上方倾斜,当供给量为 Q_2 时出现拐点,建设用地供给曲线斜率增大,弹性增加,拐点出现之前供给大多来源于村镇建设用地范围内的闲置未利用土地,拐点出现之后供给大部分来源于再开发的村镇建设用地;供给曲线 S_1 由左下方向右上方倾斜,表示建设用地由村镇建设用地范围内的闲置未利用土地供给;需求曲线 D 由左上方向右下方倾斜。图中,在供给曲线 S 和需求曲线 D 的交点处,出现均衡价格 P_1,如果该市场能自动实现均衡,那么任何价格的短期偏离,都会恢复到 P_1。任何一种建设用地引致需求,如经济发展、人口增长、产业置换等,都可能使整个需求曲线向右移动,它不是由价格变化而引起的需求量的变动,而是需求整体的拉动,如图中的 D 向 D_1 移动,变动的土地需求 D_1 与土地供给 S 在价格水平 P_2 上实现均衡。在土地供给资源无约束时,村镇建设用地的供给来源于村镇建设用地范围内闲置未利用土地,土地需求 D_1 与土地供给 S_1 在价格水平 P_3 上实现均衡。

这也就意味着在该市场结构中,价格、供求、竞争和利益风险等市场机制是可以充分作用的,在这些市场机制的自动调节下,建设用地市场可以自动实现均衡。而当经济发展等客观条件变化引致土地需求增加时,通过对利用不充分、不合理、产出低的土地,即具有开发利用潜力的现有农村建设用地的再开发,为村镇发展产业升级提供了空间和条件,同时,由于土地资源的限制,土地市场只能在高价位下实现均衡,而对于用地者来说,由于地价高昂,其取得土地的实际成本较大,也迫使其节约集约利用土地,从而在整体上实现了土地资源的优化配置和集约利用。

2.3.3 规划控制下的农村建设用地再开发市场均衡

规划控制是对农村建设用地资源合理配置的微观层次上的作用,主要牵扯到土地使用性质、土地开发强度控制和土地开发定位控制,以及容积率对供需的影响。一般而言,土地使用性质不同,相应的土地价格也不同,就土地开发强度和土地价格的关系而言,土地的开发强度越大,说明土地的利用经济效益价值就越高,土地价格也就越高;反之,则说明土地的利用经济效益价值就越低,土地价格也就越低。土地开发的定位及其相关的使用规定,必然会从微观层面上对具体的地块价格产生影响,影响的幅度和大小根据实际情况而定,可能会呈现正相关关系,也可能呈现负相关关系。容积率限额较高的地块,其单位土地面积的经济收益较多,因此地价也就较高。

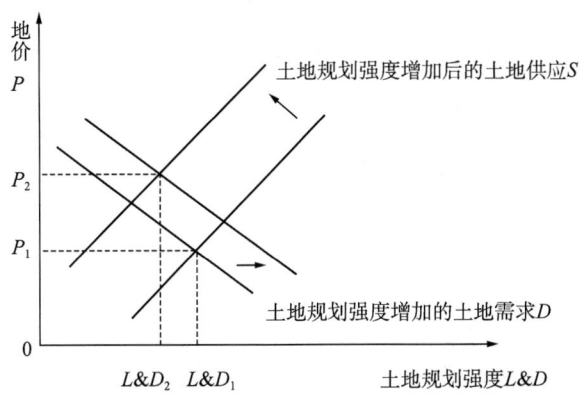

图 2-6　规划控制下的农村建设用地再开发市场均衡

上图表明,在土地供给既定的情况下,随着土地规划强度的增加,对土地供应的限制增强,同时导致了土地需求线的右移和土地供应曲线的左移。结果,在两者的共同作用下,土地价格从 P_1 提高到 P_2,供给量减少。

2.3.4　土地投机下的农村建设用地再开发市场均衡

一般说来,土地投机是指利用土地的"转换"环节和流通环节的空隙,或者利用土地市场的价格变化,通过土地的买空卖空、囤货居奇、套购转卖等方式,获取暴利的行为。土地投机在市场经济中是无法完全避免的,只要存在价格变动的获利机会,就会存在投机。

土地投机活动对农村建设用地再开发市场可能产生稳定或不稳定的效应,取决于投机者是否形成了对土地未来价格运动方向的群体看法或大多数投机资本的运动方向。例如:如果一些投机者对地价看涨,另一些投机者对之看跌,则他们的投机活动的效应就可以部分甚至全部抵消,最后的净效应对土地市场价格影响甚微。但是,如果大多数投机者(或投机资本)认为未来地价会上升,他们在现期就会大量买进以期在未来抛出,这样,需求大增,地价会被抬高,如果土地市场价格本身处于下跌阶段,则投机活动确实可以熨平地价的波动。但如果此时市场地价的走向本身是上行的,则投机者的群体活动会使地价以更快的幅度加速上升,这样就有可能形成地价泡沫。反之,如果投机者的群体预期及市场地价本身走向是下行的,则地价将以猛烈的速度急剧下跌,这在地价泡沫和崩溃中表现明显。近年来,由于土地市场制度的不完善,也由于土地投机中的暗箱操作,更由于土地价格一路上涨,所以,土地投机总体上一直有利可图。

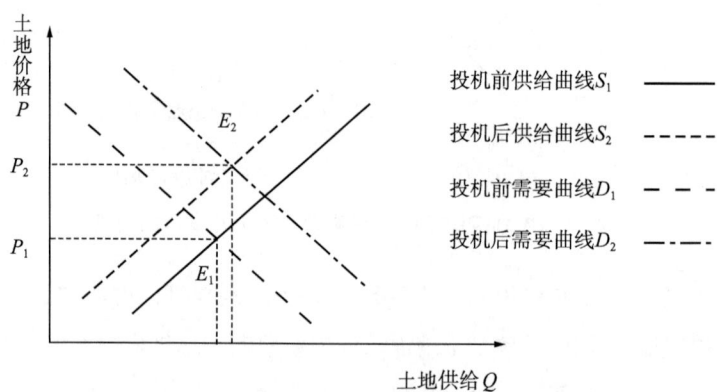

图 2-7 土地投机下的农村建设用地再开发市场均衡

上图表明,由于土地投机的大量买进囤积居奇,供给曲线左移,从 S_1 左移到 S_2,需求曲线右移,从 D_1 右移到 D_2,从而均衡点,从 E_1 移到 E_2,与此相对应,价格从 P_1 上升到 P_2。

2.4 农村建设用地再开发供需关系模型建立

由于村镇包括农村和城镇两个部分,涉及国有土地和集体土地,因此农村建设用地再开发主要包括农村农田水利设施用地再开发(土地性质不发生变化,仍为集体所有)、农村非农产业用地配置(土地性质不发生变化,仍为集体所有)和农村建设用地流转为城镇建设用地(土地性质发生变化)三个内容,另外还涉及城镇低效建设用地再开发(土地性质不发生变化,仍为国家所有),城镇中的集体建设用地直接转变为二、三产业用地(即直接入市,用途变化,但土地性质不变)等。其中对于最后一种形式,目前国家法律正在探索农村集体建设用地直接入市的情况,本研究考虑这种情况的存在。因此,如果从再开发的供需主体看,可以将农村建设用地再开发市场分为集体土地内部市场(包括农田水利设施用地市场、农村非农产业用地)、集体土地国有化市场(集体土地流转为国有)、国有建设用地市场(城镇低效建设用地再开发)。而这几个市场中,农田水利设施用地市场与农地规模经营相关,弹性很小,且与其他市场关联不大,本部分不进行讨论。农村非农产业可以选择集体土地,也可以选择城镇土地,集体土地直接入市本质上类似,因此,集体土地内部市场、集体土地国有化市场及国有建设用地市场(城镇低效建设用地再开发)三个市场存在着相互联动的关系。

2.4.1 集体土地内部市场中建设用地再开发供给预测

集体土地内部市场的建设用地为农村集体建设用地,它是指位于广大农村,属于农民集体所有的,已用于非农业目的的土地,主要包括乡镇企业用地、宅基地、乡(镇)村公共设施和公益事业用地。其中乡镇企业用地指乡镇企业建设所使用属于乡镇农民集体所有的土地、村办企业建设所使用的属于本村农民集体所有的土地、村民组办企业所使用的本村民组所有的土地、个人办企业所使用的其所在农民集体组织的土地,以及农民集体经济组织使用本集体所有土地,其他单位和个人以土地入股、联营等方式共同兴办的企业等;宅基地指农村村民建住宅所使用的本集体所有的土地,包括居住用房等主建筑物和厨房、仓库、厕所等一些附属建筑、构筑物,以及房子周围农民自己使用的土地;乡(镇)村公共设施和公益事业建设用地包括农村道路、农田水利设施、学校、通信、医疗卫生、敬老院、村委会办公室等一些为公共服务的建筑设施用地。

(1) 供给来源

集体土地内部市场中建设用地再开发供给主要源自土地综合整治、农村内部土地利用结构调整、农业规模化经营等带来的土地集约利用程度提升而形成的。其中主要来自低效利用的宅基地。

① 城镇化发展下已有宅基地的低效利用

农村宅基地是指农村本集体经济组织中符合规定的成员，依照法律法规规定取得农村集体建设用地使用权，用于建造本户自用住房和附属设施的农村土地。在农村中宅基地主要有三种形式：已建房屋的土地、废弃的土地（曾经建过房屋，但因为种种原因坍塌、损毁而不能居住）和预留的宅基地。随着城镇化的快速发展，农村人口向城市涌入，放弃第一产业转而投向第二、三产业，留下了大量的"空心村"、"空心房"，土地闲置较为严重。另外，一户多宅，户均占地面积大，有效利用面积小使得农村宅基地普遍浪费。从政府角度，通过旧村改造、宅基地整理等政策将会腾退出部分宅基地，用于其他建设，从村民自身角度，也希望通过宅基地的再开发获得土地收益。因此宅基地低效利用部分的供给将成为农村建设用地再开发的潜在供给。

② 农村其他闲置建设用地的利用

农村中存在着大量闲置建设用地，除宅基地外，还有废旧村镇企业用地、农村道路用地、未利用建设用地等，这些土地均可为农村建设提供建设用地。其中特别是随着农村土地综合整治，大面积农用地的整理及农用地的规模经营，过去零散、低效的农村田间道路、农田水利设施会大大缩减占地面积，从而为再开发提供土地的供给。

(2) 供给预测指标及公式

$$S=S_1+S_2$$

① 宅基地整理供给面积 $S_1=S_0-B_t\times Q_t$

其中，S_1 为宅基地再开发供给的理论面积；S_0 为现状宅基地面积；B_t 为规划人均宅基地标准；Q_t 为规划农村人口数量。

$$Q_t = Q_0(1+K)n + P$$

其中，Q_0 为总人口现状数，单位为人；K 为规划期内人口的自然增长率；P 为规划期内人口的机械增长数，单位为人；n 为规划期限，单位为年。

参照：《村镇规划用地标准》(GB50188—93)。[①]

或利用线性回归模型对规划农村人口数量进行预测

$$Q_t = aT + b$$

其中，T 表示年份序号；a、b 为待定系数；用 SPSS 软件进行线性拟合。

② 闲置建设用地供给面积 $S_2 = S_{21} \times a$

其中，S_{21} 为现状待整治农村建设用地面积；a 为土地闲置率。[②]

2.4.2 集体土地国有化市场农村建设用地再开发供给预测

集体土地国有化市场农村建设用地再开发供给来源与集体土地内部市场中建设用地再开发一致，也是基于过去低效利用的农村宅基地、农村道路、农田水利设施等经过土地综合整治、农地整理等形成，其计算公式与前文相同，主要差异表现在这些通过提升集约利用水平进入再开发程序的土地权属性质变为国有，而前文中所涉及的再开发土地权属不变仍为集体所有。这种情况主要表现在城中村建设用地的再开发上。

2.4.3 国有建设用地市场农村建设用地再开发供给预测

国有建设用地市场农村建设用地再开发主要针对目前闲置或低效利用的建设用地进行，特别是针对因城市产业结构升级，"退二进三"等措施而形成的大量低效或废弃的工业厂房等情况。这种情形下的农村建设用地再开发供给预测本质上就是计算这些闲置或低效利用的土地再开发的潜力，可以分为以下几部分：一是再开发增量潜力；二是再开发强度潜力；三是部分改造物业内部潜力；四是整体改造现有物业潜力。

---

① 人均宅基地标准各省规定不同。
② 土地闲置率通过研究区域调查获得。

① 再开发增量潜力

主要是针对目前的闲置土地而言,这部分土地虽然在数量上不会影响整个城市统计的建设用地总量,但实际上是增加了建设用地有效使用面积。

计算公式为

$$Q_2 = Q_G - Q_F$$

其中,Q_2 代表可再开发的闲置土地面积,单位为 hm^2;Q_G 代表闲置土地面积,单位为 hm^2;Q_F 代表不可利用土地面积,单位为 hm^2。

② 再开发强度潜力

这部分潜力主要是针对区域容积率低于理想值(可以通过城市控制性规划或同类城市经验、同类产业用地经验获得)的居住、工业、商业、教育等用地,通过提升其容积率而带来的潜力。

计算公式为

$$Q_1 = Q \times (I_I - I_P)/I_I$$

其中,Q 为现状土地面积;I_I 为容积率理想值;I_P 为容积率现状值。

③ 部分改造物业内部潜力

这部分潜力主要针对目前部分用地单位未能充分发挥土地利用效率,例如有些企业生产运行可以通过优化布局实现完成相同产值,而只需要原来物业的一部分,从而能通过改造拆除剩余物业提升土地利用效率。

这部分潜力计算公式为

$$Q_3 = \sum_{i=1}^{n}(Q_i - Q_i^*)$$

$$Q_i - Q_i^* = Q_i \times (I_I - I_P)/I_I$$

其中,Q_i 表示第 i 块需要部分改造的地块面积,单位为 hm^2,Q_i^* 表示改造后的物业需要的土地面积,单位为 hm^2。I_I 代表用地产出强度的理想值;I_P 代表用地产出强度的现状值。

④ 整体改造现有物业潜力

主要是针对诸如破产企业或已荒废物业,对其进行整体拆除,进行再开发的情况。

其计算公式为

$$Q_4 = \sum_{j=1}^{n} Q_j$$

其中,Q_j为第j块需整体改造地块土地面积,单位为hm^2。

2.4.4 集体土地内部市场中建设用地再开发需求预测

(1) 需求的影响因素

① 农村第二、第三产业发展

二、三产业的发展提高和带动了农村集体建设用地在内部市场的再开发。据调查,处于沿海的浙江湖州、福建晋江、广东顺德等地区,工业用地和商业用地面积中约有80%为农村集体建设用地,这种现象在中小城镇极为普遍。即使是大中城市,其城乡结合部约有70%的集体建设用地被用于发展二、三产业。

② 宅基地利用

农村现代化的发展使得农村发生了由内而外的变化。一方面,农村的整体面貌需要改进,这就产生了对宅基地重新整理的需求;另一方面,村民的收入不断提高,产生了对改善已有住房条件的需求。这两方面同时促进了建设用地的二次开发、高效利用。

③ 交通运输事业发展

城镇化发展和新农村建设需要交通运输条件的改善,除第二、三产业发展带来的交通运输用地需求外,政府计划新建、修建铁路公路也将带来建设用地的需求。位于农村的铁路公路一部分占用未利用地或农用地,另一部分便需要在原有建设用地基础上新建或修建,因此计划发展的交通运输用地构成农村建设用地再开发的重要部分。

农村集体建设用地的再开发供需逻辑如图2-8所示。

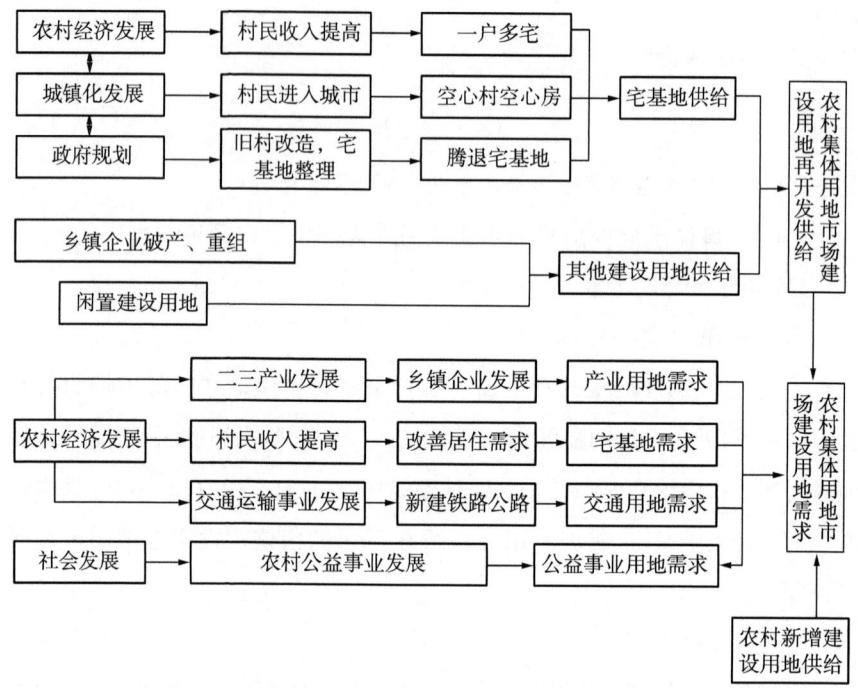

图 2-8 农村集体建设用地的再开发供需逻辑图

(2) 预测方法

农村建设用地再开发需求

$$D = D_1 + D_2 + D_3$$

① 第二、三产业的发展 D_1

根据2003年国家统计局颁布的《三次产业划分》(见附录),结合农村实际情况,选择以下指标。

第二产业需求用地:采矿业用地、农副食品加工业用地、食品制造业用地、木材加工用地、家具制造业用地、造纸及纸制品业用地、废弃资源与废旧材料回收业用地、建筑用料生产用地、其他农村第二产业。

第三产业需求用地:交通运输用地、仓储用地、住宿餐饮用地、金融用地、基层组织用地、农村教育服务用地、农村医疗卫生服务用地、其他农村第三产业。

预测公式：

$$D_1 = \sum_1^n D_{2i} - D'_1$$

其中,上述二、三产业各类需求用地指标用 $D_{21} \sim D_{2n}$ 表示，D'_1 为已有农村建设用地,单位为 hm^2；

$$D_{2i} = P_i / p_i$$

其中，P_i 为某用地行业产值，单位为万元；p_i 为该用地单位面积产值，单位为万元/hm^2；对于公共设施公益事业用地 D_{2i} 按计划数值取值；

或

$$D_1 = D_{12} + D_{13} - D'_1$$

$$D_{12} = \sum I_i / P_i$$

$$D_{13} = \sum I_j / P_j$$

其中，D_{12} 为第二产业需求用地,单位为 hm^2；D_{13} 为第三产业需求用地,单位为 hm^2；I 为某产业投资额,单位为万元；P 为某产业投资强度,单位为万元/hm^2；i, j 分别为第二、三产业中的各类细分产业。

② 宅基地的利用 D_2

$$D_2 = S_{人均} \times P - S_{已建}$$

其中，$S_{人均}$ 为人均宅基地面积,单位为 $hm^2/人$；P 为村镇常住人口总数，单位为人；$S_{已建}$ 为已有宅基地面积,单位为 hm^2。

③ 交通用地需求 D_3

$$D_3 = L_t \times K_1 + L_g \times K_2 - S_{未利用} - S_{耕}$$

其中，L_t 为农村计划修建铁路长度，单位为 km；K_1 为铁路占地指标，单位为 hm^2/km；L_g 为农村计划修建公路长度,单位为 km；K_2 为公路占地指标,单位为 hm^2/km；$S_{未利用}$ 为占用未利用地面积，单位为 hm^2；$S_{耕}$ 为占用耕地面积，单位为 hm^2。

2.4.5 集体土地国有化市场农村建设用地再开发需求预测

集体土地国有化市场农村建设用地再开发的需求一般出现在城市化较

高的城郊结合部或城中村,需求原因是城镇经济发展和人口增加对城区边缘土地城市化的要求,因此,这部分的土地的开发需求可用下面公式反映:

$$D=D_0-N-D_1-D_2-D_3$$

其中 D_0 表示城镇二、三产业建设用地面积预测,N 表示现有城镇二、三产业用地面积,D_1 表示城镇批而未用的土地,D_2 表示宅基地,D_3 表示规划批准可转为城市建设用地的未利用土地。

① 城镇二、三产业建设用地面积预测 D_0

用人均用地标准(参见《城市用地分类与规划用地标准》)乘以城市人口规模来预测城镇建设用地面积。(单因素预测法,即只确定某一因素作为唯一的变量来预测建设用地的需求大小。)

$$D_0=P\times A\times a+P\times A\times b$$

式中:D_0 为规划期城镇二、三产业建设用地面积(m^2),P 为规划期城镇人口(人),A 为规划期城镇人均建设用地指标(m^2/人),a 为第二产业用地占地系数,b 为第三产业用地占地系数。

双因素分析法

$$D_0=(P\times A+Q\times T)\times a+(P\times A+Q\times T)\times b$$

其中,D_0 为规划期城镇二、三产业建设用地面积(m^2);

P 为规划期城镇人口(人);

A 为规划期城镇人均建设用地指标(m^2/人);

Q 为规划期固定资产投资总额(亿元);

T 为规划期固定资产投资土地系数(m^2/亿元);

a 为第二产业用地占地系数;

b 为第三产业用地占地系数。

该方法认为城镇人口增长和固定资产投资是拉动城镇建设用地的两个主要因素。分别按人口规模预测城镇建设用地面积、按固定资产投资总额预测城镇建设用地面积,再进行加总。

考虑到城镇人口增长对建设用地的拉动和固定资产投资对建设用地的拉动有重叠的部分,引入了经验衰减系数对双因素预测方法的数理模型进行了修正:

$$D_0 = [(P \times A + Q \times T) \times a + (P \times A + Q \times T) \times b] \times R$$

$$R = C_0/(C_1 + C_2)$$

其中:R 为经验衰减系数;C_0 为实际建设用地需求量;(C_1+C_2) 为双因素预测法的理论峰值。

② 现有城镇二、三产业用地面积 N

$$N = N_1 + N_2 + N_3 + N_4 + N_5 + N_6 + N_7$$

其中,N_1 为居住用地面积(m^2)、N_2 为公共管理与公共服务用地面积(m^2)、N_3 为商业服务业设施用地面积(m^2)、N_4 为物流仓储用地面积(m^2)、N_5 为交通设施用地面积(m^2)、N_6 为公用设施用地面积(m^2)、N_7 为绿地面积(m^2)。

③ 城镇批而未用的土地 D_1

$$D_1 = D_{11} + D_{12} + D_{13}$$

其中,D_{11} 为城市空闲地,D_{12} 为城市破产、停产企业土地,D_{13} 为对城市老城区、棚户区、城中村进行改造整理出来的土地。

④ D_2 表示宅基地

⑤ D_3 表示规划批准可转为城市建设用地的未利用土地

主要是指在社会现有技术条件下能开发,且通过土地利用规划批准利用的国有未利用地。

2.4.6 国有建设用地市场农村建设用地再开发需求预测

国有建设用地市场农村建设用地再开发需求是指针对村镇国有土地提出的,原因主要是城郊产业的转移和更新、交通建设的需要或原有土地利用低效等。

其计算方式与上文类似。

2.5 农村建设用地再开发市场供需关系分析

2.5.1 单一市场供需均衡分析

1. 集体土地内部市场供需平衡分析

集体土地内部市场供给主要源自农村宅基地、农村非农业产业用地和农村闲置建设用地,而集体内部土地市场的需求为村镇内部二、三产业发展对土地的需求,村民改善生活环境的需求以及村镇内部交通运输事业发展的需求。集体土地内部市场的供需平衡主要有三种不同形式:(1)农村建设用地再开发的供给量等于需求量,则达到供需平衡,此时集体土地内部市场的供给量可以满足自身的需求量。这表示集体内部经土地综合整治、农村内部土地利用结构调整、农业规模化经营等带来的土地集约利用程度提升而形成的富余集体建设用地,此时刚好能满足村镇内部产业发展、村民生活及村镇内部公共设施建设的需求。(2)农村建设用地的供给量小于需求量,则集体土地内部市场的农村建设用地供给量全部用来满足集体内部需求,此时集体土地内部市场处于供小于求的状态,根据经济学的含义此时集体内部村建设用地的使用成本较高。如果仅从市场的角度考虑,此时农村建设用地再开发的动力会比较强。(3)农村建设用地的供给量远远大于需求量,则可以在满足集体土地内部市场的同时把多余的土地通过集体土地国有市场转化为国有建设用地,满足城镇的需求量。但这种情况发生的两个条件是:① 集体建设用地入市的制度约束需要突破,否则制度上的刚性约束会影响农村建设用地再开发的合法性;② 国有建设用地市场的需求量较大,能够吸纳集体土地内部市场无法消化的农村建设用地,否则农村建设用地再开发会造成土地开发过多,而使农村建设用地的价值小于其均衡价值。

2. 国有建设用地市场供需平衡分析

随着城郊产业的转移和更新、交通建设的需要和原有土地利用低效等情况的出现,国有建设用地市场对建设用地需求量越来越大,而市场供给主要源于目前闲置或低效利用的国有建设用地。因此,国有建设用地市场的供需情况会出现以下几种形式:(1)国有建设用地市场的供给量与需求量相等,国有建设用地市场达到供需平衡状态,此时国有建设用地市场无须寻求较多的土地来源。(2)国有建设用地供给量大于需求量,此时国有建设用地市场只需要自身消化多余的土地,对多余的国有建设用地可以建立起土地储备制度,以保证国有建设用地的市场价值及进行土地市场的调控。(3)国有建设用地市场的供给量远远小于需求量时,国有建设用地的供给量不能满足自身市场的消耗,需通过集体土地国有化市场来提供国有建设用地市场需要的土地。而反观现实,国有建设用地市场通常的做法是对农用地进行征收征用,以满足自身的市场需求;但是农村建设用地再开发为国有建设用地市场持续增长的建设用地需求提供了一条新的途径,而这条途径在一定程度上既可以满足国有建设用地市场对土地的需求,又能缓解国有建设用地市场急需土地与死守农村耕地红线之间的矛盾。

3. 集体土地国有化市场供需平衡分析

集体土地国有化市场与集体土地内部市场的供给来源同为集体建设用地,主要为农村宅基地、农村非农业产业用地和农村闲置建设用地。集体土地国有化市场的需求源与国有建设用地市场的需求源一样,主要为产业的专业与升级、交通建设的需求等。集体土地国有化市场意指把集体建设用地转变为国有建设用地,也就是说把农村建设用地再开发过程中产生的多余集体建设用地转移到国有建设用地市场中。因此,当集体土地内部市场与国有建设用地市场均达到供需平衡时、国有建设用地市场供大于需而集体土地内部市场需求平衡时,或者国有建设用地市场供大于需而集体土地内部市场供小于求时,都不需要集体土地国有化市场的参与。只有国有建设用地市场供小于需,集体建设用地市场供大于需,这两种情况同时出现时,需要通过集体土地国有化市场改变土地性质,把集体建设用地市场多余的供给量转移到国有建设用地市场中。农村建设用地再开发供需平衡分析图2-9所示。

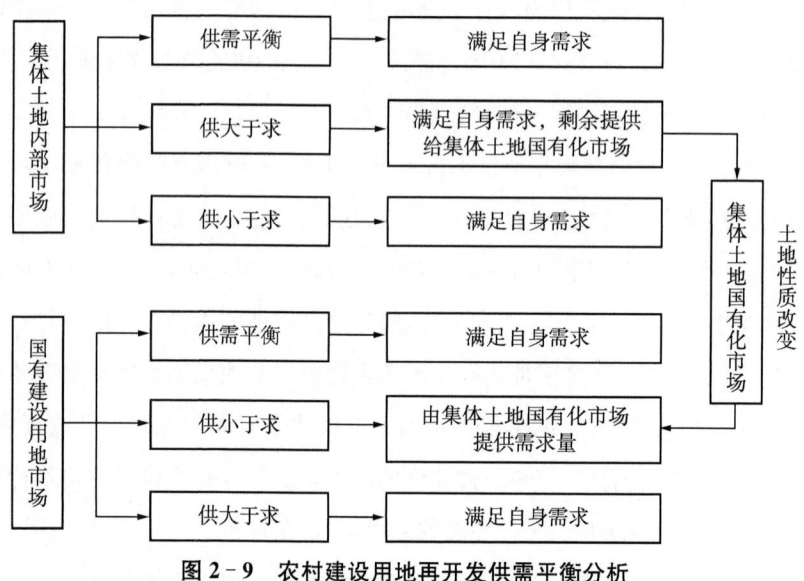

图 2-9 农村建设用地再开发供需平衡分析

集体土地国有化市场转变集体建设用地的性质会受到诸多因素的影响，如区位因素、人力资源因素、产业因素、自然资源因素等。下面针对几个主要影响因素进行阐述：

（1）区位因素

区位理论是经济地理学以及区域经济学的核心基础理论之一，解释人类经济活动的空间分布规律。在一定的经济空间中，各区位所处的地位不同，其区位因素各异，从而其市场、成本、技术、交通、资源约束不同。为追逐最大化的经济利益，各企业投资者根据自身的需要和相应的约束条件选择最佳的区位。而研究表明，市场、成本、技术、交通、资源约束等是决定企业直接投资区位选择的重要区位因素。集体土地国有化市场形成的过程中，很大程度上会受到区位因素的影响。因为，集体土地国有化市场的形成条件之一是：国有建设用地市场对国有建设用地的需求较大。而国有建设用地需求较大的区域多为城中村、城郊等一些经济发展形势较好地区，如果一个地区的区位条件(市场、成本、技术、交通、资源等)一般,其产业发展、基础设施建设会受到很大的限制,这样国有建设用地市场难以形成充足的用地需求,集体土地国有化市场也就难以达到形成条件。

(2) 人力资源因素

不管是威廉·配第的"两要素学说",萨伊的"三位一体论",还是马歇尔的"四位一体论",都肯定了劳动力始终是重要的生产要素之一,马克思也认为劳动力是创造财富的重要源泉。而随着经济的发展,各种产业对劳动力的质量、数量和劳动力成本的要求也有所不同。城镇化的加速与打工潮热度的升高,使得农村人口向着城市涌入,放弃第一产业转向二、三产业,留下大量的"空心村"、"空心房"、"老人村",这种情况的发生,为农村建设用地再开发提供了一个良好的契机。集体土地国有化市场形成的另外一个条件是农村建设用地再开发产生的集体建设用地量较大,其集体建设用地供给大于集体土地内部市场的需求量。由于农村建设用地再开发进行的目的是成为存量建设用地盘活的主要来源,对于一些人力资源转移较多、村镇内部建设用地闲置较多的区域,农村建设用地再开发的难度会有所降低,且产生的建设用地量也会较为充分,对于这样的区域集体土地国有化市场形成的条件较为容易达到。

(3) 产业因素

随着我国城镇化进程的不断推进,城镇化在未来的发展过程中不再仅仅注重数量,提质已成为未来发展的必然要求。如何提高城镇化的质量,产业结构的调整与产业升级是一个重要的环节。而产业结构的调整与产业升级过程中面临着一个重大的问题是产业在调整过程中的选址问题。一些产能低下的产业逐渐面临淘汰,而与此同时一些高新产业需要进行发展。在这个过程中,产业对区位的选择会影响一个地区国有建设用地市场的供需状况。国有建设用地市场处于不同的状态会影响集体土地国有化市场的形成条件。因此,集体土地国有化市场在一定程度上会受到产业因素的影响。

(4) 自然资源因素

自然资源是指自然界未经人类加工的资源,如土地、水、气候条件和矿物质等,它是人类社会经济发展的物质基础,其数量、质量和分布状况对经济和社会生产具有重大影响。然而,有的区域自然资源丰富,有的则相对贫乏。不管是数量上,还是种类上各地区的自然资源呈现极不均匀的分布特征。不同行业的企业,对资源的需求是不同的,相应的企业区位选择也会不同的,如造纸厂依赖水资源,建厂选址时就会考虑水量充沛的河流附近;家具厂的选址更青睐于树林茂盛的地方等,由此可见,自然资源也是影响经济发展的重要因素。而资源丰富的地区会发展各种产业,这些产业在发展过程中会对建设用地产生较大的需求。如果只考虑一些非集体发展的产业,即产业用地主要是国有建设用地的话,那么所需自然资源越丰富的区域,其对国有建设用地的需求量也就会越大,国有建设用地的供给小于需求的可能性也就会越大,集体土地国有化市场形成的可能性也就会较高。因此,自然资源因素对集体土地国有化市场的形成也同样会产生影响作用。

2.5.2 三个市场相互关系

上述集体土地内部市场、集体土地国有化市场、国有建设用地市场三个市场相互联系,特别是市场需求存在相互跨越的情况,比如在符合土地利用总体规划的情况下,城镇的二、三产业需求可以转向农村集体土地、集体内部的农村非农产业可以转向集体土地国有化市场或国有建设用地市场。

因此,为深入探索三个市场的相互关系,可以将三个市场从土地用途是否发生变化分为存量再开发土地市场(即用途不发生变化,比如2013年深圳"凤凰社区"集体土地拍卖,土地获得者即当前使用者,用途不变)和增量再开发土地市场(即用途发生变化,如农田水利用地变为农村内部农业服务业用地,农村宅基地变为集体第二、三产业等)。

增量再开发土地市场是存量再开发土地市场的基础,存量再开发土地市场是增量再开发土地市场的延续和补充。

两者存在一定替代关系,增量再开发土地市场需求得不到满足时可以从存量再开发土市场寻求供给,而增量再开发土地市场价格高于二级市场价格时,需求者也可以转向存量再开发土地市场寻求低成本土地,存量再开发土地市场就完成了对一级市场的延续。

2.5.3 土地市场不均衡的理论解释及对策

1. 土地市场不均衡理论

供求非均衡指的是通过商品价格的调整不能使市场上供给量和需求量达到一致。从经济学角度看,社会经济活动中,各经济变量按经济规律运行时表现出均衡和非均衡两种态势,一般来说,均衡是暂时的,非均衡才是经济运行的常态,土地市场尤其如此,土地作为特殊商品,市场自身结构复杂,农村建设用地再开发市场由于土地的供求关系,加上政府干预,很容易出现总量非均衡和结构非均衡。由于市场机制不完善和市场体系不健全,农村建设用地再开发市场非均衡主要表现为总量非均衡和结构非均衡:总量非均衡是指大量土地闲置、过度需求和一般需求大而有效需求不足等问题;结构非均衡指的是区域经济发展情况不一导致的土地市场区域结构非均衡、存量土地市场和增量土地的市场结构非均衡。

非均衡理论首先对拉尔瓦斯的均衡假设做了修正:一是市场是不充分的,存在超额供给和超额需求;二是市场信息不完全,买卖双方掌握信息有限,因而在决策时不是完全理性的;三是价格变动不仅依附于市场条件,还受非市场因素的影响,由于短期内土地数量调整快于价格调整,非均衡状态下的价格灵敏度降低,具有刚性,市场资源配置效率不仅受价格影响还受数量的影响;四是市场均衡是暂时的,市场交易并非以均衡点为起点。农村建设用地再开发供求非均衡理论研究是基于土地市场自身特点进行的,如土地的不可移动性造成的供需区域差异,因而大市场环境是不完全竞争的,不同区域价格不同,这并不是对价值规律的否定,相反,是价值规律的完善。

关于土地价格供求动态模型有:蛛网模型、闲置—过度需求模型、价格租金模型、费尔杰斐非均衡模型、绝对非均衡模型。

蛛网模型基于弹性原理分析了生产周期较长的产品在非均衡点发生价格波动时的动态表现,也是考虑滞后因素的模型,根据供给弹性与需求弹性大小关系,分析了收敛、发散、封闭型蛛网。房地产产品符合蛛网模型的假设,长期看来,产品需求弹性大于供给弹性,为收敛型蛛网,最终可达到均衡,但是现阶段我国城市处于发展前期,土地增量供给较充足,供给曲线弹性较大,是发散型的蛛网,土地价格有不断上升趋势。

闲置—过度需求模型考虑了政府参与规划对市场供给和需求的影响,解释了土地闲置和过度需求同时存在的现象。价格租金模型分析了税收、通货膨胀、增值、贷款、政策等因素对房地产价格影响,提出可通过调节以上因素来调控房地产价格。费尔杰斐非均衡模型采用最大似然估计分析美国房地产市场模型,得出房地产市场是非均衡的结论。绝对非均衡模型基于对瓦拉尔均衡假设的疑问,分析了一个大市场的非均衡模型和多个市场的非均衡模型,认为价格对供求关系的调节影响是很小的,价格高于均衡价格时仍可能上涨,价格低于均衡价格时仍可能下跌,供给闲置和过度需求可能同时存在,提高需求是提高销售的必要非充分条件,要使得市场按照供求规律运行就要降低交易成本。

以上研究土地市场非均衡的模型都将价格作为调节供求关系的基本因素,有效解释了农村建设用地再开发市场与一般商品市场的不同运行特点。

2. 对策

(1) 利用外部政策进行土地市场的宏观调控

综合土地市场不均衡的分析,不难发现土地市场不均衡的首要原因在于我国特殊的土地制度。土地制度的特殊造成我国建设用地供给方的绝对权威,而且最主要的是现今的土地市场并不是真正地按经济供需的市场关系存在的。因此,在未来土地市场出现不均衡状态时,土地政策、产业政策、货币政策均可作为土地市场宏观调控的工具,用以平衡土地利用主体与土地供给主体之间的关系,从而使土地市场达到均衡的状态。

(2) 加快集体建设用地流转的改革步伐,构建新的土地市场

研究之所以提出农村建设用地再开发,主要目的就是缓解国有建设用地日趋紧张的用地局面及提升集体建设用地的价值。在集体建设用地入市,与国有建设用地保持同权、同价的改革过程中,集体建设用地市场的建立可以吸引国有建设用地市场的部分用地主体,以减少国有建设用地供给方的供地压力。此外,集体建设用地市场的土地存量还可按照国有建设用地市场需求主体的不同意愿,通过集体土地国有化市场进行纵向转移。这个过程对于土地市场非均衡的发展趋势可以起到缓和作用。因此,加快集体建设用地流转的改革步伐,构建新的土地市场体系不失为一条好的路径。

2.6 农村建设用地再开发市场供需的政策驱动分析

2.6.1 土地政策

土地宏观调控政策在农村建设用地再开发市场供给中起着指导与前提作用。作为存量土地资源,农村集体建设用地的流转一直以来均由国家严格管制,影响了其供给潜力的发挥,但近年来,国家正逐步放宽流转政策,集约利用土地资源,注重结构优化,推动农村集体建设用地流转。2004年《国务院关于深化改革严格土地管理的决定》中规定,集镇、建制镇及村庄中的农民集体所有建设用地使用权在符合规划的情况下可依法流转,这是国家第一次规定农村集体建设用地使用权可以依法流转,为农村建设用地再开发开辟了道路。2008年,在中共十七届三中全会上提出"建立城乡统一的建设用地市场",使得"集体土地与国有土地同地、同价、同权"有了政策支持。"建立城乡统一的建设用地市场"在2013年11月召开的中共十八届三中全会上被明确提出,这是土地流转的先决条件。会议提出了未来土地改革的基本路径,围

绕土地承包经营权、土地补偿制度等问题展开,旨在建立健全城乡土地流转市场。中共中央、国务院于2014年3月16日又颁布了《国家新型城镇化规划(2014—2020年)》,该《规划》提出要进一步推进土地管理制度的改革,再次强调了中共十八届三中全会中关于农村集体经营性建设用地与国有土地同等入市的相关规定,提出规范农村产权流转交易市场的必要性。由上述土地相关政策规定可见,对于农村集体建设用地使用权流转问题,国家已逐步放宽立法控制,并为其入市流转指明方向。在土地资源稀缺的情况下,国家通过相关政策的引导逐步驱动农村建设用地再开发来缓解土地资源瓶颈问题。农村集体建设用地入市流转,盘活存量建设用地,使农村建设用地再开发市场上土地供给增多,从而给土地市场带来竞争,有利于提高土地供给弹性,具体情况如图2-10所示。因此一般认为,土地政策在推动村镇建设用供给中起到正面作用。

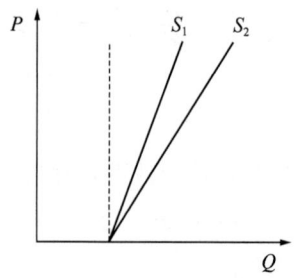

图2-10 存量建设用地供给曲线图

图2-10中纵轴表示农村建设用地再开发市场建设用地价格P,横轴表示存量建设用地供给量Q,设农村集体建设用地入市流转前农村建设用地再开发市场供给曲线为S_1,流转后供给曲线为S_2。从图中存量建设用地供给来看,随着国家关于农村集体建设用地入市流转政策的出台,集体建设用地进入土地市场,建设用地供给由单一的国家供应变为国家与农民集体共同为土地市场供给土地,供给曲线由S_1变为S_2,国有与集体存量建设用地叠加后的供给曲线S_2的供给弹性将大于S_1的供给弹性。由此可知,农村集体建设

用地流转入市会为建设用地再开发市场提供土地资源,并在市场机制下提高土地利用效率,优化资源配置,有效缓解供需失衡的局面。

2.6.2 产业政策

改革开放以来,我国村镇产业结构不断调整优化,由"一、二、三"向"二、三、一"和"三、二、一"转变,第二、第三产业生产总值显著提高,村镇工业发展尤为迅速,大量村镇企业相继涌现,但一方面村镇企业布局分散,企业产品未能与当地特色农产品形成良好的对接,资源利用率低,导致大量农村建设用地粗放利用,此时企业会对生产要素进行整合以提高经济效益,由此引致农村建设用地的再开发;另一方面,村镇企业发展会吸引大量的农民进入企业工作,第二、第三产业从业人员增多,从而提高农民收入水平,令其产生改变自身生活环境的需求,住房空间置换,以及整修、扩建、改建成为必然,进而引起宅基地等建用地的再开发。

"十三五"时期,政府提出了要更多利用市场化的政策手段,引导产业优化升级。对于企业、个体工商业者而言,经营状况不佳会造成产出效益低下,存在土地闲置现象,随着村镇产业结构的优化升级,在市场机制的调节下,企业会或主动或被动地创新经营方式,开展技术革新,进行厂房合并、转租、土地置换及土地资产的量化管理,达到增加土地经济投入和产出强度、提高土地利用结构有效性,从而盘活企业存量建设用地的目的,由此为农村建设用地再开发市场提供新的供给。

为了更直观了解村镇产业结构优化对建设用地的需求情况,本节利用生产决策理论对村镇企业的生产函数进行分析。对于村镇企业生产经营来讲,资金、劳动力等非土地要素及农村建设用地均是主要的生产投入要素,设其生产函数 $Z=f(x,y)$,Z 表示产量,x 表示农村建设用地,y 表示资金、劳动力等非土地要素。在一定生产水平下,生产要素 x 和 y 有机组合,拟合出村镇企业的等产量曲线(如图 2-11 所示)。

在曲线 A 上,投入要素 x、y 有各种不同的组合,但总产出保持不变。在

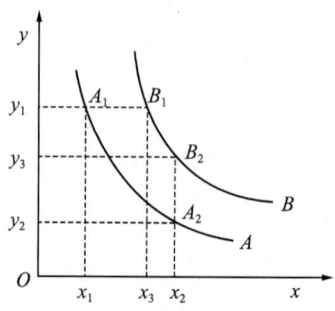

图 2-11 村镇企业等产量曲线

A_1 点,资金和劳动力 y_1 投入数量较多,而农村建设用地 x_1 投入数量较少,即企业通过加大投资和技术革新,减少建设用地投入来实现生产集约化;在 A_2 点,资金和劳动力 y_2 投入数量较少,农村建设用地 x_2 投入数量较多,即企业通过减少技术及资金投入量,加大建设用地占用量来进行粗放式经营。而随着村镇产业结构的优化,村镇企业产出水平提高,等产量曲线由 A 变为 B,在 B_1 点处,资金和劳动力投入量与 A_1 点相一致,若要达到新水平下的产出量,农村建设用地投入量会由 x_1 增至 x_3,建设用地需求量增多;在 B_2 点处,建设用地投入量与 A_2 点保持一致,需增加资金和劳动力投入至 y_3 才能完成产出。总之,由图 2-11 可得,随着村镇产业结构的优化升级,村镇企业要达到更高效益,需增加各种生产要素的投入量,虽然理论上可以仅仅增加资金和劳动力等非土地要素投入来达到高产出量,但根据边际效益递减规律,要维持较高的经济效益还需同时增加农村建设用地数量,由此便带动了农村建设用地再开发市场建设用地的需求。

2.6.3 财政政策

积极的财政政策在当前经济下行压力较大、经济结构亟待提质增效的背景下能够起到正面作用。财政政策主要体现在税收方面,财政收入中的一般公共预算收入可分为税收收入和非税收入。税收收入占比较高,说明当地主体税收殷实、收入实力较强、地方政府"乱收费"的行为较少。税收收入比重越高,越能证明地方经济增长的活力和竞争力,这在村镇集体建设用地再开发市场也越有生命力,越能高质量地发展。

2.6.4 货币政策

村镇集体用地再开发需要大量资金,而资金来源又与银行贷款分不开,贷款利率的高低直接决定着利润在借款企业和银行之间分配比例高低,因而影响着借贷双方的经济利益。我国的利率由中国人民银行统一管理,一般来说,贷款利率下降,可降低投资者的资金成本,更有利于激发投资者的投资欲望,并在一定程度上激活了市场和需求。由此,对于村镇集体建设用地再开发市场来说,较低的贷款利率更有利于政府或企业高效率地完成对农民的拆迁补偿以及建设用地的出让。

2.7 实证研究——无锡市滨湖区胡埭镇建设用地再开发市场供需分析

2.7.1 研究区概况

基于研究目的,研究区域的选择不应该过大,需要框定在一定的范围内。因此,研究选择镇域层面能够提取一个完整的研究切片,对于村与镇之间用地的关系研究能保留完整的视角。另外在研究过程中,需要考虑到调研的可行性,也就是在调研的过程中能够便于与调研人员沟通并获取研究所需要的数据。研究选取了无锡市滨湖区胡埭镇(具体情况见《农村建设用地再开发市场机制及地价评估》6.5),该镇主要由工业带动其经济的发展,对建设用地的需求较大,在我国较为严格的土地用途管制制度下,如何化解需求与供给之间的关系,成为该区域发展的瓶颈之所在。因此,在该区域进行示范,一方面可以探讨以工业为主导的区域如何突破用地瓶颈,促进区域经济发展,另一方面,可以对土地资源的优化配置进行分析。

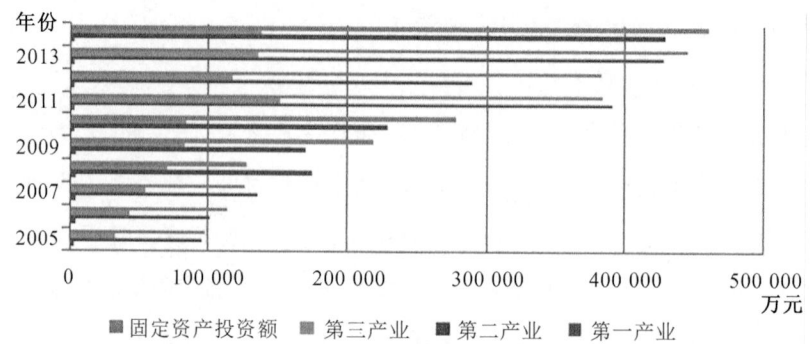

图 2-12 胡埭镇固定资产投资额与产业 GDP

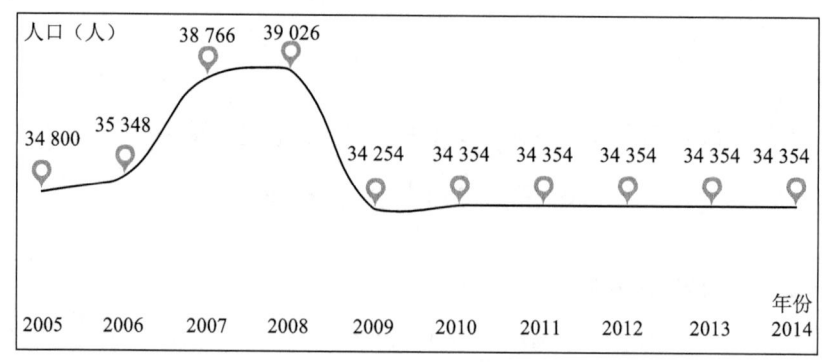

图 2-13 胡埭镇户籍人口数

胡埭镇由于位置的优越性,在无锡市区工业向外转移的过程中,成为首选地之一。在工业经济的带动下,胡埭镇的人均 GDP 呈现快速增长,截止到 2014 年该镇的人均 GDP 达到 165 602 元,人均净收入达到 6 500 元。该镇的固定资产投资额在 2014 年突破 460 220 万元,于此其 GDP 突破 572 288 万元,GDP 贡献量以第二产业为主,占 75.13%,因此该镇属于以工业为主导的经济发展区域。

2 农村建设用地再开发市场供需分析与仿真技术

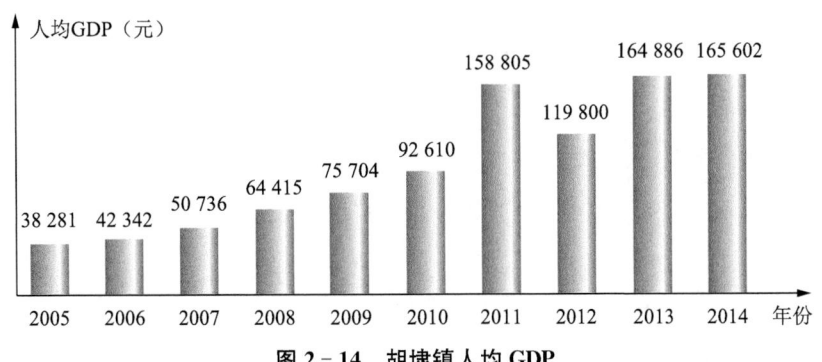

图 2-14 胡埭镇人均 GDP

2.7.2 研究区调研

对胡埭镇用地情况的调研工作于 2015 年 11 月 19 日启动,经过调研组全体人员的努力,调研工作顺利完成,并得到了预期成果。具体工作过程分以下几个阶段。

1. 前期准备

前期准备阶段主要包括：

(1) 工作准备

编制调研的工作方案,落实工作组织与人员安排,成立调研组；编制调研资料清单,制作调查问卷,准备调研地的卫星影像地图,运行调试农村建设用地再开发预测软件。

(2) 工作部署

召开调研工作部署会议,就数据收集调查、结果理论分析和调研评价建议工作进行研讨,明确进度要求和成果要求。

(3) 资料收集

根据调研工作需要,收集胡埭镇统计年鉴、用地情况现状图、用地情况规划图、社会经济相关数据、政府工作报告等资料。

2. 现场调研

根据调研工作要求,选择胡埭镇下属的富润社区、花汇苑社区、龙延村、张舍村、胡埭村和夏渎村进行用地情况的调查与分析,就各个村、社区的不同土地类型的利用现状,近八年的人口变动情况,公共设施用地情况,可再开发的建设用地类型、面积和截至2020年村庄或社区的产业投资规划等进行了详细的数据采集;对调查的基础数据进行汇总、初步筛选,核实剔除掉一些错误的数据,确保数据真实可靠;同时,开展实地考察和数据校核工作,形成补充调查成果。

3. 调研数据整理

对调查数据进行汇总分析,按照村(社区)、镇层次,结合各村(社区)、镇的土地利用类型现状及其规划用地状况,对调研数据进行分类整理,确保调研数据的科学合理性。经过对核实和分类的数据进行分类、整理、汇总,形成前期基础资料汇编,并检查数据缺漏情况。按照数据整理情况,适当采用补充问卷、实地调查等方式,开展补充调查,对当前缺失或核实否定的各类数据和资料进行补充收集和整理。

2.7.3 调研区域土地利用与经济社会发展

此次研究区域为胡埭镇的镇驻地及胡埭镇的4个村庄、2个社区,4个村庄分别为夏渎村、张舍村、胡埭村及龙延村,2个社区为富润社区、花汇苑社区,调研内容主要为农村建设用地状况及其未来用地需求。

经实地调研得到村庄及社区建设用地现状的基本情况,如表2-1所示:

表2-1 村庄建设用地现状基本情况表

村名	现状人口数量(人)	现状宅基地面积(hm^2)	集体经营性建设用地(hm^2)	废旧村镇企业用地(hm^2)	道路农田水利等公共设施用地面积(hm^2)
夏渎村	1 989	44.003 3	181.208 7	16.67	10.031 2
富润社区	3 636	0	19.548	0	0
张舍村	2 860	5.066 7	135.666 7	19.5	2.622 6
胡埭村	4 147	16.666 7	187.24	21.5	1.333 3
花汇苑	5 200	0	45.6	0	0

续 表

村名	现状人口数量（人）	现状宅基地面积（hm²）	集体经营性建设用地（hm²）	废旧村镇企业用地（hm²）	道路农田水利等公共设施用地面积（hm²）
龙延村	5 094	23.333 3	153.333 3	17.333 3	20

村名	规划废弃的农田水利道路用地（土地整治区外）（hm²）	农田综合整治后整理出来的农田水利设施占地面积（土地整治区内）（hm²）	现状公用设施用地面积（hm²）	未利用建设用地（hm²）
夏渎村	0.333 3	0	0.084	7.5
富润社区	0	0	0.158	0
张舍村	3.333 3	0	2.669 1	14.4
胡埭村	7.566 7	0	1.873 3	10
花汇苑	0	0	2.1	0
龙延村	10	0	6.693 3	11.2

调研数据显示：4个村庄及2个社区并没有农田综合整治项目，富润社区及花汇苑社区原为孟村及莲杆村，因无锡新城工业园区开发建设需要，于2006年实施腾地拆迁，至2008年年底，两村村民分别迁至花汇苑、张舍家园及富安小区，2006年，依法选举产生富润社区居委会及花汇苑社区居委会，逐渐完善社区组织结构，富润社区居委会与孟村村委会并存，花汇苑居委会与莲杆村居委会并存，实行一套班子两块牌子的管理制，原村庄范围内的土地变为国有，现为工业园区，因此两个社区的宅基地面积为零，集体营利性建设用地面积较小。

图2-15、图2-16表明人口波动幅度在极小的范围内，结合实地调研咨询当地情况得出，村庄及社区8年内的出生率与死亡率基本保持平衡状态，村庄及社区人口变动幅度较小。

由实地调研得知，自2007年太湖绿藻大规模爆发后，无锡市政府加大了对太湖水质保护，严禁重污染产业发展，只允许无污染产业及污染性较小的产业发展，并严格要求企业配置完善的污水处理系统。胡埭镇各个村庄及社区第二产业以污染性较小的机械制造业为主，其他产业较少涉及，因此，胡埭

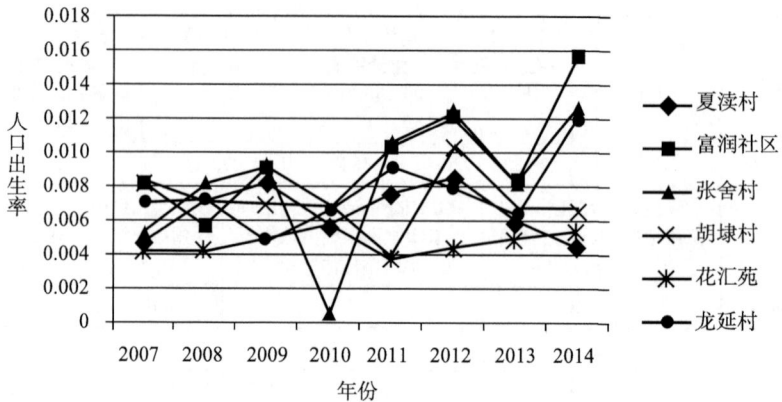

图 2-15　2007—2014 年胡埭镇人口出生率

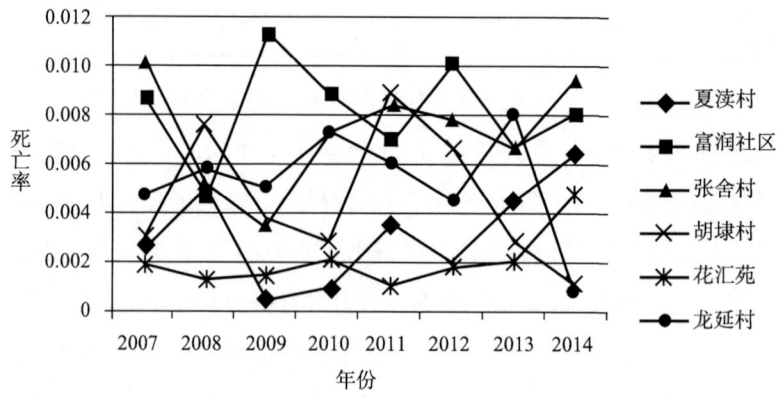

图 2-16　2007—2014 年胡埭镇人口死亡率

镇各村庄及社区规划 2020 年第二产业以发展机械制造业为主。

　　无锡市位于长江三角洲平原腹地,江苏南部,太湖流域的交通中枢,京杭大运河从中穿过。无锡北倚长江,南濒太湖,东接苏州,西连常州,构成苏锡常都市圈,无锡特殊的地理位置,带动无锡整体经济快速发展,各个村庄的第三产业年产值呈上升的趋势,其 2020 年年产值远远超过现年产值,具体如下表 2-2 所示:

表 2-2 村庄至 2020 年规划期第三产业规划状况

村名	金融用地（万元）	单位面积产值（万元/hm²）	基层组织用地（万元）	单位面积产值（万元/hm²）	农村教育服务用地（万元）	单位面积产值（万元/hm²）
夏渎村	0	0	68.36	108	0	0
富润社区	0	0	0	0	637.39	563.23
张舍村	0	0	10.29	257.92	53.62	257.92
胡埭村	10 001.03	4 979	292.71	4 979	1 222.074	4 979
花汇苑	1 988.33	1 043.48	662.78	1 043.48	2 057.17	1 043.48
龙延村	0	0	2 480.89	1 230.62	16 805.26	1 230.62

村名	农村医疗卫生服务用地（万元）	单位面积产值（万元/hm²）	其他农村第三产业（万元）	单位面积产值（万元/hm²）
夏渎村	29.271 24	108	0	0
富润社区	0	0	0	0
张舍村	2.927 124	257.92	1 107.5	257.92
胡埭村	0	0	0	0
花汇苑	229.168 6	1 043.48	1 710.2	1 043.48
龙延村	109.687 4	1 230.62	0	0

注：第三产业单位面积产值按现状数据计算，未细化至具体产业。

各村第三产业产值远低于第二产业产值，据实地调研得知，各村庄根据城镇规划着重加强第二产业发展，第三产业各项服务主要依赖城镇层面的资源，村庄仅发展一些基础性服务业。

表 2-3 为胡埭镇现有二、三产业用地现状的基本情况。

表 2-3 胡埭镇二、三产业用地情况

所属镇	规划期内新增建设用地指标（hm²）	现有居住用地面积（hm²）	现有公共管理与公共服务用地面积（hm²）	现有商业服务业设施用地面积（hm²）
胡埭镇	763.86	341.5	713.8	60.17

所属镇	现有物流仓储用地面积（hm²）	现有交通设施用地面积（hm²）	现有公用设施用地面积（hm²）	现有绿地面积（hm²）	临时用地需求冲击变量（hm²）
胡埭镇	0	138.4	26.25	0	0

续 表

所属镇	破产企业占用土地（hm²）	废弃公共设施占用土地（hm²）	烂尾楼占用土地（hm²）	低效利用的建设用地面积（hm²）	闲置的建设用地面积（hm²）
胡埭镇	5.200	0.000	0.6	77.950	85.080

由表 2-3 可以看出，城镇的建设用地并没有得到合理利用，闲置的建设用地及低效利用的建设用地所占比例较大，这些建设用地可以通过节约集约利用为城镇提供更多土地资源。

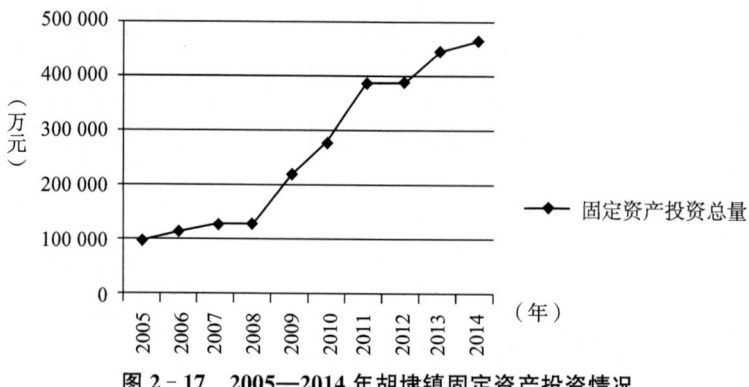

图 2-17　2005—2014 年胡埭镇固定资产投资情况

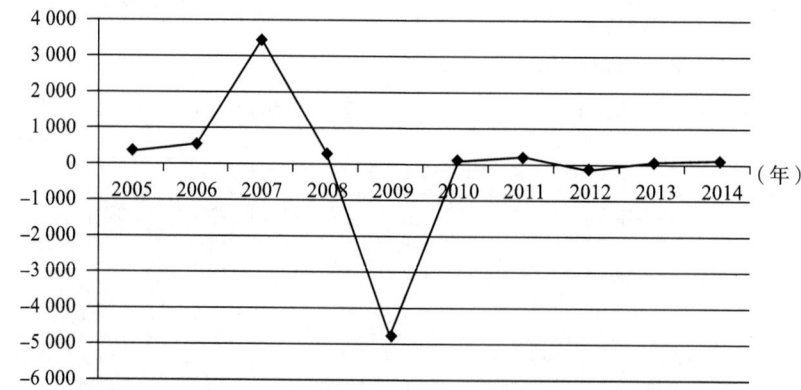

图 2-18　2005—2014 年胡埭镇人口增加量

由图 2-17 可知，胡埭镇第二产业固定资产投资量随着年份的增长，呈直线上升状态，在 2008 年至 2011 年胡埭镇固定资产投资量上升幅度最大，结合实地调研得知，胡埭镇在这几年加大了对第二产业投资。由图 2-18 知，城镇人口增加量在 2010 年之前波动较大，由于 2007 年至 2010 年城镇进行大规模的城镇规划，人口增加量大幅度降升，至 2010 年以后城镇人口增加量波动幅度较小，呈平稳状态。

2.7.4 软件应用与结果分析

根据实地调研的数据，利用农村建设用地再开发市场供需分析与仿真软件进行分析，结果如下：

1. 胡埭镇村层面建设用地供需平衡分析

（1）胡埭镇各村庄及社区建设用地供给情况分析

表 2-4 2020 年村庄及社区供给面积预测

村名	张舍村	胡埭村	夏渎村	龙延村	富润社区	花汇苑
现状宅基地面积(hm^2)	5.07	16.67	44.00	23.33	0.00	0.00
集体经营性建设用地(hm^2)	135.67	187.24	181.21	153.33	19.39	43.50
未利用建设用地(hm^2)	14.40	10.00	7.50	11.20	0.00	0.00
废旧村镇企业用地(hm^2)	19.50	21.50	16.67	17.33	0.00	0.00
道路农田水利等公共设施用地面积(hm^2)	2.62	1.33	10.03	20.00	0.00	0.00
规划废弃的农田水利道路用地（土地整治区外）(hm^2)	3.33	7.57	0.33	10.00	0.00	0.00
现状人口数量(hm^2)	2 860	4 147	1 989	5 094	3 636	5 200
农田综合整治后整理出农田水利设施占地面积（土地整治区内）(hm^2)	0	0	0	0	0	0
现状公用设施用地面积(hm^2)	2.67	1.87	0.08	12.72	0.16	2.10
规划人均宅基地标准（m^2/人）	45	45	45	45	45	45
规划年限	2 020	2 020	2 020	2 020	2 020	2 020
人口机械增长数（人）	−2	87	3	−5	30	77

续　表

村名	张舍村	胡埭村	夏渎村	龙延村	富润社区	花汇苑
供给面积(hm^2)	37.23	39.07	59.50	38.53	0.00	0.00
人口自然增长率	−0.006 41	0.007 519	0.000 721	0.005 953	0.003 359	−0.001 36

表2-4为软件根据实地调研数据得出胡埭镇集体建设用地市场供给面积,其中张舍村为37.233 3公顷,胡埭村为39.066 7公顷,夏渎村为59.503 83公顷,龙延村为38.533 3公顷,富润社区及花汇苑为0公顷。富润社区及花汇苑社区集体建设用地面积过小,闲置及低效利用的土地较少,富润社区及花汇苑社区的建设用地供给面积的计算结果为0。

(2) 胡埭镇各村庄及社区建设用地需求情况分析

表2-5为各村建设用地需求面积的计算结果:

表2-5　村庄及社区2020年建设用地需求面积预测

村名	龙延村	张舍村	夏渎村	花汇苑	胡埭村	富润社区
现状宅基地面积(hm^2)	23.33	5.07	44.00	0.00	16.67	0.00
集体经营性建设用地面积(hm^2)	153.33	135.67	181.21	43.50	187.24	19.39
废旧村镇企业用地(hm^2)	17.33	19.50	16.67	0.00	21.50	0.00
现状人口数量(人)	5 094	2 860	1 989	5 200	4 147	3 636
现状公用设施用地面积(hm^2)	12.72	2.67	0.08	2.10	1.87	0.16
村面积(hm^2)	511.00	180.00	257.33	43.50	223.78	19.39
第二产业用地面积(hm^2)	192.91	171.00	173.43	0.00	235.58	0.00
第三产业用地面积(hm^2)	15.76	4.55	0.90	6.37	2.31	1.13
公共设施用地面积(hm^2)	0.00	0.00	0.37	0.00	0.00	0.00
宅基地面积面积(hm^2)	4.21	0.25	2.46	0.00	0.00	0.00
交通用地面积(hm^2)	9.80	3.92	0.15	0.00	0.12	0.00
村镇预测人口总数(人)	6 013	3 000	2 100	5 350	4 000	3 820
需求面积(hm^2)	222.68	179.72	177.31	6.37	237.42	1.13
占用耕地面积(hm^2)	0.00	0.00	0.10	0.00	0.00	0.00

续　表

村名	龙延村	张舍村	夏渎村	花汇苑	胡埭村	富润社区
铁路占地指标(hm²/km)	5.22	5.22	5.22	5.22	5.22	5.22
公路占地指标(hm²/km)	2.45	2.45	2.45	2.45	2.45	2.45
计划修建铁路长度(km)	0	0	0	0	0	0
计划修建公路长度(km)	4.00	1.60	0.10	0.00	0.05	0.00
占用未利用地面积(hm²)	0	0	0	0	0	0

结果显示:2020年张舍村总需求面积为179.72公顷,胡埭村总需求面积为237.42公顷,夏渎村总需求面积为177.31公顷,龙延村总需求面积为222.68公顷,富润社区总需求面积为1.13公顷,花汇苑总需求面积为6.37公顷。张舍村、胡埭村等建设用地总需求面积已接近其现状建设用地总面积(含闲置及未利用建设用地)。就此结果有两种原因:第一,根据当地了解的情况及调研的数据,村庄本身经济实力较强,企业发展情况良好。根据胡埭镇规划方案,截至2020年,各村经济发展指标均需达到较高水平;第二,在数据的运算中,采用的是现阶段企业单位面积产值,相对于企业生产总值快速增长的相关数据,该单位面积产值偏低,在一定程度上导致企业在规划期内的需求面积大大增加。

由表2-5得,除夏渎村公共设施需求面积为正值,其他村庄公共设施需求面积仅为0。实地调查得知,为了各村及社区的经济发展及提高公共设施的利用效率,城镇规划将各村及社区的公共设施搬迁至城镇。因此,至2020年各村及社区对公共设施用地需求量为零。而富润社区及花汇苑社区在规划期建设用地需求量较少,主要缘于两社区无第二产业,第三产业及宅基地需求量又相对较小。

至2020年各村庄(除两个社区外)第二产业建设用地需求量所占比重较大,在86.63%~99.22%,远远超出其他建设用地需求量。结合软件数据结果及实地调研情况可得知,未来几年内村庄仍会把发展中心放在第二产业上,对第三产业及公共设施等的投资量较少。

（3）胡埭镇各村庄及社区建设用地供需平衡分析

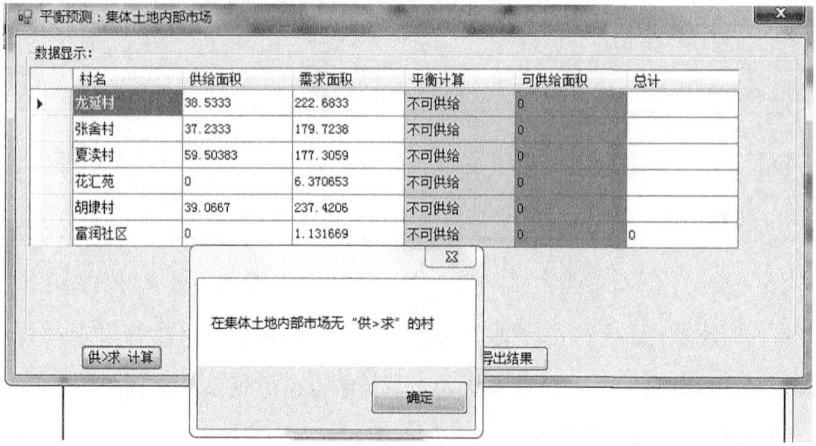

图 2-19　预测胡埭镇各村庄及社区建设用地供需平衡情况

基于各村庄及社区建设用地再开发潜力较小，供给面积远小于需求面积这一用地现状，胡埭镇集体建设用地市场的供给量完全由其内部进行利用，不会转到集体土地国有化市场上。

2. 胡埭镇建设用地供需平衡分析

软件根据实地调研数据，预测出胡埭镇至 2020 年的国有建设用地供需情况，如下表：

（1）胡埭镇建设用地供给情况分析

表 2-6　胡埭镇国有建设用地至 2020 年供给面积预测

地块名称	地块面积（hm²）	破产企业占用土地（hm²）	废弃公共设施占用土地（hm²）	烂尾楼占用土地（hm²）	供给面积（hm²）	容积率理想值	容积率现状值
地块1	85.08	5.20	0	0.6	85.08		
地块2	5.80	5.20	0	0.6	5.80		
地块3	77.95	5.20	0	0.6	116.93	1	0.4
总计					207.81		

至 2020 年，胡埭镇国有建设用地市场供给量为 207.81 公顷。其中地块

一为胡埭镇国有建设用地闲置地块,供给潜力为 85.08 公顷,地块二为低效利用的建设用地,通过节约集约利用预测至 2020 年可供给量为 5.80 公顷,地块三为废旧厂房、企业用地,供给面积为 116.93 公顷。

(2) 胡埭镇建设用地需求情况预测

结果如表 2-7 所示:

表 2-7　胡埭镇国有建设用地至 2020 年规划期需求面积预测

镇名	胡埭镇
规划期人均建设用地指标(m^2/人)	80
规划期固定资产投资土地系数(万元/hm^2)	505
规划期区域总人口(人)	70 000
预测年份城镇化水平	0.77
现有城镇建设用地(hm^2)	1 361.92
新增建设用地(hm^2)	763.86
现有城镇二、三产业用地面积(hm^2)	1 280.12
规划期内新增建设用地指标(hm^2)	763.86
临时用地需求冲击变量(hm^2)	0
需求面积(hm^2)	829.74
规划期固定资产投资总额(万元)	1 449 177

通过仿真系统对数据的处理,显示:胡埭镇国有建设用地至 2020 年的需求量为 829.737 3 公顷。

(3) 胡埭镇各村庄及社区建设用地供需平衡分析

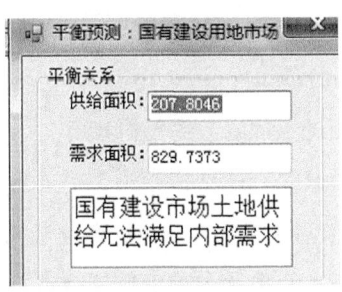

图 2-20　至 2020 年胡埭镇国有建设用地市场供需情况

由软件预测出至 2020 年,胡埭镇国有建设用地市场可供给面积的量为

207.80公顷,市场的需求面积为829.74公顷,胡埭镇国有建设用地市场土地供给无法满足其内部需求。

3.胡埭镇集体土地国有化市场供需分析

集体土地国有化市场与集体土地内部市场的供给源同为集体建设用地,主要为农村宅基地、农村非农业产业用地和农村闲置建设用地。当集体土地内部市场有富余的土地时,集体土地国有化市场会产生供给量,而胡埭镇集体土地内部市场供小于求,无富余土地提供给集体土地国有化市场。因此,集体土地国有化市场的供给面积为0。

集体土地国有化市场的需求来源与国有建设用地市场的需求来源一样,主要为产业的转移与升级、交通建设等方面的需求。集体土地国有化市场意指把集体建设用地转变为国有建设用地,也就是说把农村建设用地再开发过程中产生的多余集体建设用地转移到国有建设用地市场中。计算得出:胡埭镇集体土地国有化市场至2020年规划期的需求面积为621.9327公顷。

当国有建设用地市场供给小于需求,集体建设用地市场供给大于需求这两种情况同时出现时,需通过集体土地国有化市场把集体建设用地市场多余的供给量转移到国有建设用地市场中。但从上述数据分析得出,胡埭镇集体建设用地市场供给小于需求,无法提供多余的土地供国有建设用地市场利用。

2.7.5 对策建议

结合软件分析的结果及实地调研现状情况,对该区域的产业发展模式及土地利用模式提出以下建议:

1.调整产业结构,促进土地的节约集约利用

依据调研数据,该区域的产业结构中第二产业所占比重很大,其产值约占全镇的80%。但根据调研数据,其生产效率较低,导致其产业单位面积产值偏低。因此,该区域的土地粗放利用加剧了该区域建设用地的供需矛盾。解决该矛盾的关键在于调整现今土地利用结构,推行土地的节约集约用地,提高土地利用的效率。

2. 加快产业升级,提升企业生产水平,提高生产效率

调研数据表明,该区域的产业主要以第二产业为主,第三产业发展相对滞后。在城镇化的发展过程中,产业升级对其发展有着极为重要的意义。而该区域的产业发展面临着产业逐步升级现实困境。为有效解决城镇与农村之间的建设用地供需矛盾,该区域应积极引导生产效益较高的企业在该区域投资,用以解决该地区经济发展需求与用地供需矛盾的现实困境。

3. 优化土地利用结构

根据调研数据,该镇与村双重层面的需求都远大于供给,但是现今的土地利用效率存在较大问题。如在产业用地布局方面,该区域对第二产业用地规划较多,对第一产业、第三产业的规划用地较少,无法形成有效的土地利用结构。基于该现状,该区域可以在今后的发展过程中,调整土地的利用布局,将发展重心逐步向其他产业有效过渡,同时在过渡的过程中使该区域形成更为优化的土地利用结构。

表 2-8 测试仿真系统时输入的乡镇层面指标值及依据

胡埭镇	数值	参考标准
规划年限	5年	
现有城镇建设用地	1 361.92 公顷	依据胡埭镇规划文本填写
新增建设用地面积	763.86 公顷	依据胡埭镇规划文本填写
规划期区域总人口	70 000 人	依据胡埭镇规划文本填写
预测年份城镇化水平	0.77	类比无锡市城镇化率
规划期人均建设用地标准	80 平方米/人	依据《城市用地分类与规划建设用地标准》取值
规划期固定资产投资土地系数	0.000 019 83 平方千米/万元	根据村庄现有固定资产与建设用地增长量测算
容积率理想值	1	依据《江苏省工业建设用地指标》
容积率现状值	0.4	实地调研数据测算
公共设施规定:行政管理(镇)	0.000 08	
公共设施规定:教育机构(镇)	0.000 63	《镇规划标准》,根据标准取均值
公共设施规定:文体科技(镇)	0.000 35	
公共设施规定:医疗保健(镇)	0.000 31	

表 2-9　测试仿真系统时输入的村层面指标值及依据

村		数值	参考标准
规划人均宅基地标准		0.004 5 公顷	《江苏省农村宅基地管理办法》
规划年限		5 年	
人口机械增长数	夏渎村	3 人	实地调研数据计算得到
	富润社区	30 人	
	张舍村	-2 人	
	胡埭村	87 人	
	龙延村	-5 人	
	花汇苑	77 人	
铁路占地标准		5.218 公顷/千米	依据《新建铁路工程项目建设用地指标》取值
公路占地标准		2.45 公顷/千米	依据《公路工程项目建设用地标准》取值
交通占耕地面积	夏渎村	0.1 公顷	
	富润社区	0	
	张舍村	0	
	胡埭村	0	
	龙延村	0	
	花汇苑	0	
村镇预测人口总数	夏渎村	2 100 人	
	富润社区	3 820 人	
	张舍村	3 000 人	
	胡埭村	4 000 人	
	龙延村	6 013 人	
	花汇苑	5 350 人	
计划修建铁路长度		0	每个村都为 0
计划修建公路长度	夏渎村	0.1 千米	
	富润社区	0	
	张舍村	1.6 千米	
	胡埭村	0.05 千米	
	龙延村	4 千米	
	花汇苑	0	

续 表

村	数值	参考标准
占用未利用地面积	0	
公共设施规定:行政管理	0.000 038	依据《镇规划标准》取值

2.8 实证研究——广州市白云区江高镇建设用地再开发市场供需分析

2.8.1 研究区概况

基于研究目的,研究区域的选择不应该过大,需要框定在一定的范围内。因此,研究选择镇域层面,能够提取一个完整的研究切片,对于村与镇之间用地的关系研究会保留完整的视角。另外在研究过程中,需要考虑到调研的可行性,也就是在调研的过程中能够便于与调研人员沟通并获取研究所需要的数据。本节选择广州市白云区江高镇(具体情况见《农村建设用地再开发市场机制及地价评估》6.7)开展实证研究,主要基于以下两方面考虑:

1. 江高镇工业发展状况较好,对建设用地的需求较大,土地市场活跃。并且,广东省一直是我国土地制度改革的首选之地,在面临我国较为严格的土地用途管制制度、区域经济发展与土地供给存在较大矛盾的现状前提下,选取该区域作为农村建设用地再开发的研究区,具有重要意义。农村建设用地再开发目的就是在我国严格的土地管理制度下,探讨适合村镇经济社会发展的用地对策。在该区域进行调研,一方面可以探讨以工业为主导的区域如何挖掘用地潜力,促进地方经济发展;另一方面,可以对土地资源的优化配置进行分析。这两点正好契合本研究的目的。

2. 该类型的社会调研,需有一定的社会基础,否则由于沟通上的限制等一些原因,调研的进展将会受到很大限制。本次调研与当地原国土资源部门取得了联系,得到了广州市白云区及江高镇相关部门的大力支持。因此,在该区域进行研究的可行性较大,数据来源能够得到保证。

2.8.2 研究区调研

具体工作过程分以下几个阶段。

1. 前期准备

前期准备阶段主要包括:

(1) 工作准备

编制广州市白云区江高镇用地情况调研的工作方案、工作计划和相关注意事项,落实工作组织与人员安排,成立调研组;编制调研资料清单,制作调查问卷,准备调研地的卫星影像地图,运行调试农村建设用地再开发预测软件。

(2) 工作部署

召开调研工作部署会议,就数据收集调查、结果理论分析和调研评价建议工作进行研讨,明确进度要求和成果要求。

(3) 资料收集

根据调研工作需要,收集了广州市白云区江高镇统计年鉴、土地利用现状图、控制性详细规划图、相关经济数据、政府工作报告等资料。

2. 现场调研

根据调研工作要求,选择广州市白云区江高镇及其下属的17个村及1个社区的用地情况进行调查与分析(包括大石岗村、塘贝村、水沥村、沙龙村、江村村、鹤岗村、南岗村、大田村、雄丰村、郭塘村、蓼江村、小塘村、中八村、泉溪村、五丰村、大岭村、勤星村与神山社区),就各个村、社区的不同土地类型的利用现状、近八年的人口变动情况、公共设施用地情况、可再开发的建设用地类型及面积和截至2020年村庄或社区的产业投资规划等进行了详细的数据采集;对调查的基础数据进行汇总、初步筛选,核实剔除掉一些明显不合理的数据,确保数据真实可靠;同时,开展实地考察和数据校核工作,形成补充调查成果。

3. 调研数据整理

对调查数据进行汇总分析,按照村(社区)、镇层次,结合各村(社区)、镇的土地利用类型现状及其规划用地状况,对调研数据进行分类整理,确保调研数据的科学合理性。经过对核实和分类的数据进行分类、整理、汇总,形成前期基础资料汇编,并检查数据缺漏情况。按照数据整理情况,适当采用补充问卷、实地调查等方式,开展补充调查,对当前缺失或核实否定的各类数据和资料进行补充收集和整理。

2.8.3 调研区域土地利用与经济社会发展

经实地调研得到村庄及社区建设用地现状的基本情况,如表 2-10 所示:

表 2-10 村庄(社区)建设用地现状基本情况表

村名	塘贝村	水沥村	沙龙村	江村村	神山社区	鹤岗村
现状人口数量(人)	2 031	4 335	4 000	10 000	490	1 682
现状宅基地面积(hm^2)	5.40	30.00	10.47	40.00	0.13	1.70
集体经营性建设用地(hm^2)	204.67	44.33	126.67	340.00	206.67	2.67
未利用建设用地(hm^2)	23.33	13.33	0.00	0.00	0.00	0.00
废旧村镇企业用地(hm^2)	0.00	0.00	3.33	13.33	0.00	0.00
道路农田水利等公共设施用地面积(hm^2)	0.38	0.00	0.00	0.00	0.60	2.40
规划废弃的农田水利道路用地(土地整治区外)(hm^2)	0.00	0.00	0.00	0.00	0.00	0.00
农田综合整治前农田水利设施占地面积(土地整治区内)(hm^2)	0.00	0.00	0.00	0.00	0.00	0.00
农田综合整治后农田水利设施占地面积(土地整治区内)(hm^2)	1.00	0.00	0.00	0.00	0.00	0.00
现状公用设施用地面积(hm^2)	0.36	2.97	0.08	7.67	10.01	0.15
村名	南岗村	大田村	雄丰村	郭塘村	蓼江村	小塘村
现状人口数量(人)	3 489	4 830	3 500	5 100	4 156	3 100
现状宅基地面积(hm^2)	8.00	35.88	5.60	9.67	109.13	4.67
集体经营性建设用地(hm^2)	92.00	61.47	11.33	4.00	140.00	8.00

续表

村名	南岗村	大田村	雄丰村	郭塘村	蓼江村	小塘村
未利用建设用地(hm²)	12.67	6.67	0.00	0.00	0.00	0.00
废旧村镇企业用地(hm²)	6.67	6.00	0.00	0.00	0.00	0.00
道路农田水利等公共设施用地面积(hm²)	2.00	13.18	0.50	1.60	1.50	0.30
规划废弃的农田水利道路用地（土地整治区外）(hm²)	0.00	0.00	0.00	0.00	100.00	100.00
农田综合整治前农田水利设施占地面积（土地整治区内）(hm²)	0.00	0.00	0.45	0.00	0.00	0.00
农田综合整治后农田水利设施占地面积（土地整治区内）(hm²)	0.00	0.00	0.80	0.00	0.00	0.00
现状公用设施用地面积(hm²)	0.13	0.78	0.95	0.59	0.75	1.54

村名	中八村	泉溪村	五丰村	大岭村	勤星村	大石岗村
现状人口数量（人）	3 850	1 700	2 760	5 000	1 035	4 020
现状宅基地面积(hm²)	12.20	9.80	53.33	15.00	33.33	8.10
集体经营性建设用地(hm²)	146.67	60.00	114.00	321.33	50.00	233.33
未利用建设用地(hm²)	0.00	1.73	0.00	0.38	0.60	0
废旧村镇企业用地(hm²)	0.10	0.00	0.47	0.00	0.00	0
道路农田水利等公共设施用地面积(hm²)	4.00	13.33	6.00	0.60	0.75	0.84
规划废弃的农田水利道路用地（土地整治区外）(hm²)	0.00	0.00	0.00	0.00	0.00	0
农田综合整治前农田水利设施占地面积（土地整治区内）(hm²)	0.00	0.00	1.25	0.27	10.00	0

续 表

村名	中八村	泉溪村	五丰村	大岭村	勤星村	大石岗村
农田综合整治后农田水利设施占地面积（土地整治区内）(hm^2)	0.00	0.00	5.20	1.20	11.77	0
现状公用设施用地面积（hm^2）	3.18	0.64	0.22	0.91	0.08	0.68

集体经营性建设用地是指具有生产经营性质的农村建设用地，包括农村集体经济组织使用乡（镇）土地利用总体规划确定的建设用地兴办企业或者与其他单位、个人以土地使用权入股、联营等形式共同举办企业、商业所使用的农村集体建设用地。废旧村镇企业是指村层面的一些所有权属于村集体的企业，但这种企业建成年份较早，各项生产指标已经处于落后状态。道路、农田水利等公共设施用地面积，是指村通向外界的道路及其生产需求水利设施用地。规划废弃的农田水利道路用地是一些田间道路及水利设施用地处于废弃状态，需要进行规划调整。农田综合整治后整理出来的农田水利设施占地面积是指由于农田综合整治项目（如高标农田项目等）的进行而建设的水利设施（灌排渠、泵站等）。现状公用设施用地主要指行政、教育、医疗、商业、集贸等设施用地（附表2-1～2-5）。

村内企业主要是指村办集体性企业，村内产业用地指村内第二产业用地、第三产业用地。第二产业用地在当地主要指一些工业用地、项目用地，第三产业用地主要指商业、旅游、市场、服务业等经营性项目用地。现状设施用地与第三产业用地的类别相同，但二者性质具有差别。前者属于营利性质，而公共设施用地具有公益性，因此在统计时将二者进行分开统计。此外，据调研位于村内的企业还有部分属于镇层面管辖，由该区域开发区管委会进行管理。由调研知各村第三产业产值远低于第二产业产值，据实地调研得知，各村庄根据城镇规划着重加强第二产业发展，第三产业各项服务主要依赖城镇层面的资源，村庄仅发展一些基础性服务业。

2. 江高镇建设用地现状及其产业发展规划

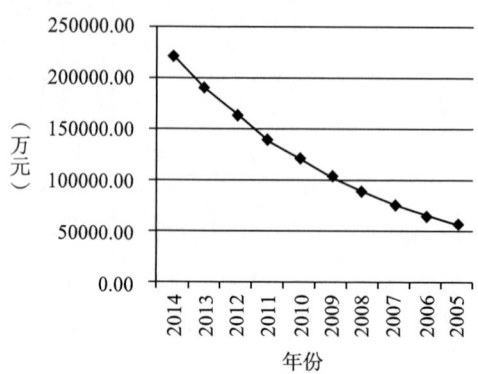

图 2-21 2005—2014 年江高镇固定资产投资情况

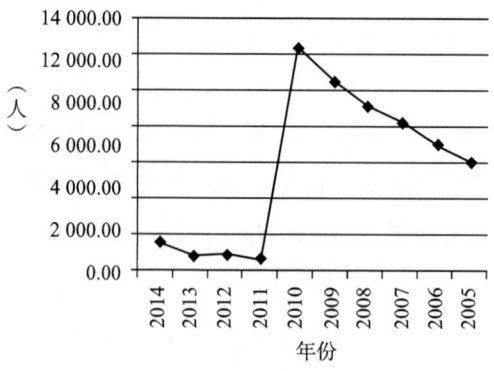

图 2-22 2005—2014 年江高镇人口增加量

附表 2-6、附表 2-7 及附表 2-8 为江高镇现有二、三产业用地现状的基本情况。

由附表 2-6、附表 2-7 及附表 2-8 可以看出，城镇的建设用地并没有充分得到合理利用，闲置的建设用地及低效利用的建设用地所占比例较大，这些建设用地可以通过节约集约利用为城镇提供更多土地资源。

由图 2-21 可知，江高镇第二产业固定资产投资量随着年份的增长，呈直线上升状态，在 2008 年至 2011 年江高镇固定资产投资量上升幅度最大，结合实地调研得知，江高镇在这几年加大了对第二产业投资。由图 2-22 知，城镇人口增加量在2010年之前波动较大,人口增加量波动幅度较大是由于2007年至2010年城镇进行大规模的城镇规划,所以人口增加量大幅度降升,至2010年以后城镇人口增加量波动幅度较小,呈平稳状态。

2.8.4 软件应用与结果分析

根据实地调研的数据,利用农村建设用地再开发市场供需分析与仿真软件进行分析,结果如下:

1. 江高镇村层面建设用地供需平衡分析

(1) 江高镇各村庄及社区建设用地供给情况分析

附表2-9～2-11为软件根据实地调研数据得出江高镇集体建设用地市场供给面积,其中蓼江村为189.173公顷,小塘村为100公顷,沙龙村为3.33公顷,南岗村为19.3公顷,大田村为26.54公顷,勤星村为27.38公顷,水沥村为22.60公顷,五丰村为34.39公顷,江村村、中八村、泉溪村、塘贝村分别为13.3公顷、0.1公顷、2.18公顷和22.3公顷。其余各村集体建设用地面积过小,闲置及低效利用的土地较少,因此其建设用地供给面积的计算结果为0。

(2) 江高镇各村庄及社区建设用地需求情况分析

结果显示:到2020年,江高镇各村庄需求面积相对较小,一方面是因为各村的集体建设用地开发利用较充分,且效率良好,另一方面,据广州市"三旧改造"要求及相关政策影响,该镇对集体建设用地开发较早,各村庄本身经济实力较强,企业发展情况良好,因此至2020年对于建设用地的规划情况变化幅度较小(附表2-12～2-14)。

(3) 江高镇各村庄及社区建设用地供需平衡分析

由软件运行结果可知:江高镇大部分村庄处于供给面积小于需求面积,其建设用地再开发潜力较小的情况,但蓼江村、小塘村、勤星村、五丰村、塘贝村是供给面积大于需求面积的情况,经实地了解情况可知,其主要原因是这几个村庄闲置用地和废旧厂房较多,此前的集体建设用地开发力度较小,因此出现供给面积大于需求面积的现象。正如软件运行结果显示,这几个村庄

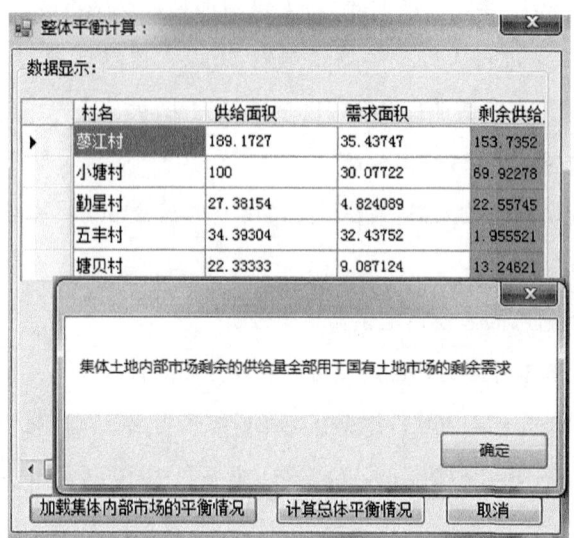

图 2-23 村(社区)用地平衡运行结果分析

集体土地的剩余供给量可全部用于国有土地市场的剩余需求。

2. 广州市白云区江高镇建设用地供需平衡分析

根据实地调研数据,通过运行软件预测出江高镇至 2020 年的国有建设用地供需情况,如下表所示:

(1) 广州市白云区江高镇建设用地供给情况分析

表 2-11　江高镇国有建设用地至 2020 年供给面积预测及相关指标情况

地块名称	地块面积（公顷）	破产企业占用土地（公顷）	废弃公共设施占用土地（公顷）	烂尾楼占用土地（公顷）	供给面积（公顷）	容积率理想值	容积率现状值
地块一	450	17	0	0	450		
地块二	0	17	0	0	0	1	0.1
总计					450		

至 2020 年,江高镇国有建设用地市场供给量为 450 公顷。其中地块一江高镇国有建设用地闲置地块,供给潜力为 450 公顷,地块二为非闲置非整体开发的建设用地,其可供给量为 0 公顷,总计江高镇可供给的建设用地面积

2 农村建设用地再开发市场供需分析与仿真技术

为 450 公顷。

(2) 广州市白云区江高镇建设用地需求情况分析

表 2-12 江高镇国有建设用地至 2020 年规划期需求面积预测及相关指标情况

镇 名	江高镇
规划期人均建设用地指标(平方米/人)	103
规划期固定资产投资土地系数(万元/hm²)	145.84
规划期区域总人口(人)	205 000
预测年份城镇化水平(%)	81
现有城镇建设用地(公顷)	1 534.03
新增建设用地面积(公顷)	668.14
现有城镇二、三产业用地面积(公顷)	1 269.47
规划期内新增建设用地指标(公顷)	668.14
临时用地需求冲击变量	0
需求面积(公顷)	1 794.01
规划期固定资产投资总额(万元)	544 205.60

仿真系统对数据的处理,显示:江高镇国有建设用地至 2020 年的需求量为 1 794.01 公顷。

(3) 广州市白云区江高镇建设用地供需平衡分析

由软件预测出至 2020 年,江高镇国有建设用地市场可供给面积的量为 450 公顷,市场的需求面积为 1 794.01 公顷,江高镇国有建设用地市场土地供给无法满足其内部需求。

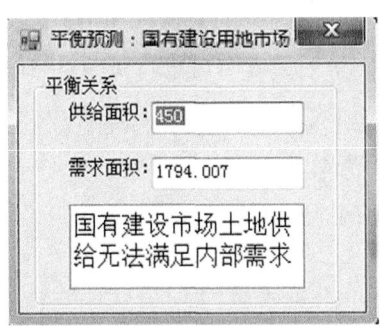

图 2-24 镇用地平衡运行结果

3. 广州市白云区江高镇集体土地国有化市场供需情况分析

(1) 江高镇集体土地国有化市场至2020年供给面积(附表2-15~2-17)

集体土地国有化市场与集体土地内部市场的供给源同为集体建设用地,主要为农村宅基地、农村非农业产业用地和农村闲置建设用地。当集体土地内部市场有富余的土地时,集体土地国有化市场会产生供给量,依据软件分析结果,集体土地国有化市场供给来源为蓼江村、小塘村、勤星村、五丰村、塘贝村,供给总量为261.42公顷,计算结果如下图:

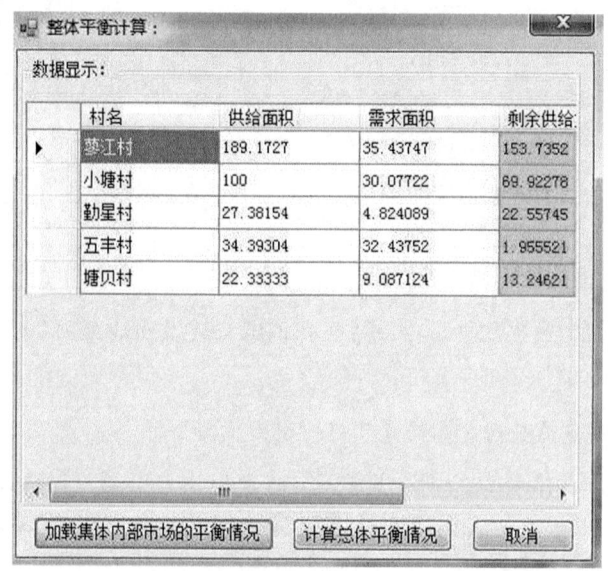

图2-25 集体土地国有化市场供给来源计算结果

除此外,对每个村供给的优先顺序进行排列,以便镇层面选择村庄多余建设用地,选择的标准是采用四级权重(区位因素、人力资源、产业因素、自然资源)指标,对每个村子供给的优势进行综合打分,并根据综合分值的高低,镇层面进行农村建设用地的选取。

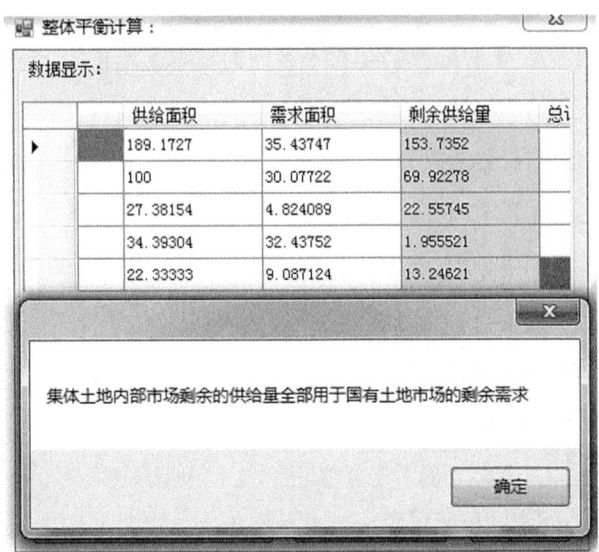

图 2-26　集体土地国有化市场供给来源计算结果分析

(2) 江高镇集体土地国有化市场至 2020 年需求面积预测

表 2-13　江高镇集体土地国有化市场至 2020 年规划期需求面积预测及相关指标情况

镇　　名	江高镇
规划期人均建设用地指标(平方米)	103
规划期固定资产投资土地系数	6.86×10^{-5}
规划期区域总人口(人)	205 000
预测年份城镇化水平	0.81
现有城镇建设用地(公顷)	1 534.03
新增建设用地(公顷)	668.14
现有城镇二、三产业用地面积(公顷)	1 269.47
规划期内新增建设用地指标(公顷)	668.14
临时用地需求冲击变量(公顷)	0
需求面积(公顷)	1 794.01
规划期固定资产投资总额(万元)	544 205.60

集体土地国有化市场的需求来源与国有建设用地市场的需求来源一样，主要为产业的转移与升级、交通建设等方面的需求。集体土地国有化市场意指把集体建设用地转变为国有建设用地，也就是说把农村建设用地再开发过程中产生的多余集体建设用地转移到国有建设用地市场中，以满足镇层面缺少的建设用地量。计算得出：江高镇集体土地国有化市场至2020年规划期的需求面积为1 794.01公顷，除去镇层面可供给的450公顷建设用地，镇层面最终还需要1 344.01公顷的土地以满足其未来的发展。

4. 广州市白云区江高镇三个用地市场的供需平衡分析

三个用地市场主要是指集体土地内部市场、集体土地国有化市场、国有建设用地市场。三个市场的划分主要是考虑到我国城乡二元的土地所有制特征，本研究中所提及的集体土地内部市场主要反映农村集体建设用地再开发供给和需求的关系，分析范围是集体内部土地，一般以村为单位，供需的建设用地均为农民集体所有的，再开发供给的土地包括闲置或低效的集体所有的乡镇企业用地、宅基地和乡（镇）村公共设施和公益事业用地等，而需求是满足农村发展所需要的集体经营性用地、新增农民的宅基地以及公共设施用地等。集体土地国有化市场表示当一些集体土地再开发供给量超过需求量后可以满足国有建设用地的需求情况，当然按目前的国家法律规定，集体建设用地不能直接进入市场，不过考虑到我国已开始集体经营性用地直接入市的探索和一些地方的改革实践（如深圳的城市更新政策），未来不排除这一市场的可能性，基于研究探索，暂时放松目前制度的约束。这一市场的供给来源于集体土地内部市场的供给剩余量，即各村再开发供给土地在满足自身建设用地需求后剩余的量，而其需求来自城镇建设的需求，即国有建设用地市场中需求大于供给的剩余部分。国有建设用地市场则是针对城镇内部国有土地的供需状况，其中该市场的供给主要来自闲置或低效利用的建设用地，特别是针对因城市产业结构升级，"退二进三"等措施而形成的大量低效或废弃的工业厂房等情况，需求则来自城镇产业发展。

其中本示范研究所进行的集体土地国有化市场只是考虑土地供需之间的量的关系,对权属的考量则处于次要位置。集体土地内部市场是考量集体建设用地之间供需的平衡问题:如果集体建设用地供给小于等于需求,则该部分建设用地由集体内部消化;当集体建设用地供给大于需求时,则需该部分建设用地通过集体土地国有化市场转移到国有建设用地市场上来。国有建设用地市场考量的为国有建设用地市场的供需平衡问题:当国有建设用地供给大于需求时,国有建设用地市场满足自身需求;当国有建设用地供给小于等于需求,且集体建设用地供给大于需求时,可以考虑通过集体土地国有化市场进行土地的供应。集体土地国有化市场为当国有建设用地市场供给小于需求,集体建设用地市场供给大于需求这两种情况同时出现时的状况,需通过集体土地国有化市场把集体建设用地市场多余的供给量转移到国有建设用地市场中。

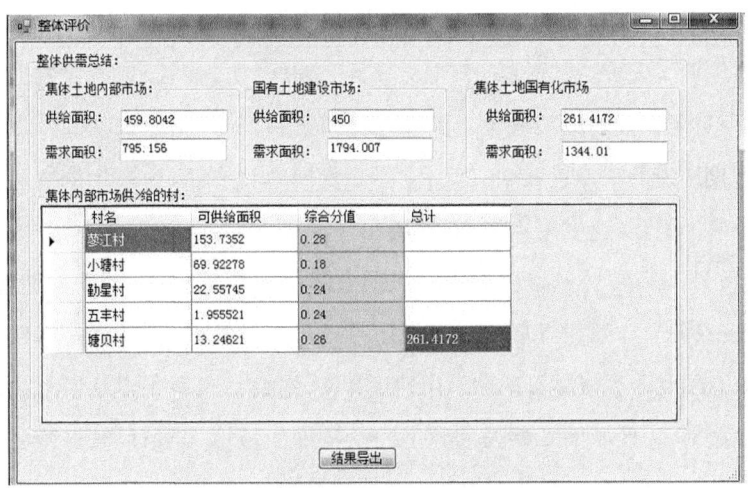

图2-27 农村建设用地整体评价结果

从农村建设用地再开发软件计算的结果来看,调研区域村层面的需求量依然较大,需求量为795.16公顷,供给量为459.80公顷。但是在村层面中有蓼江村、小塘村、勤星村、五丰村、塘贝村五个村对集体建设用地的需求量小于供给量,对于多余的供给土地可以转移到集体土地国有化市场中,作为集体土地国有化市场的供给来源,其值为 261.42 公顷。

2.8.5 对策建议

1. 调整产业结构,提升土地产出效率

依据调研数据,该镇与村双重层面的需求在一定程度上远大于供给,而且计算结果表明,调研区域的建设用地供给量处于一种较小的状态。结合该区域的产业发展来看,该区域的产业受到改革开放的影响起步较早,农村建设用地的利用程度相对较高,因此可以供给的建设用地量相对较小。但是,该区域的产业主要以一些第二产业(家具生产、食品生产等)为主,单位土地的产出效率较小。在国家产业结构亟须调整的背景下,该区域在保持现今产业发展进度的同时,可以规划一些产出效率较高的产业,用以调整区域的产业结构,进而提升土地产出效率。

2. 给予政策保证,盘活农村建设用地存量

实地调研发现,该区域的产业发展状况较好,尤其以第二产业发展较为突出,而且制度上的约束较大。大部分村庄反映,其村庄的未来的发展过程中对建设用地的需求量相对较大,主要是发展本村产业,为本村创造更多的经济价值。但是,建设用地指标较少,在一定程度上限制了本村的产业发展需求,而且未来发展过程中对于村庄的农地侵蚀性较大,不利于长期发展。面对这一局面,村镇在发展的过程中须寻求另一种发展思路,就是将区域内的低效、废弃、闲置等类型的建设用地进行有效整合,也就是盘活区域内的农村建设用地,为区域的长期发展营造一个良好的环境。同时,对于该区域需给予政策上的优惠,将集体建设用地的合法性地位予以承认,以提升其价值。

3. 公平公正,合理分配农村建设用地再开发的增值效益

在实地调研过程中,对于农村建设用地再开发后的利益分配问题,不少被访谈人员表示担忧,他们认为该区域对建设用地再开发的实施动力不强。缘于我国顶层土地制度的改革力度目前还处于起步阶段,集体建设用地的合

法地位仍待明确。为此,被访谈人员认为在集体建设用地入市改革未明确落实到基层的前提下,再开发的意愿不会太强烈,因为农村建设用地再开发成本较高,如果由本村出资,利益得不到保障,则会使本区域的利益产生较大的损失。即使再开发盘活了本区域的建设用地,但是公平公正地分配其增值效益仍需要一个政府层面的指导性意见。为此,在农村建设用地再开发的过程中,明确集体建设用地入市的合法性及合理分配农村建设用地的增值效益显得极为关键(附表 2-18~2-19)。

2.9 实证研究——无锡市农村建设用地再开发市场供需的政策影响分析

2.9.1 模型构建

构建多元线性模型分析政策因素对农村建设用地量的影响:

$$Y = \alpha X_1 + \beta X_2 + \gamma X_3 + \delta X_4 + \varepsilon \tag{1}$$

其中,Y 为农村建设用地总量,X_1 为土地政策,X_2 为产业政策,X_3 为财税政策,X_4 为货币政策,α、β、γ、δ 为回归系数,ε 为误差值。

2.9.2 政策量化分析

1. 土地政策

通过实地调研和网络搜索,收集了国家、江苏省、无锡市等不同层次自 2000 年以来关于农村建设用地再开发方面的政策文件,了解了政策出台背景和主要内容。

表 2-14 农村建设用地再开发土地政策文件梳理

无锡市级	2002《市政府关于认真落实土地置换政策进一步提高土地集约利用水平的意见》 2003《无锡市人民政府关于进一步加强土地集约利用促进经济社会可持续发展的意见》 2004《无锡市征用土地补偿和被征地农民基本生活保障暂行办法》 2005《关于清理处置利用闲置建设用地的通知》 2006《关于全力推进高水平节约集约用地争创全国节约集约用地先导区示范区的意见》 2006《关于市区工业布局调整中对国有土地使用权处置的补充意见》

续 表

无锡市级	2007《关于加强土地节约集约利用考核工作的意见》 2007《无锡市集体建设用地使用权流转管理暂行办法》 2008《无锡市国有土地使用权招标拍卖实施办法》 2011《市政府关于印发无锡市进一步推进节约集约用地促进产业转型升级实施意见的通知》 2011《无锡市进一步推进节约集约用地促进产业转型升级的实施意见》 2011《无锡市人民政府政府关于调整征地补偿标准的通知》 2011《进一步加强土地资源配置工作的意见》 2011《关于建立无锡市重大产业项目评估机制的意见(试行)》 2012《无锡市国有建设用地使用权公开出让规定的通知》
江苏省级	2009《关于建设项目控制工期的单体工程先行用地有关问题的通知》 2011《省政府关于调整征地补偿标准的通知》 2013《江苏省建设项目用地预审管理实施办法》 2014《江苏省同一乡镇范围内村庄建设用地布局调整试点办法(试行)》 2014《江苏省进一步规范建设用地报批工作的通知》 2015《江苏省土地利用总体规划管理办法》
原国土资源部	2002《招标拍卖挂牌出让国有土地使用权规定》 2004《关于继续开展经营性土地使用权招标拍卖挂牌出让情况执法监察工作的通知》 2008《国土资源部关于进一步做好闲置土地处置工作的意见》 2009《关于改进报国务院批准单独选址建设项目用地审查报批工作的通知》 2010《关于加强房地产用地供应和监管有关问题的通知》 2010《关于进一步加强房地产用地和建设管理调控的通知》 2010《关于严格落实房地产用地调控政策促进土地市场健康发展有关问题的通知》 2011《关于农村集体土地确权登记发证的若干意见》 2012《新增建设用地土地有偿使用费资金使用管理办法》 2012《国土资源部关于进一步加强和改进建设项目用地预审工作的通知》 2014《关于推进土地节约集约利用的指导意见》 2015《国土资源部关于印发农村土地征收、集体经营性建设用地入市和宅基地制度改革试点实施细则的通知》 2016《农村集体经营性建设用地使用权抵押贷款管理暂行办法》 2016《国务院关于深入推进新型城镇化建设的若干意见》 2016《关于落实"十三五"单位国内生产总值建设用地使用面积下降目标的指导意见》
中央/国务院	2001《国务院关于加强国有土地资产管理的通知》 2003《国务院办公厅关于清理整顿各类开发区加强建设用地管理的通知》 2003《国务院关于促进节约集约用地的通知》 2004《关于深化改革严格土地管理的决定》 2006《国务院关于加强土地调控有关问题的通知》 2007《关于严格执行有关农村集体建设用地法律和政策的通知》 2008《中共中央关于推进农村改革发展若干重大问题的决定》 2008《国务院关于促进节约集约用地的通知》

续 表

中央/国务院	2010《关于严格规范城乡建设用地增减挂钩试点切实做好农村土地整治工作的通知》 2010《中共中央国务院关于加大统筹城乡发展力度进一步夯实农业农村发展基础的若干意见》 2014《中共中央办公厅国务院办公厅印发〈关于农村土地征收、集体经营性建设用地入市、宅基地制度改革试点工作的意见〉的通知》

首先以 2005 年至 2015 十年间我国颁布的农村建设用地再开发有关法律法规及政策措施作为评定政策强度的基本依据,参考吕晓、黄贤金、陈志刚等(2010)的研究方法,中共中央、国务院发文赋值 3,原国土资源部发文赋值 2,江苏省级和无锡市级政策文件赋值 1,每年的土地政策强度为累加值,得到的政策评分结果见表 2 - 15。

表 2 - 15 农村建设用地再开发土地政策强度定量化

年份	2005	2006	2007	2008	2009	2010
政策分值(X_1)	1	5	5	9	3	12
年份	2011	2012	2013	2014	2015	
政策分值(X_1)	8	5	1	7	3	

2. 产业政策

通过实地调研和网络搜索,无锡市级产业政策如下表,而在此课题组使用规模以上工业企业数来表征产业政策的效果。

表 2 - 16 无锡市产业政策梳理

无锡市级	2014《关于鼓励和引导企业兼并重组的意见》 2014《市政府关于进一步推进战略性新兴产业发展的实施意见》 2014《关于促进无锡石墨烯产业发展的政策意见》 2012《市政府关于加快产业转型升级促进经济又好又快发展的政策意见》 2011《无锡市人民政府关于加大企业政策扶持促进经济稳定增长的意见》 2011《无锡市人民政府关于进一步规范涉企收费支持企业发展的意见》 2006《市政府关于加快无锡市工业结构调整的意见》

3. 财税政策

财税政策课题组采用预算支出与一般预算收入的比值来表示,该比例反映出来的是积极的财政政策或消极的财政政策。

4. 货币政策

货币政策采用的是央行贷款基准利率。

胡埭镇、钱桥镇、锡北镇是无锡市经济较发达的乡镇,中小企业起步均较早,并且分布密集,是无锡市城乡建设用地市场一体化下的乡镇工业发展的典型代表,因此选择无锡市下辖锡山区、滨湖区、惠山区三个区作为研究区域。

模型主要选用全国层面的2005—2015年时间序列数据进行分析,其中农村建设用地面积来自无锡市国土部门统计数据,土地政策文件来自网络和实际调研,预算支出/一般预算收入比值来自《无锡市统计年鉴》,央行贷款基准利率来自历年央行公布数据。土地政策变量则采用前文计算结果。

表2-17 5年以上央行利率调整表[①]

年份	利率(%)
2005	6.12
2006	6.62
2007	7.49
2008	6.90
2009	5.94
2010	6.27
2011	6.82
2012	6.68
2013	6.55
2014	6.15
2015	5.40

2.9.3 模型结果分析

1. 无锡市锡山区

无锡市锡山区的拟合结果见下表2-18,从标准化回归系数的方向来看,

---

① 一年内调整数次则取平均值。

土地政策、产业政策和货币政策对农村建设用地面积有正向的作用,而财税政策对农村建设用地面积有负向作用,且显著。这说明如前所述,土地政策、产业政策和货币政策对农村建设用地供给有积极的作用,但从作用程度上来看影响并不显著。而财税政策对建设用地面积的影响非常显著,而且从标准化系数来看,其影响的量级也是最高的。从影响作用力大小来看,财税政策>产业政策>货币政策>土地政策。

表 2-18 锡山区回归系数表

模型	非标准化系数		标准化系数	T	显著性
	B	标准误	Beta		
常数	698 265.155	53 795.344		12.980	0.000***
土地政策	23.078	1 126.058	0.003	0.020	0.984
产业政策	10.981	14.545	0.107	0.755	0.479
财税政策	−595 345.701	67 987.331	−0.979	−8.757	0.000***
货币政策	790.294	6 145.970	0.016	0.129	0.902

a. 因变量:锡山区农村建设用地面积
b. *** 表示在1%显著水平下显著

2. 无锡市滨湖区

无锡市滨湖区的拟合结果见下表 2-19。首先,从标准化回归系数的方向来看,土地政策、产业政策对农村建设用地面积有正向的作用,而财税政策、货币政策对农村建设用地面积有负向作用,其中财税政策的负向作用显著。整体上表现出与锡山区相类似的规律,但是在货币政策上作用力相反。从影响作用力大小来看,财税政策>产业政策>货币政策>土地政策。

表 2-19 滨湖区回归系数表

模型	非标准化系数		标准化系数	T	显著性
	B	标准误	Beta		
常数	608 958.298	48 904.663		12.452	0.000***
土地政策	411.947	844.005	0.068	0.488	0.643
产业政策	24.387	23.355	0.184	1.044	0.337

续 表

模型	非标准化系数		标准化系数	T	显著性
	B	标准误	Beta		
财税政策	-483 235.449	80 104.977	-1.038	-6.033	0.001***
货币政策	-1 779.574	5 136.464	-0.048	-0.346	0.741

a. 因变量：农村建设用地面积
b. *** 表示在1%显著水平下显著

3. 无锡市惠山区

无锡市滨湖区的拟合结果见下表 2-20。首先，从标准化回归系数的方向来看，土地政策、产业政策对农村建设用地面积有正向的作用，而财税政策、货币政策对农村建设用地面积有负向作用，其中财税政策的负向作用显著。整体上表现出与滨湖区相类似的规律。从影响作用力大小来看，财税政策＞产业政策＞货币政策＞土地政策。

表 2-20 惠山区回归系数表

模型	非标准化系数		标准化系数	T	显著性
	B	标准误	Beta		
常数	637 802.395	39 334.304		16.215	0.000***
土地政策	179.675	748.064	0.025	0.240	0.818
产业政策	25.428	10.205	0.262	2.492	0.047
财税政策	-520 320.911	50 159.155	-0.957	-10.373	0.000***
货币政策	-2 401.682	4 320.083	-0.055	-0.556	0.598

a. 因变量：农村建设用地面积
b. *** 表示在1%显著水平下显著

从无锡市锡山区、滨湖区、惠山区三区的拟合结果可以推论出：首先，从整体上来看，土地政策和产业政策对农村建设用地起到了正向的促进作用，而财税政策和货币政策反之，但是在局部地区可能会存在差异。其次，从标准化回归系数的大小来看，政策对建设用地变化的作用大小也存在差异，都表现为财税政策＞产业政策＞货币政策＞土地政策。

2.10 本章小结

本章主要介绍了农村建设用地再开发的动力机制、供需影响因素及市场均衡,提出了供需关系模型建立、供需的政策驱动分析相关技术和方法,并进行了实证研究,形成以下结论:

1. 农村建设用地再开发的内在动力主要有农村建设用地利用低效、农业经营方式改变、农村产业结构演化以及村镇区位优势;其外部动力主要来自土地宏观调控下的制度改革、新型城镇化的建设路径、城乡发展差距带来的经济驱动以及村镇可持续发展的要求。

2. 农村建设用地再开发市场可分为集体土地内部市场、集体土地国有化市场及国有建设用地市场(城镇低效建设用地再开发)三个相互联动的市场。

3. 通过分析农村建设用地再开发的供需影响因素及市场均衡,建立了市场供需关系模型,并在无锡市惠山区钱桥街道和广州市白云区江高镇进行了农村建设用地市场供需分析和仿真实证研究。研究结果表明,依托该项技术,可根据农村建设用地市场发展实际提出区域产业发展和土地利用相关建议,有利于引导农村建设用地再开发的"精明增长"。

参考文献

[1] 刘戈,冯薇.基于DEA的城市建设用地利用结构有效性研究[J].天津城建大学学报,2015(1).

[2] 黄凌翔,段旭文.村镇建设用地再开发的经验与问题[J].当代经济管理,2015(1).

[3] 黄凌翔,段旭文,张天歆.村镇建设用地再开发供需平衡研究——以张家口市崇礼县驿马图乡为例[J].天津城建大学学报,2016(1).

[4] 冯蕤,刘戈.村镇建设用地再开发市场供需机制研究[J].中国国土资源经济,2016(3):59-64.

[5] 刘姝驿.台湾地区市地重划的制度建设及不同模式效益比较[D].西南大学,2014.

[6] 谭峻.台湾地区农地重划整理效益评价[J].经济问题探索,2008(04):132-136.

[7] 曲福田.典型国家和地区土地整理的经验及启示[J].资源与人居环境,2007(20):12-17.

[8] 丁恩俊,周维禄,谢德体.国外土地整理实践对我国土地整理的启示[J].西南农业大学学报(社会科学版),2006(02):11-15.

[9] 张秀智,张清勇.台湾地区市地重划的启示[J].城乡建设,2004(06):46-47.

[10] 萧承勇.台湾地区的农地重划及其社会经济效益[J].农业工程学报,2001(05):172-176.

[11] 江华,杨秀琴.农村集体建设用地流转:制度变迁与绩效评价[M].北京:中国经济出版社,2011.

[12] 吕晓,黄贤金,陈志刚,等.中国耕地保护政策的粮食生产绩效分析[J].资源科学,2010,32(12):2343-2348.

扫一扫
查看本章图表

3 农村建设用地再开发市场促进决策支持技术

3.1 技术概述

农村建设用地再开发市场促进决策支持主要解决两个问题：一是再开发地块的选择，二是再开发方案的选择：

1. 再开发地块选择决策

利用 GIS 和数据库技术，开发决策支持系统，建立再开发计划地块数据库和市场信息数据库，决策人员利用系统对各计划开发地块进行基本信息查询、现状与规划信息查询、市场信息查询、地价预评估等，为地块选择提供决策支持。

2. 再开发方案选择决策

以促进农村建设用地再开发市场健康稳定发展为目标，考虑市场主体各方收益、市场承受力和政策允许度等因素，构建多目标决策指标体系和决策模型。根据村镇土地利用状况调查，结合相关规划，建立农村建设用地再开发备选地块库。根据市场运行状况和地块属性从地块库中选取待开发地块，构建若干可能的决策方案，评价各方案下的政策允许程度、市场主体各方收益及市场承受能力，计算相应的评价指标属性值。通过多目标决策优化算法,对备选方案进行综合分析和优化,以期实现再开发市场规模、结构、效益、时序协同优化,促进农村建设用地市场健康有序发展。

总体思路如图 3-1。

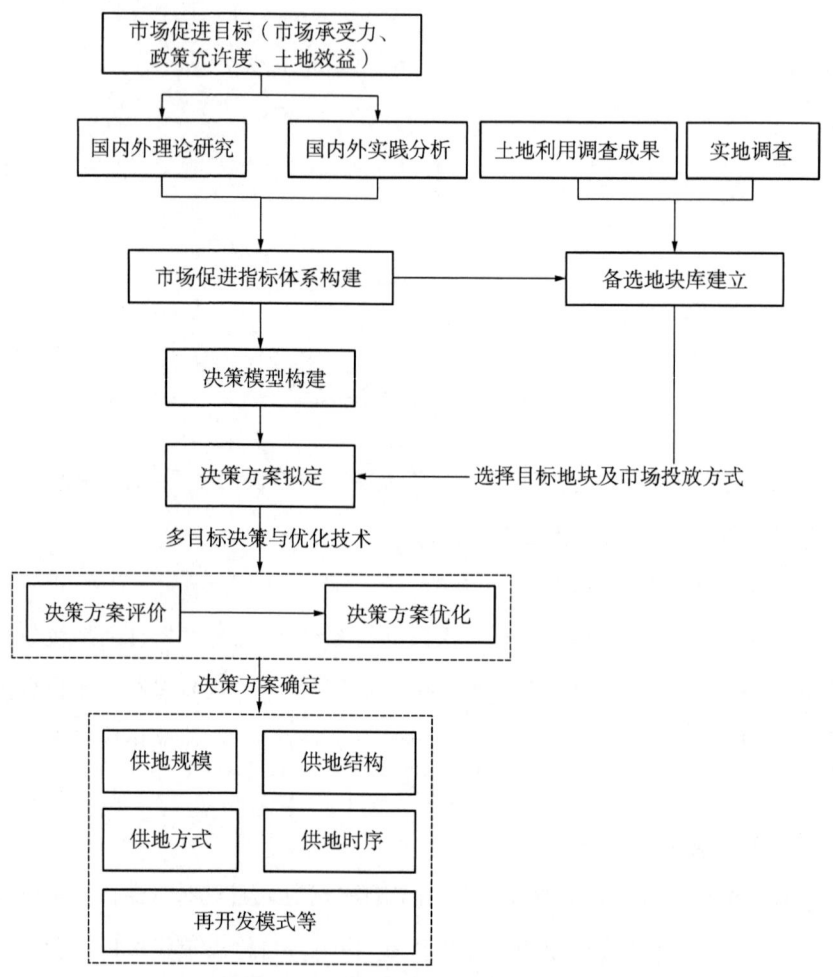

图 3-1　农村建设用地再开发市场促进决策支持技术思路

3.2 再开发方案选择决策方法

3.2.1 属性值规范化方法

1. 属性值规范化概述

常见的属性有效益型、成本型、区间型三种。效益型属性也称正属性,是指属性值越大隶属度越大的属性,也就是说属性值越大越好。成本型属性也称负属性,是指属性值越小隶属度越大的属性,也就是说属性值越小越好。区间型属性也称适度型属性,是指属性值越接近某个常数隶属度越大的属性。

属性之间一般存在着不可共度量性,即不同属性有不同的度量标准。具体来说,各属性的度量单位不同、量纲不同、数量级不同,不能直接利用初始属性指标进行各方案的综合评价和排序,而是需要先消除各属性的量纲、数量级和属性类型的影响后,再对方案进行综合评价和排序。消除各属性的量纲、数量级和属性类型的差异的过程,这就是决策指标的规范化处理(或称为决策指标的标准化处理)。

对于多属性决策问题,其实质就是利用一定的数学变换,把属性的量纲、类型、差异消除,从而,将其转化成可以进行比较和综合处理的、统一的"无量纲化"指标。

对于多属性决策问题,一般习惯上是把各属性的指标值都统一转换到 $[0,1]$ 区间上。即决策指标规范化以后,对每个属性来讲,最差的属性指标值为 0,最好的属性指标值为 1。

2. 确定型属性值规范化方法

(1) 线性变换法

对于效益型属性:

$$y_{ij}=x_{ij}/x_j^{\max} \tag{3.1}$$

对于成本型属性：

$$y_{ij}=x_j^{\min}/x_{ij} \tag{3.2}$$

其中，$x_j^{\max}=\max\{x_{1j},x_{2j},\cdots,x_{mj}\}$，$x_j^{\min}=\min\{x_{1j},x_{2j},\cdots,x_{mj}\}$。

式3.1、式3.2也可以分别表示为

$$y_{ij}=1-(x_j^{\min}/x_{ij}) \tag{3.3}$$

$$y_{ij}=1-(x_{ij}/x_j^{\max}) \tag{3.4}$$

线性变换法只适用于效益型属性和成本型属性，且指标值均为正值的情况。其规范化后的指标值分别落在 $[(x_j^{\min}/x_j^{\max}),1]$、$[(x_j^{\min}/x_j^{\max}),1]$ 区间上。其中，式3.3、式3.4并不是线性的变换，只是习惯上也称其为线性变换法。

(2) 极差变换法

极差变换法的基本思想是将最好的属性值规范化后为1，将最差的属性值规范化后为0，其余的属性值均用线性插值法得到规范化属性值。

对于效益型属性：

$$y_{ij}=\frac{x_{ij}-x_j^{\min}}{x_j^{\max}-x_j^{\min}} \tag{3.5}$$

对于成本型属性：

$$y_{ij}=\frac{x_j^{\max}-x_{ij}}{x_j^{\max}-x_j^{\min}} \tag{3.6}$$

对于区间型属性：

$$y_{ij}=\begin{cases}1-\dfrac{\max\{(q_1^1-x_{ij}),(x_{ij}-q_2^1)\}}{\max\{(q_1^1-x_j^{\min}),(x_j^{\max}-q_2^1)\}} & x_{ij}\notin[q_1^1,q_2^1]\\ 1 & x_{ij}\in[q_1^1,q_2^1]\end{cases} \tag{3.7}$$

其中，$x_j^{\max}=\max\{x_{1j},x_{2j},\cdots,x_{mj}\}$，$x_j^{\min}=\min\{x_{1j},x_{2j},\cdots,x_{mj}\}$。

(3) 向量变换法

对于效益型属性：

$$y_{ij} = \frac{x_{ij}}{\sqrt{\sum_{i=1}^{m} x_{ij}^2}} \quad (3.8)$$

对于成本型属性：

$$y_{ij} = \frac{(1/x_{ij})}{\sqrt{\sum_{i=1}^{m} (1/x_{ij})^2}} \quad (3.9)$$

向量规范化方法并不改变初始属性的正、负符号，且规范化后各分量的模等于1，即

$$\| (x_{1j}, x_{2j}, \cdots, x_{mj}) \| = \sqrt{\sum_{i=1}^{m} (x_{ij})^2} = 1 \quad (3.10)$$

这种规范化方法适用于任何类型的属性，但是其不能保证属性的最好值规范化后的值为1、最差值为0，也不能保证属性值规范化后的值落在[0,1]区间上。所以这种方法的应用范围仅仅局限于基于空间距离方法的多属性决策方法，如理想点法、TOPSIS法、投影法、夹角度量法等。

(4) 三角函数变换法

对于效益型属性：

$$y_{ij} = \frac{1}{2} + \frac{1}{2} \sin \left[\frac{\pi}{x_j^{\max} - x_j^{\min}} \left(x_{ij} - \frac{x_j^{\max} + x_j^{\min}}{2} \right) \right] \quad (3.11)$$

对于成本型属性：

$$y_{ij} = \frac{1}{2} - \frac{1}{2} \sin \left[\frac{\pi}{x_j^{\max} - x_j^{\min}} \left(x_{ij} - \frac{x_j^{\max} + x_j^{\min}}{2} \right) \right] \quad (3.12)$$

3. 模糊型属性值规范化方法[1]

对于定性刻画的控制变量，考虑到信息的不完全性及风险诊断专家知识的局限等，往往很难用精确数表示其原始信息，而模糊语言有时候更利于风险诊断专家表达自己的偏好。模糊语言的表示主要有区间数、三角模糊数、梯形模糊数、直觉模糊数、语言标度、二元语义等。在决策过程中，虽然选择不同的模糊语言表示及集结方法将会得到不同的结果，但就各种模糊语言表示本身而言并没有优劣之分。

定义 1 记 $\hat{a}=[a^L,a^U]$ 为闭区间数,应用 C‐OWA 算子,则转化的计算公式为

$$f_\rho([a^L,a^U])=(1-\lambda)a^L+\lambda a^U \tag{3.13}$$

定义 2 记 $\tilde{a}=(a^L,a^M,a^U)$ 为三角模糊数,应用 C‐OWA 算子,则转化的计算公式为

$$f_\rho((a^L,a^M,a^U))=((1-\lambda)a^L+2a^M+\lambda a^U)/3 \tag{3.14}$$

定义 3 记 $\tilde{b}=(b^L,b^M,b^N,b^U)$ 为梯形模糊数,应用 C‐OWA 算子,则转化的计算公式为

$$f_\rho((b^L,b^M,b^N,b^U))=((1-\lambda)(b^L+2b^M)+\lambda(2b^N+b^U))/3 \tag{3.15}$$

定义 4 记 $\Psi=\{\psi_a\mid a\in[-L,L];L\in Z\}$ 为模糊语言标度集,ψ_a 表示模糊语言变量。ψ_{-L} 和 ψ_L 分别表示模糊语言标度集的下限标度和上限标度。若 $\gamma=[\psi_\alpha,\psi_\beta]$,$\psi_\alpha,\psi_\beta\in\Psi$ 且 $\alpha<\beta$,称 γ 为模糊语言区间数。当 $\alpha=\beta$ 时,γ 退化为模糊语言变量。

集合 Ψ 中元素数量可根据实际评估需要设置。若取 $L=4$,则集合 Ψ 包括 9 个元素。在刻画供应链风险时,给定模糊语言变量与风险诊断专家表达的模糊偏好信息存在如下对应关系:$\psi_{-4}=VL$(很低),$\psi_{-3}=L$(低),$\psi_{-2}=ML$(较低),$\psi_{-1}=FL$(稍低),$\psi_0=IG$(一般),$\psi_1=FH$(稍高),$\psi_2=MH$(较高),$\psi_3=H$(高),$\psi_4=VH$(很高)。

由于模糊语言区间数不能直接计算,因此需要通过转换公式将之转化后方可进行。通过定义 5 可实现模糊语言区间数与精确数之间的转化。

定义 5 记 $\gamma=[\psi_\alpha,\psi_\beta]$ 为模糊语言区间数,Θ 为精确数,其中 $\alpha,\beta\in[-L,L]$,$0\leqslant\Theta\leqslant1$。存在下列对应法则使得映射关系 $f:\{[\Psi_\alpha,\Psi_\beta]\}\to\Theta$ 成立。

$$\Theta=(1-\lambda)\cdot\frac{\alpha+L+1}{2L+1}+\lambda\cdot\frac{\beta+L+1}{2L+1} \tag{3.16}$$

其中,λ 表示风险诊断专家对风险程度的偏好。若 $\lambda=0$,说明风险诊断专家

对风险持乐观态度；若 $\lambda=1$ 时，说明风险诊断专家对风险持悲观态度。Θ 可理解为风险系数，Θ 越小，说明风险程度越低。

3.2.2 属性权重计算方法

除通常使用的特尔斐法、层次分析法、因素成对比较法外，还可采用以下方法[1]：

1. 灰色关联系数法

灰色关联度评价是一种多因素统计分析方法，它是以各因素（属性）的样本数据为依据用灰色关联度来描述方案之间关系的强弱、大小和次序。如果样本数据间变化态势基本一致，则关联度较大；反之较小。灰色关联度评价法的核心是计算关联系数，而关联系数的计算实质就是一种利用理想样本（方案）进行确定型定量指标的规范化方法。

首先，确定所研究问题的评价指标和被评价方案，形成如下样本初始决策矩阵：

$$X=(x_{ij})_{m\times n}=\begin{bmatrix} x_{11} & x_{12} & \cdots & x_{1n} \\ x_{21} & x_{22} & \cdots & x_{2n} \\ \vdots & \vdots & \cdots & \vdots \\ x_{m1} & x_{m2} & \cdots & x_{mn} \end{bmatrix}, \quad (3.17)$$

将指标进行无量纲化处理，并确定参考样本（理想方案），得到规范化决策矩阵：

$$Y=(y_{ij})_{m\times n}=\begin{bmatrix} y_{01} & y_{02} & \cdots & y_{0n} \\ y_{11} & y_{12} & \cdots & y_{1n} \\ y_{21} & y_{22} & \cdots & y_{2n} \\ \vdots & \vdots & \cdots & \vdots \\ y_{m1} & y_{m2} & \cdots & y_{mn} \end{bmatrix}, \quad (3.18)$$

其中，$y_{0j}=\max\{y_{1j},y_{2j},\cdots,y_{mj}\}$，$j=1,2,\cdots,n$。

第 i 个方案的第 j 个指标与参考样本（理想方案）的关联系数为

$$r_{ij} = \frac{\min_i \min_j |y_{ij} - y_{0j}| + \rho \max_i \max_j |y_{ij} - y_{0j}|}{|y_{ij} - y_{0j}| + \rho \max_i \max_j |y_{ij} - y_{0j}|}, \quad (3.19)$$

其中，ρ 是分辨系数，在 [0,1] 内取值，一般取 0.5，其取较小值可以提高关联系数间差异的显著性，从而提高评价结果的区分能力，这也正是灰色关联度评价法的一个显著特点。

若指标的权重向量为 $\omega = (\omega_1, \omega_2, \cdots, \omega_n)$，则被评价方案与参考样本（理想方案）的关联度为

$$R_i = \sum_{j=1}^{n} \omega_j r_{ij}, \quad i = 1, 2, \cdots, m \quad (3.20)$$

按照关联度大小排序各被评价方案。对被评价方案与参考样本的关联度从大到小排序，关联度越大，说明被评价方案与参考样本越接近，因而被评价方案也就越优。

2. 熵权法

（1）熵权法概念

熵原本是一热力学概念，它最先由申农（C. E. Shannon）引入信息论，称之为信息熵。现已在工程技术、社会经济等领域得到十分广泛的应用。申农定义的信息熵是一个独立于热力学熵的概念，但具有热力学熵的基本性质（单值性、可加性和极值性），并且具有更为广泛和普遍的意义，所以被称为广义熵。它是熵概念和熵理论在非热力学领域泛化应用的一个基本概念。

熵权法是一种客观赋权方法。在具体使用过程中，熵权法根据各属性的变异程度，利用信息熵计算出各属性的熵权，再通过熵权对各属性的权重进行修正，从而得出较为客观的属性权重。

（2）熵权法基本原理

根据信息论的基本原理，信息是系统有序程度的一个度量；而熵是系统无序程度的一个度量。若系统可能处于多种不同的状态，而每种状态出现的概率为 $p_i (i = 1, 2, \cdots, m)$，则该系统的熵就定义为

$$e = -\sum_{i=1}^{m} p_i \cdot \ln p_i \quad (3.21)$$

显然,当 $p_i=1/m$ ($i=1,2,\cdots,m$) 时,即各种状态出现的概率相同时,熵取最大值,为 $e_{\max}=\ln m$。

现有 m 个备选方案,n 个评价属性,形成初始评价矩阵 $R=(r_{ij})_{m\times n}$,对于某个属性 r_j 有信息熵:

$$e_j=-\sum_{i=1}^{m}p_{ij}\cdot\ln p_{ij}, \text{其中} \ p_{ij}=r_{ij}/\sum_{i=1}^{m}r_{ij}。 \tag{3.22}$$

从信息熵的公式可以看出:如果某个属性的熵值 e_j 越小,说明其属性值的变异程度越大,提供的信息量越多,在综合评价中该属性起的作用越大,其权重应该越大。如果某个属性的熵值 e_j 越大,说明其属性值的变异程度越小,提供的信息量越少,在综合评价中起的作用越小,其权重也应越小。故在具体应用时,可根据各属性值的变异程度,利用熵来计算各属性的熵权,利用各属性的熵权对所有的属性进行加权,从而得出较为客观的评价结果。

(3) 熵权法计算权重步骤

熵权法计算各属性权重的过程为

① 计算第 j 个指标下第 i 个备选方法的属性值的比重 p_{ij}:

$$p_{ij}=r_{ij}/\sum_{i=1}^{m}r_{ij} \tag{3.23}$$

② 计算第 j 个指标的熵值 e_j:

$$e_j=-k\sum_{i=1}^{m}p_{ij}\cdot\ln p_{ij}, \text{其中} \ k=1/\ln m \tag{3.24}$$

③ 计算第 j 个指标的熵权 ω_j:

$$\omega_j=(1-e_j)/\sum_{j=1}^{n}(1-e_j) \tag{3.25}$$

当各备选方案在属性 j 上的值完全相同时,该属性的熵达到最大值 1,其熵权为零。这说明该属性未能向决策者提供有用的信息,即在该属性下,所有的备选方案对决策者来说是无差异的,可考虑去掉该属性。因此,熵权本身并不是表示属性的重要性系数,而是表示在该属性下对评价对象的区分度。

熵权法可用于任何评价问题中的属性权重确定并可用于剔除属性评价体系中对评价结果贡献不大的属性。

3. 离差最大化方法

对于某一多属性决策问题,属性权重信息完全未知。初始决策矩 $X=(x_{ij})_{m\times n}$ 经过规范化处理后,得到规范化矩阵 $Y=(y_{ij})_{m\times n}$。假设属性权重向量为 $\omega=(\omega_1,\omega_2,\cdots,\omega_n)$,$\omega_j \geqslant 0$,并满足单位化约束条件:

$$\sum_{j=1}^{n}\omega_j^2=1 \text{。} \tag{3.26}$$

由于客观事物的不确定性和人类思维的模糊性,决策专家们往往很难给出明确的属性权重值,甚至出现属性权重信息完全未知的情形。因此,通过属性值自身所体现出的特点来决定属性权重的比例是客观的和合乎逻辑的,基于离差最大化的属性赋权方法则具备这样的优点。其基本思想是,若所有方案在某个属性下的属性值差异越小,则说明该属性值对方案决策与排序所起的作用越小;反之,若某个属性能使所有方案的属性值有较大差异,则说明其对方案决策与排序将起重要作用。由此,从对决策方案进行排序的角度考虑,无论方案属性本身的重要程度如何,方案属性值离差越大的属性应该赋予越大的权重。特别地,若所有方案在某个属性下的属性值无差异,则该属性对方案排序将不起作用,可令其权重为 0。

基于上述考虑,对于属性 u_j,用 $D_{ij}(\omega)$ 表示方案 g_i 与其他所有方案之间的离差,则可定义

$$D_{ij}(\omega)=\sum_{k=1}^{m}|y_{ij}\omega_j-y_{kj}\omega_j| \text{。} \tag{3.27}$$

令

$$D_j(\omega)=\sum_{i=1}^{m}D_{ij}(\omega)=\sum_{i=1}^{m}\sum_{k=1}^{m}|y_{ij}-y_{kj}|\omega_j \tag{3.28}$$

则 $D_j(\omega)$ 表示对属性 u_j 而言,所有方案与其他方案的总离差。根据上述分析,属性权重向量 ω 的选择应使所有属性对所有方案的总离差最大。为此,构造目标函数为

$$\max D(\omega) = \sum_{j=1}^{n} D_j(\omega) = \sum_{j=1}^{n} \sum_{i=1}^{m} \sum_{k=1}^{m} |y_{ij} - y_{kj}| \omega_j \text{。} \tag{3.29}$$

于是,求解属性权重向量 ω 等价于求解如下最优化模型

$$\begin{cases} \max D(\omega) = \sum_{j=1}^{n} \sum_{i=1}^{m} \sum_{k=1}^{m} |y_{ij} - y_{kj}| \omega_j \\ s.t. \quad \sum_{j=1}^{n} \omega_j^2 = 1 \quad \omega_j \geqslant 0 \end{cases} \tag{3.30}$$

解此最优化模型,作拉格朗日(Lagrange)函数

$$L(\omega, \lambda) = \sum_{j=1}^{n} \sum_{i=1}^{m} \sum_{k=1}^{m} |y_{ij} - y_{kj}| \omega_j + \frac{1}{2} \lambda \left(\sum_{j=1}^{n} \omega_j^2 - 1 \right), \tag{3.31}$$

求其偏导数,并令

$$\begin{cases} \partial L / \partial \omega_j = \sum_{i=1}^{m} \sum_{k=1}^{m} |y_{ij} - y_{kj}| + \lambda \omega_j = 0 \\ \partial L / \partial \lambda = \sum_{j=1}^{n} \omega_j^2 - 1 = 0 \end{cases} \tag{3.32}$$

求得最优解

$$\omega_j^* = \frac{\sum_{i=1}^{m} \sum_{j=1}^{m} |y_{ij} - y_{kj}|}{\sqrt{\sum_{j=1}^{n} \left[\sum_{i=1}^{m} \sum_{j=1}^{m} |y_{ij} - y_{kj}| \right]^2}}, \tag{3.33}$$

由于传统的加权向量一般都满足归一化约束条件而不是单位化约束条件,因此在得到单位化权重向量 ω^* 之后,为了与人们的习惯用法相一致,还可以对 ω^* 进行归一化处理,即令

$$\omega_j = \omega_j^* / \left(\sum_{j=1}^{n} \omega_j^* \right), \tag{3.34}$$

由此得到

$$\omega_j = \frac{\sum_{i=1}^{m} \sum_{k=1}^{m} |y_{ij} - y_{kj}|}{\sum_{j=1}^{n} \sum_{i=1}^{m} \sum_{i=1}^{m} |y_{ij} - y_{kj}|} \tag{3.35}$$

3.2.3　多属性决策的 TOPSIS 方法

TOPSIS 方法的英文全称是"Technique for Order Preference by Similarity to an Ideal Solutions",即逼近于理想解的排序方法,是 Hwang 和 Yoon 于 1981 年提出的一种适用于根据多项指标、对多方案进行比较选择的分析方法。这种方法的中心思想在于首先确定各项指标的正理想解和负理想解,所谓正理想解是某一指标的最优值,而负理想解是某一指标的最劣值,所有的正理想解构成最优方案,所有的负理想解构成最劣方案,然后求出各个方案与最优方案及最劣方案之间的加权欧氏距离,由此得出各方案与最优方案(最劣方案)的接近程度,作为评价方案优劣的标准。

运用 TOPSIS 方法进行多指标多方案评价的基本步骤如下[1]:

Step 1　决策专家对 m 个方案 n 个指标给出决策矩阵 $X=(x_{ij})_{m\times n}$;

Step 2　对决策矩阵原始数据按下列方法进行归一化,得到 $Y=(y_{ij})_{m\times n}$;

成本型指标: $r_{ij}=\dfrac{x_j^{\max}-x_{ij}}{x_j^{\max}-x_j^{\min}},(i=1,2,\cdots,m;j=1,2,\cdots,n)$ 　(3.36)

效益型指标: $r_{ij}=\dfrac{x_{ij}-x_j^{\min}}{x_j^{\max}-x_j^{\min}},(i=1,2,\cdots,m;j=1,2,\cdots,n)$ 　(3.37)

其中 $x_j^{\max}$ 表示第 j 个指标的最大值,$x_j^{\min}$ 表示第 j 个指标的最小值;

Step 3　将指标权重与 R 进行加权集结,得到加权决策矩阵 $Z=(z_{ij})_{m\times n}$;

Step 4　由各项指标的最优值和最劣值分别构成最优方案和最劣方案:

$$Z^+=(z_1^+,z_2^+,\cdots,z_n^+),\ Z^-=(z_1^-,z_2^-,\cdots,z_n^-) \quad (3.38)$$

其中 $z_j^+=\max\{z_{1j},z_{2j},\cdots,z_{mj}\}$,$z_j^-=\min\{z_{1j},z_{2j},\cdots,z_{mj}\}$,$j=1,2,\cdots n$;

Step 5　计算各方案与最优方案和最劣方案之间的距离,计算公式如下:

$$L_i^+=\Big[\sum_{j=1}^n(z_{ij}-z_j^+)^2\Big]^{1/2},\ L_i^-=\Big[\sum_{j=1}^n(z_{ij}-z_j^-)^2\Big]^{1/2} \quad (3.39)$$

Step 6　利用公式 $C_i=L_i^-/(L_i^++L_i^-)$,$i=1,2,\cdots,m$ 得到各方案的相对

接近度;

Step 7 按相对接近度大小对方案排序,相对接近度越大说明该方案越优。

3.3 再开发方案选择决策过程

3.3.1 决策指标体系建立

农村建设用地再开发市场促进决策评价主要涉及市场承受力、政策允许度、土地收益、外部效益等,具体如图 3-2:

1. 市场承受力。衡量地块投放市场的风险,主要受投资者对宏观经济形势预测、地块自身条件及周边市场供需状况影响。

(1) 宏观经济形势。宏观经济形势预测通过各行业企业家信心指数反映,居住用地、工业用地和商服用地分别采用房地产业信心指数、工业信心指数、服务业信心指数(根据批发零售业、住宿餐饮业、社会服务业信心指数综合)。

(2) 地块自身条件。主要包括区位、交通、宗地面积、形状、环境、土地利用现状等,采用宗地地价(为便于操作,也可直接用所在区域基准地价)和拆迁安置成本作为评价指标,这两个指标均为反向指标。

(3) 市场供需状况。地块周边同类物业的市场供需状况,采用同类物业租金或价格同比涨幅作为评价指标。

2. 政策允许度。影响农村建设用地再开发的政策分为土地政策、财政政策、货币政策、产业政策等。具体地块再开发的政策允许度主要通过供地方式、再开发模式、产业类型等属性与相关政策的符合度反映。

(1) 土地政策。根据国家、地方相关土地管理政策法规,对各类供地方式,针对政策许可和支持力度等进行模糊二元对比,构建单因素评价隶属度矩阵,计算每类供地方式对土地政策的允许度分值(0~1之间)。对各类再开发模式、产业类型等,采用同样的方法,确定相应的评价分值。

(2)财政政策、货币政策、产业政策等,评价方法与土地政策类似。

3.土地收益。反映再开发项目实施后市场参与各方的利益得失情况,分为国家收益、地方政府收益、村集体收益、企业收益、村民收益。

(1)国家收益。一是再开发地块出租或出让所得的国家收益部分,通过土地租金、出让金分成或征收集体建设用地土地增值税等形式获得;二是再开发项目投产后预计上缴国家的税收。

(2)地方政府收益。一是再开发地块出租或出让所得的地方政府收益部分,通过土地租金、出让金分成等形式获得;二是再开发项目投产后预计上缴地方的税收。

(3)村集体收益。主要包括再开发地块出租或出让所得的集体收益部分,再减去再开发地块实施对村集体收入的损失。

(4)企业收益。主要包括再开发项目建成后房屋出租、出售或自营的收益,再减去再开发项目实施需企业投入的资金。

(5)村民收益。主要包括再开发项目实施前后村民住房价格差额,以及各类收益(含房屋出租、现金补偿、村集体分红等)的差额。

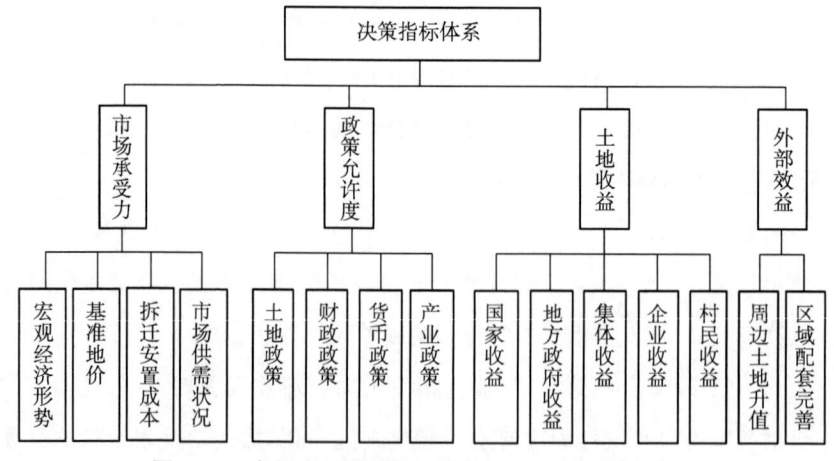

图3-2 农村建设用地再开发市场促进决策指标体系

4. 外部效益。外部效益主要是指通过再开发带动周边土地升值及区域城镇功能配套完善。

(1) 周边土地升值。将升值潜力划分为若干等级,根据再开发项目实施对周边产业集聚、居住配套、环境改善的影响程度进行定性分析后综合评价。

(2) 区域配套完善。将区域配套完善贡献度分为若干等级,根据再开发项目物业类型与周边物业的匹配性、互补性,结合城镇用地规划标准,进行综合分析评价。

3.3.2 决策模型构建

通过构建目标函数、约束指标和设定决策变量来解决。

目标函数。基于效益最大化、风险最小化原则确定决策目标,即根据上述指标体系,分别设定市场承受力最高、政策允许度最大、土地收益最高、外部效益最大 4 个目标函数。

$$\max F_i = \sum_{j=1}^{N} \sum_{k=1}^{N} (\lambda_k \times W_{jk}) \times S_j \quad i=1,2,3,4,5 \quad (3.40)$$

式中,F_i 为各目标函数值,N 为备选方案中的地块个数,k 为评价指标个数,λ_k 为第 k 个指标的权重值(采用层次分析法结合特尔斐专家咨询法确定),W_{jk} 为第 j 个地块第 k 个指标的评价标准化分值,S_j 为第 j 个地块的面积。

约束指标。约束条件是实现目标函数的限制因素,主要由决策者根据市场预测和偏好自行确定。例如可限定方案的地块面积,某类用地比例的上限、下限等。

决策变量。包括农村建设用地市场投放总面积、结构(分商服、居住、工业三类)、地块布局、供应方式、再开发模式、产业类型、时序(方案中各地块投放的时间顺序)。

决策模型。农村建设用地再开发市场促进综合决策模型如下:

$$\max F(x) = (f_1(x), f_2(x), \cdots, f_5(x)) \quad (3.41)$$
$$s.t. \quad x \in X$$

其中 $f_1(x), f_2(x), \cdots, f_4(x)$ 表示市场承受力、政策允许度、土地收益、外部效益等目标函数,X 表示满足某些约束条件的决策方案集。

3.3.3 再开发地块信息采集

针对待改造地块,从市场促进角度(改造成本、预期收益、市场承受力等方面),对相关国土资源管理部门和地块开发单位进行调研,了解地块开发进展情况,收集相关资料。

1. 通过座谈,了解地块相关信息:

(1) 地块现状

包括土地性质、土地用途、土地面积、建筑物状况等。

(2) 投资规模及资金筹措

地块的总投资及各项费用构成、资金筹措计划。

(3) 地块开发进展及成效

包括地块征地拆迁进展情况、已开发情况、地块开发成效(直接经济效益、区域土地升值、环境改善、配套完善、增加就业等)。

(4) 后续开发设想

包括后续的开发方案、计划安排、相关建议等。

2. 通过相关部门收集以下资料:

(1) 地块及周边影像图、地形图、规划红线图。

(2) 地块现状。包括现状照片、各类用途土地面积、土地性质、各类用途建筑面积、建筑密度、绿地率等。

(3) 地块所在区域控制性详细规划图及技术经济指标。

(4) 地块的规划设计方案。

(5) 地块改造后收益分配相关资料。

3. 通过市场调查,收集地块周边市场状况资料:

(1) 周边土地出让案例;

(2) 周边楼盘售价,包括写字楼、商铺价格;

(3) 周边房屋(商铺、写字楼)租金、价格水平;

(4) 商品房开发成本及费用构成情况；

(5) 周边区域不同用途的基准地价及地价走势情况。

3.3.4 决策方案拟定

1. 基于土地利用现状图和村镇规划图、基准地价图，落实具备再开发条件的农村建设用地地块范围，录入地块属性信息，包括现状地类、权属、面积、地块类型（未利用地、零散居民点、废弃工矿用地、废弃公共设施用地、低效用地、闲置土地等）、容积率、土地开发程度、规划用途、基准地价、可选供地方式（国有土地出让、集体土地协议出让、集体土地公开出让、集体土地出租等）、可选开发方案（自行开发、土地入股、合作开发、安置房、市场主体收购、政府改造）、可上市时间等，形成备选地块库。

2. 在设定若干约束条件的基础上（如供地总面积、工业用地比例的上限和下限等），按不同组合选择目标地块，再将每个组合中的地块按其可选的供地方式、开发模式等进一步细化组合，构建若干组决策方案。

3.4 农村建设用地再开发市场促进综合决策支持系统

3.4.1 决策支持系统概念[2]

决策支持系统（Decision Support System，简称 DSS）是管理信息系统（MIS）和运筹学交叉的基础上发展起来的新型计算机学科。其辅助决策者通过数据、模型和知识，以人机交互方式进行半结构化或非结构化决策的计算机应用系统。

决策支持系统概念自从 20 世纪 70 年代被提出以来，已经得到很大的发展。20 世纪 80 年代末 90 年代初，决策支持系统开始与专家系统（Expert System，ES）相结合，形成智能决策支持系统（Intelligent Decision Support System，IDSS）。

在国外学术界,基于 Sprague 和 Carson 看法,DSS 的基本特征可归纳为

(1) 对准上层管理人员经常面临的结构化程度不高、说明不够充分的问题。

(2) 把模型或分析技术与传统的数据存取技术及检索技术结合起来。

(3) 易于为非计算机专业人员以交互会话的方式使用。

(4) 强调对环境及用户决策方法改变的灵活性及适应性。

(5) 支持但不是代替高层决策者制定决策。

在国内学术界,DSS 的结构特征普遍用构成决策支持系统的部件来表述:

(1) 模型库及其管理系统。

(2) 交互式计算机硬件及软件。

(3) 数据库及其管理系统。

(4) 图形及其他高级显示装置。

(5) 对用户友好的建模语言。

随着决策支持系统的发展,产生了更全面的定义:决策支持系统是针对决策问题,利用决策资源(数据、模型、知识等)进行组合和集成,建立多个解决方案,通过方案的模型计算,知识推理和多维数据分析,并通过方案的修改或综合,逐步逼近解决决策问题的系统。

3.4.2 农村建设用地再开发市场促进综合决策支持系统的必要性

在国家大力推进城乡融合发展,加快建立和完善城乡统一的建设用地市场背景下,农村建设用地再开发将成为今后一段时期土地资源配置的重点所在,也是落实城乡统筹战略的重要抓手。农村建设用地再开发是一项复杂的系统工程,涉及政府、村镇集体、开发商、原土地权利人等各方利益,相关决策者在进行决策时需要考虑更多、更复杂的制约因素,将不可避免地面临以下两方面的挑战:

(1) 为决策服务的内、外部信息量迅速增加,对信息的及时性、准确性、客

观性等方面的要求更高、更严。

（2）参与决策的决定性因素众多，包括技术、经济、管理、个人经验等，而且诸因素间有机关联，导致现代决策复杂程度大幅提高，难度增大。因此，仅凭以往自身经验进行的决策已远远不能适应管理的要求，利用计算机辅助企业决策，实施决策科学化是发展趋势。

于是，无论管理者还是投资者都迫切需要一种计算机化的决策支持系统。

虽然不同地区的农村建设用地再开发市场存在明显差异，每个再开发项目的具体情况和需求也都不相同，但是他们却有着共同的决策支持需求：

（1）快速计算。及时的决策在许多情况下非常关键，如土地拍卖、土地估价、土地用途优化等。

（2）克服人在处理和存储上的限制。人的智力受制于人处理和存储信息的能力。而且，人不可能随时都能准确无误地回想起信息。

（3）认知极限。当需要许多不同的知识和信息时，个人解决问题的能力将受限制。计算机系统能帮助人快速访问和处理大量存储的信息，计算机还有助于减轻工作组中的协调和沟通。

（4）削减费用。计算机化的支持能削减小组的大小，并允许小组在异地相互交流，将提高支持人员的生产率（如财务或法律分析师），提高的生产率就意味着更低的成本。

（5）信息支持。通过计算机技术，管理者可以获得正确的、及时的和最新的信息来进行决策。

（6）质量支持。计算机能提高决策的质量。例如，可以评价更多的备选方案，快速进行风险分析，以很低的代价迅速收集专家的意见。许多专业知识甚至可以直接由计算机系统导出。利用计算机，决策制定者可以执行复杂的模拟，检查各种可能的情况，快速经济地评定不同的影响。

（7）降低决策者门槛。当今社会，竞争不仅仅在于价格，还在于质量、及时性、产品的定制以及对客户的支持。决策支持技术,如专家系统,使得欠缺知识的人也能做出良好的决策。这样就可以进行有意义的授权。

综上,决策支持系统的应用可以很好地满足上述需求,可以减少决策的盲目性,更加有效地利用信息资源,从而提高农村建设用地再开发市场效率。

3.4.3　基于决策支持系统的农村建设用地再开发决策思路

基于决策支持系统,可以为农村建设用地再开发规划和计划编制、区位选择、项目选择、产品定位、开发方案选择等关键问题提供辅助决策支持,提高决策的科学性和效率。具体思路如下:

1. 基础数据库建立

决策支持系统建设的关键是建立一个科学合理并及时更新的基础数据库,包括决策环境库、决策知识库和决策模型库。

（1）决策环境库:指决策所依赖的土地利用及社会经济环境,一般应包括大比例尺的基础地理数据库、高分影像数据库、土地利用现状数据库、土地利用规划数据库、城乡规划数据库、社会经济数据库等。

（2）决策知识库:指决策所依赖的相关政策法规、技术标准、技术参数等数据。

（3）决策模型库:指为决策提供支撑的各类计量经济模型、空间分析模型等,如土地估价方法模型、多准则评估模型、各类回归分析模型等。

2. 再开发地块库建立

在农村建设用地普查基础上,结合相关土地利用、规划及经济社会数据,进行低效建设用地综合评价,筛选出拟实施再开发的地块,建立再开发地块空间数据库。

3. 市场研究

应用决策支持系统提供的统计分析工具,分析采集的市场交易数据,评估市场发展状况,预测市场发展趋势,为再开发地块上市、项目开发、产品销售的时间选择等提供决策支持;对比分析不同区域、不同物业类型的市场价格走势、销售去化率、物业空置率等,为再开发项目区位选择、产品定位等提供决策支持。

4. 再开发项目选择决策

决策人员利用决策支持系统对各计划开发地块进行基本信息查询、土地利用现状与规划信息查询、土地及房地产市场信息查询、地价预评估等,从政策、经济、技术、市场等方面对各地块再开发的可行性进行评估,为再开发项目选择提供决策支持。

5. 再开发方案选择决策

以促进农村建设用地再开发市场健康稳定发展为目标,考虑市场主体各方收益、市场承受力和政策允许度等因素,构建多目标决策指标体系。根据市场运行状况和地块属性从地块库中选取待开发地块,构建若干可能的决策方案,评价各方案下的政策允许程度、市场主体各方收益及市场承受能力,计算相应的评价指标属性值。通过多目标决策优化算法,对备选方案进行综合分析和优化,以期实现再开发市场规模、结构、效益、时序协同优化,促进农村建设用地市场健康有序发展。

3.5 实证研究——无锡市惠山区城铁站地块再开发市场促进决策支持

3.5.1 研究对象概况

农村建设用地再开发市场促进决策支持主要针对列入再开发规划或计划的地块,综合考虑市场承受力、政策约束、土地收益等因素,选取合适的地块进行开发,并针对地块具体情况设计合适的开发方案。本研究选取惠山区城铁站地块开展建设用地再开发决策支持技术应用。

1. 城铁商务区概况

顺应城乡统筹发展和高铁建设的契机,依托沪宁城铁惠山站而规划的惠山城铁商务区应运而生。惠山城铁商务区地处无锡西北部,总规划面积50平方千米,其中一期启动建设10平方千米,二期规划7.3平方千米。周边环绕洛社、玉祁、前洲、钱桥等无锡传统工业重镇,商务区既是整合传统乡镇格局的新城,又是提升产业发展的核心功能区。随着泰澄、锡宜等后续城铁线的建成,商务区在无锡城乡建设空间格局中以及"沪宁城市发展轴线"中的重要节点之角色将更加突显。

城铁商务区的规划定位为:依托现代综合交通枢纽(城铁惠山站),打造现代产业发展和旅游集散、居住于一体的交通枢纽性商业商务中心和区域性旅游集散门户。根据"低碳、生态、智慧、宜居"的城市发展理念,实现生产、生活、生态的完美融合。

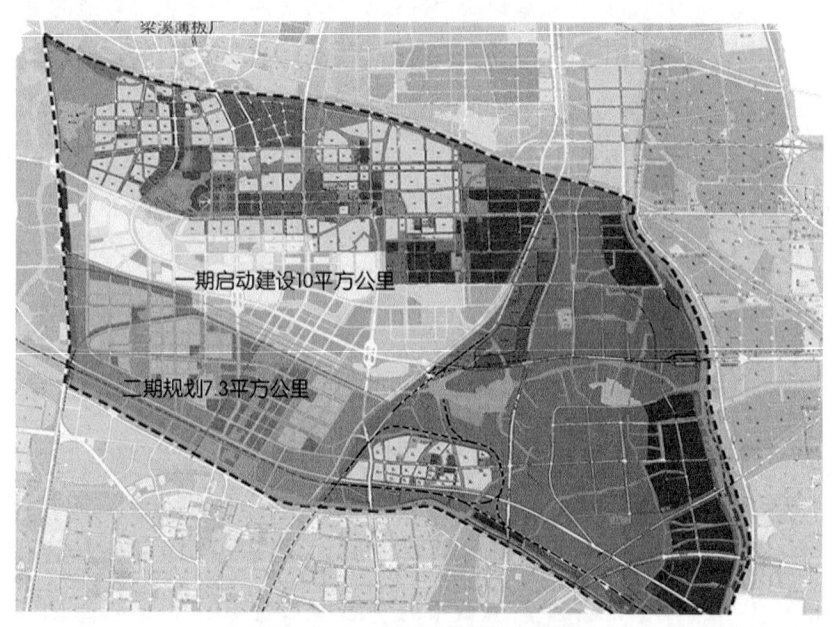

图3-3 惠山城铁商务区规划图

在规划布局上,新城提出了"复合社区镶嵌融合"的策略,即通过住宅、产业和就业岗位的多样化组合创造出不同类型的社区定位,比如产业型社区、科技型社区、生态型社区等,在适度规模的社区建设上,打造产业、生活、生态功能融合的复合型社区,以真正实现产城融合。在产业导向上,惠山城铁商务区提出生产性服务业和生活性服务业互动发展,形成现代服务业与先进制造业互动。

2. 城铁商务区发展现状

自2008年城铁商务区成立以来,主要开展了征地拆迁和基础设施建设等前期工作,现已完成120多万平方米拆迁量,投入15亿元,解决了约17 000位被拆迁居民的社保,同时,初步完成了城铁站周边道路及交通配套设施、水利设施和安置房建设。目前商务区总体处于前期开发和招商引资阶段,只有少量地块入市,正在开发的地块有奥凯城市广场地块、恒生科技园地块、实地玫瑰庄园地块等。

3. 恒生科技园地块介绍

2011年4月29日,杭州恒生鼎汇科技有限公司以1.55亿元价格,成功拍下商务区内XDG-2011-25地块。该地块位于惠山区城铁惠山站区,用地范围西至规划站东二路,东至规划中兴路,南至中惠路,北至规划环站北路,可建设用地面积143 490平方米,用地性质为办公、商业用地,容积率1.5,总建筑面积239 702平方米,其中可租售建筑面积215 016平方米。

图3-4 地块规划定点图

该地块以"产业生态、环境生态"为开发建设总体目标,以"一亩地、一栋楼、一家企业、一百万税收"为运营标准,分为四大区域,包括总部办公区、商务配套区、企业孵化基地、商务休闲区,通过集中集聚建设一批高标准、现代化的办公楼宇、综合商业配套和酒店设施,以形成"企业总部商务特色明显,专业生产服务功能突出,商务休闲相对集中"的现代服务业集聚园区。该园区将以"高标准的商务独栋楼宇"为载体,重点引入行业龙头企业、总部型企业、知识密集型企业,吸引长三角特别是沪宁沿线的中小企业总部、新兴服务业、生产性服务业以及上下游产业关联的相关机构入驻,形成以中小企业总部经济为鲜明特色的商务功能园区。

图 3-5 地块现状照片

3.5.2 地块调研与资料收集

针对惠山城铁站地块,从市场促进角度(改造成本、预期收益、市场承受力等方面),对相关自然资源部门和地块开发单位进行调研,了解地块开发进展情况,收集相关资料。

1. 通过座谈,了解地块相关信息:

(1) 地块现状

包括土地性质、土地用途、土地面积、建筑物状况等。

(2) 投资规模及资金筹措

地块的总投资及各项费用构成、资金筹措计划。

(3) 地块开发进展及成效

包括地块征地拆迁进展情况、已开发情况、已开发物业的销售和经营情况、地块开发成效(直接经济效益、区域土地升值、环境改善、配套完善、增加就业等)。

(4) 面临的主要困难

在地块收储、前期开发、出让、资金筹措等方面面临的主要困难及对策。

(5) 后续开发设想

包括后续的开发方案、计划安排、相关建议等。

2. 通过相关部门收集以下资料：

(1) 地块及周边影像图、地形图、地籍图。

(2) 地块现状。包括现状照片、各类用途土地面积、土地性质、各类用途建筑面积、建筑密度、绿地率、居住总户数、居住总人口等。

(3) 地块所在区域控制性详细规划图及技术经济指标。

(4) 待开发地块的规划设计方案。

(5) 地块征地拆迁补偿安置政策、相关补偿标准(货币补偿标准、安置房补偿标准和价格)、投资规模和费用测算资料。

3. 通过市场调查，收集地块周边市场状况资料：

(1) 周边土地出让案例；

(2) 周边楼盘售价，包括住宅、写字楼、商铺价格；

(3) 周边房屋(住宅、商铺、写字楼)租金、价格水平；

(4) 商品房开发成本及费用构成情况；

(5) 周边区域不同用途的基准地价及地价走势情况。

3.5.3 数据整理入库

根据系统应用要求，对调研采集的数据进行整理入库。

(1) 数据核查

从数据的完整性、合理性等方面进行核查,对明显不符合要求或不合理的数据进行补充调查,无法补充调查的直接剔除。

(2) 数据完善

对数据进行进一步修改完善,如土地面积、价格等单位换算,矢量数据格式转换,投影变换,影像数据配准,属性字段值规范化,行政代码赋值等。

(3) 地图发布

基于 ArcGIS Server,发布相关的专题图层,包括地块分布图、土地级别图、地价区段图、土地利用现状图、土地利用规划图、城乡规划图等。

(4) 数据录入和导入

将核查并修改完善的数据录入系统,或按 Excel 模板格式进行整理,导入系统。

3.5.4　开发地块选择决策

首先通过系统查询地块基本信息和空间位置,了解地块现状和相关的土地规划、城乡规划情况,其次进一步了解地块周边土地市场和房地产市场状况,最后对地块出让价格进行预评估,初步估计地块开发成本。

1. 地块位置及基本信息查询

通过输入关键字、选择相关查询条件,或直接通过地图浏览,可以对地块进行初步筛选。

3 农村建设用地再开发市场促进决策支持技术

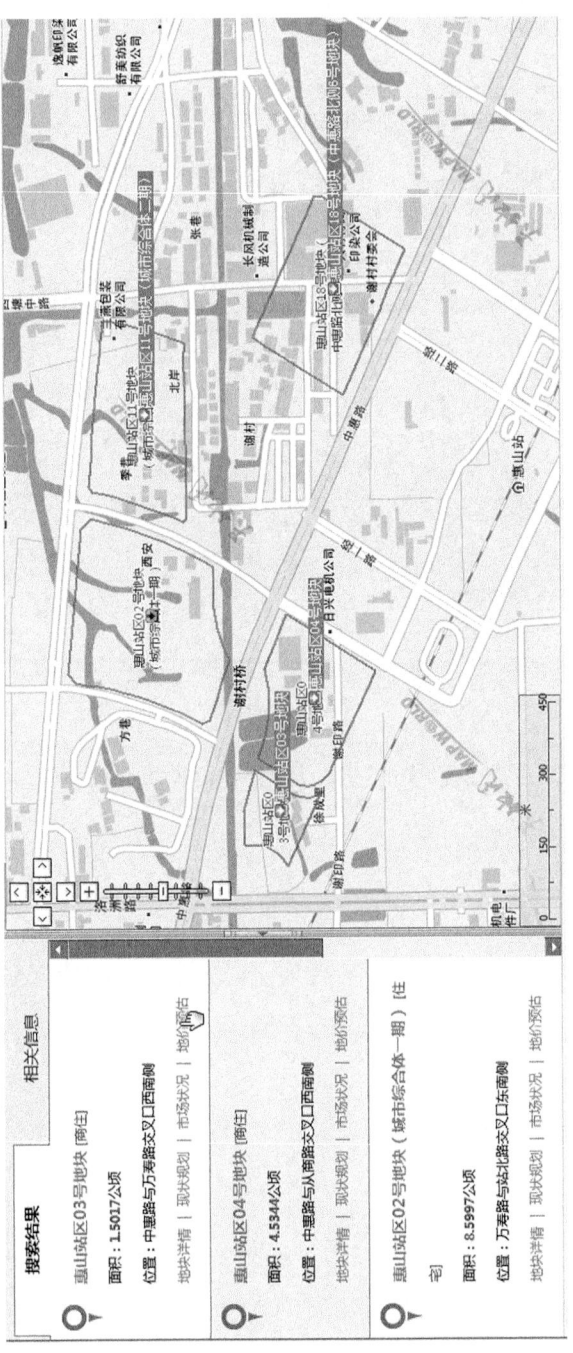

图 3-6 地块查询结果列表和位置图

在地图上点击地块名称,地图界面显示该地块基本信息。如下图:

图3-7 地块信息浮窗

点击列表中或者地图窗口中的"地块详情"弹出地块详情界面。如下图:

基本信息	地上物现状	征地拆迁信息	储备计划	费用及资金等筹计划	出让计划	经济评价	储备实施管理	融资管理	出让管理	开发建设信息	楼盘信息	情债信息
地块编码	TC320206201401 9						地块名称		惠山站区11号地块（城市综合体二期）			
地块位置	从商路与站北路交叉口东南侧地块（站北路南侧2号地块）											
地块分类	计划年度新增储备土地						地块状态					
所在行政区名称	惠山区前洲街道						所在行政区代码		320206101			
四至范围	西:从商路,南:沿河路,北:站北路,东:玉洲路											
拟取得方式	征地			营护方式					计划年度	2014		
	土地面积											
	小计(m²)	国有土地面积(m²)	集体土地面积(m²)		小计(m²)	其中：新增建设用地面积						
						农用地		未利用地面积(m²)				
						小计(m²)	其中：耕地(m²)					
58395	0	58395		0		0		0				
	规划情况											
	规划用途	规划用地面积(m²)										
		建设用地(m²)	代征地(m²)			容积率		控制性详细规划情况				
商住混合用地		59000	0			≤4.0		已批				
预计入库时间				备注		其他		未完成前期开发		启用用途	商住	

图 3-8 地块详情（基本信息）

2. 地块现状与规划信息查询

点击列表中或者地图窗口中的"现状规划",界面左下显示现状规划信息。如下图:

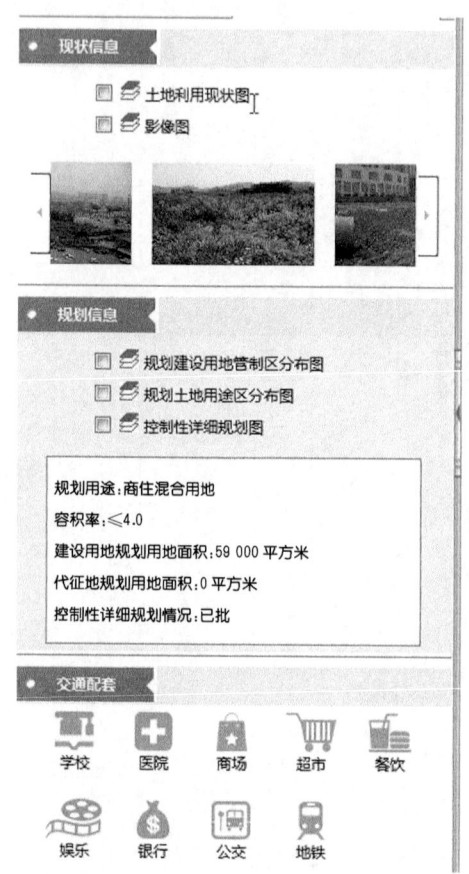

图 3-9　地块现状与规划信息

现状规划包括现状信息、规划信息和交通配套三方面信息。

现状信息包括土地利用现状图层、影像图层和地块现状照片。选中"土地利用现状图层"前的复选框,地图窗口加载"土地利用现状图层"。如下图:

3 农村建设用地再开发市场促进决策支持技术

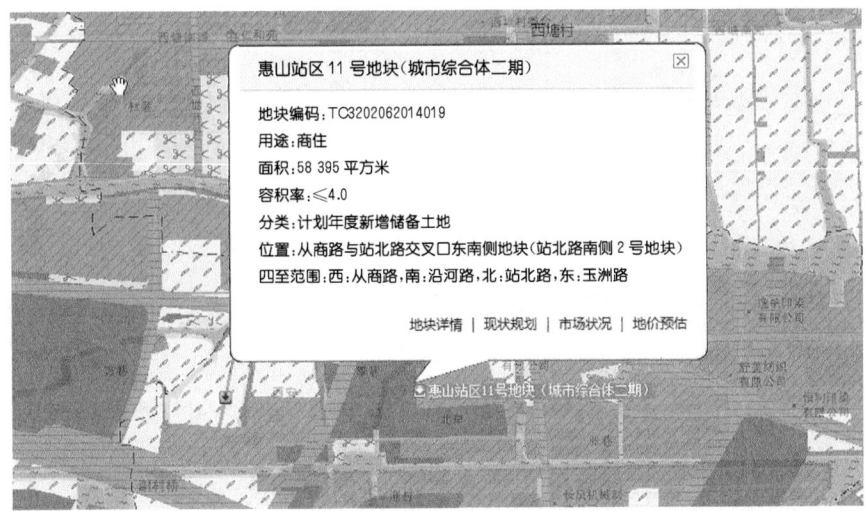

图 3-10 叠加土地利用现状图

选中"影像图层"前的复选框,地图窗口加载"影像图层"。如下图:

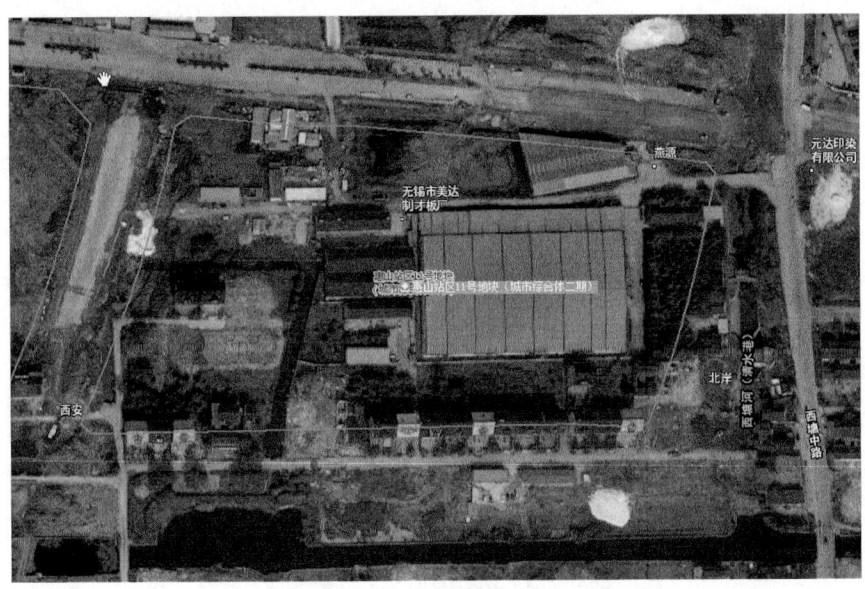

图 3-11 叠加影像图

规划信息包括规划建设用地管制区图层、规划土地用途区图层、控制性详细规划图层和储备地块的相关规划指标信息。

选中"规划建设用地管制区图层"前的复选框,地图窗口加载"规划建设用地管制区分布图层"。

选中"规划土地用途区图层"前的复选框,地图窗口加载"规划土地用途区分布图层"。

选中"控制性详细规划图层"前的复选框,地图窗口加载"控制性详细规划图层"。

交通配套信息包括学校、医院、商场、超市、餐饮、娱乐、银行、公交和地铁等专题信息,选中专题名,地图界面显示对应类别的专题信息。如选中"公交"专题,地图上显示相应的公交站点分布情况,如下图:

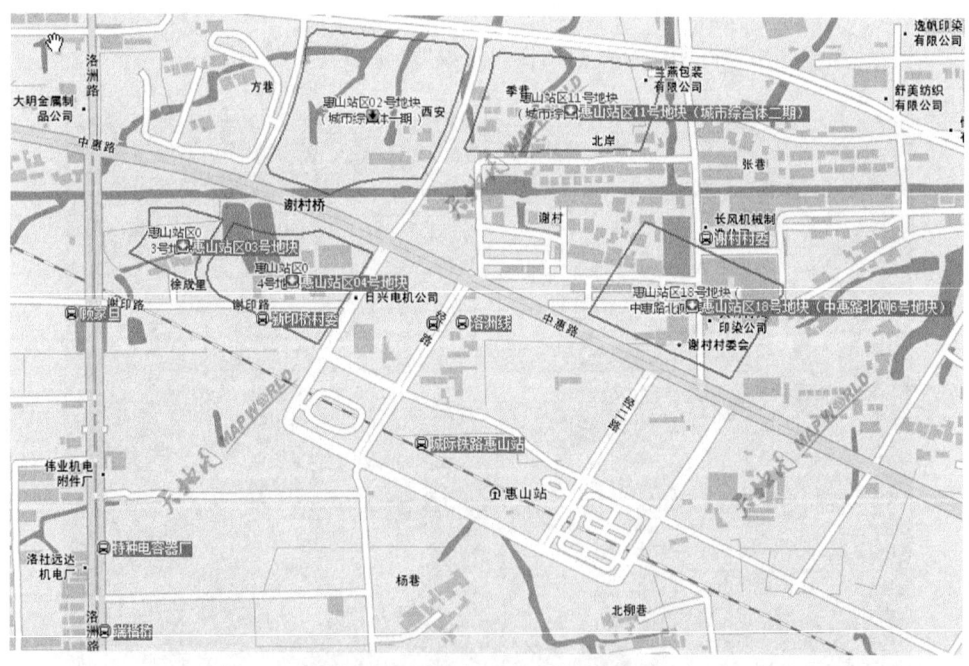

图3-12　地块周边公交站点显示

3. 市场信息查询

点击列表中或者地图浮窗中的"市场状况",界面左下显示市场状况信息如下图:

区段名称	地面地价 (元/m²)	楼面地价 (元/m²)
青城东路(商)	2661.10	2661.10
兴业路-锦绣路(商)	2363.11	1969.26
青城西路-樱花路(商)	2206.09	1838.41
前洲住宅区(住)	1428.14	1098.57

土地交易信息
　成交年度 不限 ▼
　◎ 本乡镇(街道)
　◎ 周边 1 ▼ 千米

房产交易信息
　◎ 本乡镇(街道)
　◎ 周边 1 ▼ 千米

图 3‑13　地块周边市场状况分析

市场状况包括基准地价、土地交易信息、房产交易信息三方面。

基准地价显示该地块所属的乡镇(街道)内与地块用途相同(或相近)的地价区段基准地价。点击区段名,地图界面加载相关用途的地价区段图层,并显示该区段的位置标注及区段相关信息。如下图:

图 3-14　基准地价信息

点击土地交易信息,可显示地块周边的土地出让案例,如下图。

图 3-15　出让地块成交信息

3 农村建设用地再开发市场促进决策支持技术

点击房产交易信息,可显示地块周边的楼盘信息,如下图。

图 3-16 楼盘信息

楼盘信息中,点击商品房售价,可显示楼盘历史销售价格和走势情况,如下图。

图 3-17 楼盘销售价格信息

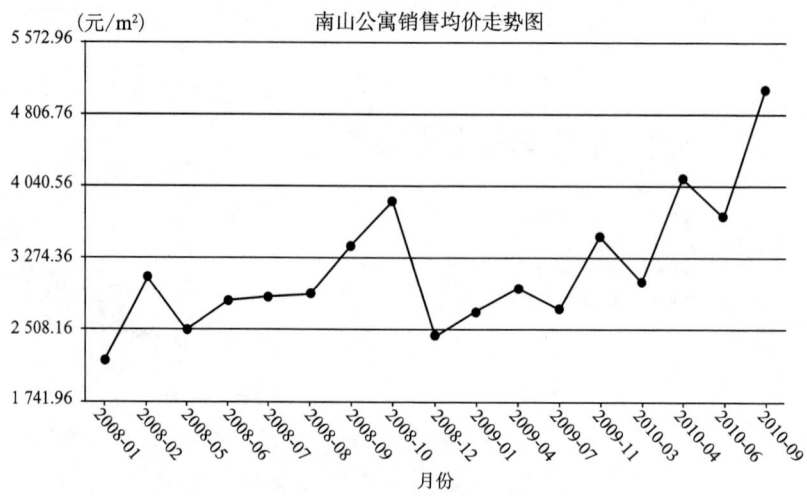

图 3-18　楼盘销售均价走势图

4. 地价预评估

点击"地价预估",界面左下显示地块预估结果信息。如下图:

图 3-19　地块价格预评估结果

3 农村建设用地再开发市场促进决策支持技术

位于惠山站区11号地块（城市综合体二期）宗地（前测住宅区）市场比较法

因素	待估宗地	实例A	实例B	实例C	待估宗地	实例A	实例B	实例C	修正结果
地块位置	惠山站区11号地块（城市综合体二期）	中惠路与康渝路交叉口东北侧村块基础	中惠路与康渝路交叉口东北侧村块	中兴西侧，唐平大道西侧村块	从用路中惠路交叉口东北侧村块				
土地面积（m²）	56395	99334.40	36272.20	10620.20					
成交单价（元/m²）	待评估	3012.74	2850.57	3860.57					
交易时间	2014.12.31	2013.8.19	2012.11.22	2012.5.9					
交易情况	正常	正常	正常	正常					
交易方式	挂牌出让	挂牌出让	未件地、挂牌	挂牌					
容积率	—	<3.0	<3.0	<5.0	100	100	100	100	
区域因素	位于惠山城铁站附近，周边道路及交通条件较好，基础设施配套完善	位于惠山康渝路附近，周边道路及交通条件较好，基础设施配套完善	位于南洲街北部，交通便利，基础较好，配套较完善	位于惠山城铁站附近，周边道路及交通条件较好，基础设施配套完善	100	100	100	100	
个别因素					4	3	3	3	
							110	100	0.5
比准地价（元/m²）						4016.99	3455.36	5147.43	0.5
简单算术平均值						4321.67			

图3-20 市场比较法测算地价

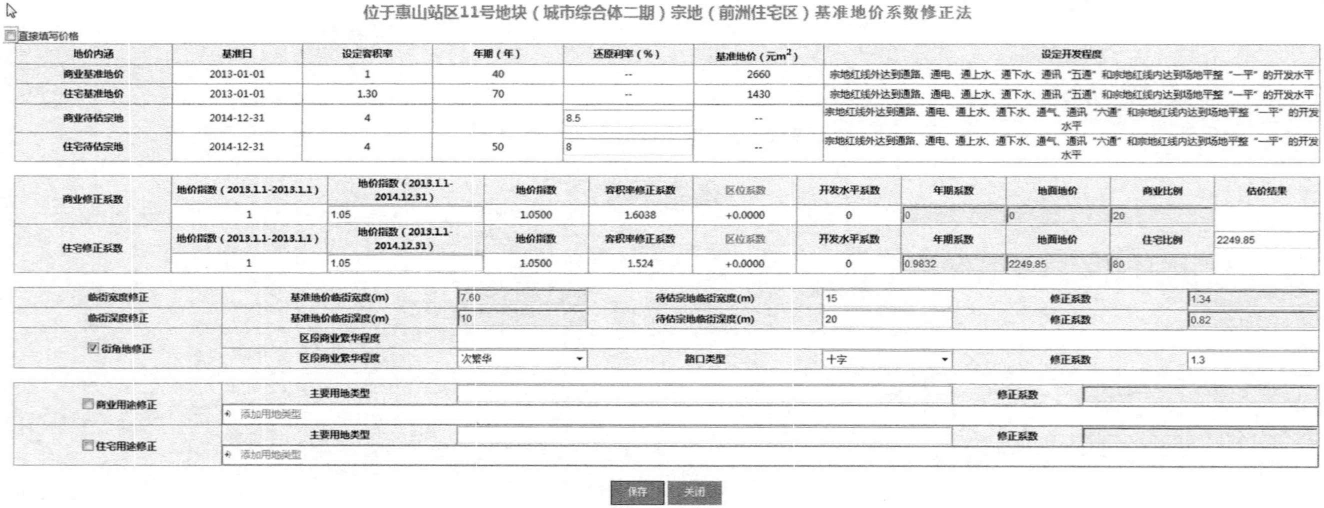
位于惠山站区11号地块（城市综合体二期）宗地（前洲住宅区）基准地价系数修正法

直接填写价格

地价内涵	基准日	设定容积率	年期（年）	还原利率（%）	基准地价（元m²）	设定开发程度
商业基准地价	2013-01-01	1	40	--	2660	宗地红线外达到通路、通电、通上水、通下水、通讯"五通"和宗地红线内达到场地平整"一平"的开发水平
住宅基准地价	2013-01-01	1.30	70	--	1430	宗地红线外达到通路、通电、通上水、通下水、通讯"五通"和宗地红线内达到场地平整"一平"的开发水平
商业待估宗地	2014-12-31	4		8.5	--	宗地红线外达到通路、通电、通上水、通下水、通气、通讯"六通"和宗地红线内达到场地平整"一平"的开发水平
住宅待估宗地	2014-12-31	4	50	8	--	宗地红线外达到通路、通电、通上水、通下水、通气、通讯"六通"和宗地红线内达到场地平整"一平"的开发水平

商业修正系数	地价指数（2013.1.1-2013.1.1）	地价指数（2013.1.1-2014.12.31）	地价指数	容积率修正系数	区位系数	开发水平系数	年期系数	地面地价	商业比例	估价结果
	1	1.05	1.0500	1.6038	+0.0000	0	0	0	20	
住宅修正系数	地价指数（2013.1.1-2013.1.1）	地价指数（2013.1.1-2014.12.31）	地价指数	容积率修正系数	区位系数	开发水平系数	年期系数	地面地价	住宅比例	2249.85
	1	1.05	1.0500	1.524	+0.0000	0	0.9832	2249.85	80	

临街宽度修正	基准地价临街宽度(m)	7.60	待估宗地临街宽度(m)	15	修正系数	1.34
临街深度修正	基准地价临街深度(m)	10	待估宗地临街深度(m)	20	修正系数	0.82
街角地修正	区段商业繁华程度					
	区段商业繁华程度	次繁华	路口类型	十字	修正系数	1.3

商业用途修正	主要用地类型		修正系数	
	添加用地类型			
住宅用途修正	主要用地类型		修正系数	
	添加用地类型			

保存　关闭

图 3－21　基准地价系数修正法测算地价

估价结果分为"方法一"、"方法二"、"地价确定"和"相关附件"四部分。

方法一、二显示估价所选择的两种方法估价的结果,如方法为市场比较法,则估价结果后附有比较案例列表,点击案例名称可在地图窗口进行案例的定位。如方法为基准地价修正法,则估价结果后附有相关地价区段的基准地价信息,点击区段名可在地图窗口显示该区段位置及范围。点击方法名可查看具体的估价过程,如图3-20、图3-21。

3.5.5 开发方案选择决策

1. 决策模型构建

农村建设用地再开发市场促进综合决策模型如下:

$$\max F(x) = (f_1(x), f_2(x), \cdots, f_5(x)) \tag{3.42}$$
$$s.t. \quad x \in X$$

其中 $f_1(x), f_2(x), \cdots, f_5(x)$ 表示市场承受力、政策允许度、土地收益、外部效益等目标函数,X 表示满足某些约束条件的决策方案集。

2. 决策方案构建

(1) 基于土地利用现状图和村镇规划图、基准地价图,落实具备再开发条件的农村建设用地地块范围,录入地块属性信息,包括现状地类、权属、面积、地块类型(未利用地、零散居民点、废弃工矿用地、废弃公共设施用地、低效用地、闲置土地等)、容积率、土地开发程度、规划用途、基准地价、可选供地方式(国有土地出让、集体土地协议出让、集体土地公开出让、集体土地出租等)、可选开发方案(自行开发、土地入股、合作开发、安置房、市场主体收购、政府改造)、可上市时间等,形成备选地块库,见图3-22。

农村建设用地再开发市场决策与调控

地块编号	地块名称	所在乡镇	规划用途	地块面积(m²)	操作
TC32020062014016	前洲联家加油站地块	惠山区前洲街道	公用加油加气站用地	0.169400	×
TC32020062014017	惠山站区02号地块（城市综合体一期）	惠山区前洲街道	居住用地	8.599700	×
TC32020062014018	惠山站区10号地块（IOT芯合一期）	惠山区前洲街道	科研设计用地	3.293300	×
TC32020062014019	惠山站区11号地块（城市综合体二期）	惠山区前洲街道	商住混合用地	5.839500	×
TC32020062014020	惠山站区01号地块（酷邻中心）	惠山区前洲街道	商业、游乐用地	1.454300	×
TC32020062014021	惠山站区12号地块（安地项目二期）	惠山区前洲街道	居住用地	6.091300	×
TC32020062014022	惠山站区18号地块（中惠路北侧6号地块）	惠山区前洲街道	商住混合用地	6.203300	×
TC32020062014023	洛社镇第二期地块	惠山区洛社镇	居住用地	6.660100	×
TC32020062014024	洛社杨市镇北地块	惠山区洛社镇	居住用地	6.343000	×
TC32020062014025	洛社新城8号地块（新开河8号地块）	惠山区洛社镇	商业、居住用地	2.296600	×
TC32020062014026	洛社新开河9号地块	惠山区洛社镇	商业、居住用地	2.862900	×
TC32020062014027	洛社西站物流1号地块	惠山区洛社镇	商业、办公用地	3.277700	×
TC32020062014409	王祁家具厂地块	惠山区王祁街道	商住混合用地	1.888800	×
XDG-2007-72	九龙仓XDG-2007-72号地块A、B块普通住宅项目	南长区清名桥街道	住宅用地	5.348800	×
XDG-2009-19	XDG-2009-19号地块	惠山区阳山镇		22435.000000	×

图3-22 地块信息管理

(2) 按地块可选的规划方案、供地方式、开发模式等构建若干组决策方案,见图 3-23。

3. 决策方案比选

(1) 根据决策指标量化标准,对各决策方案进行指标值标准化处理,见图 3-24。

(2) 对各决策方案,在确保其综合分值排序不变的情况下,测算各指标权重的允许变化范围(即指标权重的灵敏度区间),见图 3-25。

(3) 将各方案的综合分值、权重可变区间汇总值及各指标分值进行比较,综合分值反映各方案总体优劣情况,指标分值反映各方案在相应指标上的优劣情况,权重可变区间汇总值反映各方案对权重变化的灵敏度,灵敏度低的方案评价结果更可靠。通过综合比较,确定最终的开发方案。

方案编号*	FA32020620130183	地块编号*	TC3202062013018
方案名称*	方案三		
土地坐落*	惠山城铁站北侧		
土地所有者*	国有	土地使用者*	储备中心
土地性质*	国有	土地用途*	商业用地
查询用途*	商业	规划用途*	商服用地
土地面积(m²)*	52000	规划容积率*	3.50
规划建筑系数*	40	规划建筑密度(%)*	40
规划绿化率(%)*	50	拟开发模式*	合作开发
预计总投资（万元）*	30000	预计拆安置成本（万元）*	0
资金来源*	自筹	拟供地方式*	公开出让
规划产业类型*	产业园	区域主导产业类型*	商住
信心指数*	105	区域国有建设用地基准地价(元/m²)*	4080
区域集体建设用地基准地价(元/m²)*	2800	周边市场供需状况*	供大于求
预计地均产值(元/m²)*	10000	预计地均税收(元/m²)*	800
预计地均从业人员数(人/m²)*		区域土地升值*	影响一般
区域配套完善度*	影响一般	政府意愿*	中立
开发商意愿*	中立	土地所有者意愿*	支持

图 3-23 开发方案构建

图 3-24 指标标准化

农村建设用地再开发市场决策与调控

权重灵敏度测算

地块编号：TC320206201308 方案编号：FA320206201308_3 方案名称：方案三

指标中文名称	指标英文名称	类别	父级	权重初始值	权重下限	权重上限	权重变化范围
市场承受力	SCCSL	因子	市场承受力	30	23	40	17
宏观经济形势	SCCSL_HGJJXS	因子	市场承受力	25	11	44	33
基准地价	SCCSL_JJDJ	因子	市场承受力	20	6	39	33
拆迁安置成本	SCCSL_CQAZCB	因子	市场承受力	25	1	100	99
市场供需状况	SCCSL_SCGXZK	因子	市场承受力	30	7	63	56
政策允许度	ZCYXD	因素		20	15	27	12
土地政策	ZCYXD_TDZC	因子	政策允许度	25	24	87	63
财政政策	ZCYXD_CZZC	因子	政策允许度	25	24	75	51
货币政策	ZCYXD_HBZC	因子	政策允许度	25	24	75	51
产业政策	ZCYXD_CYZC	因子	政策允许度	25	24	87	63
土地收益	TDSY	因素		35	26	47	21
国家收益	TDSY_GJSY	因子	土地收益	20	19	62	43
地方政府收益	TDSY_DFZFSY	因子	土地收益	20	20	48	28
集体收益	TDSY_JTSY	因子	土地收益	15	1	15	14
企业收益	TDSY_QYSY	因子	土地收益	20	20	48	28
村民收益	TDSY_CMSY	因子	土地收益	25	1	25	24
外部效益	WBXY	因素		15	10	23	13
区域土地升值	WBXY_QYTDSZ	因子	外部效益	50	47	100	53
区域配套完善	WBXY_QYPTWS	因子	外部效益	50	47	100	53

图 3-25 指标权重灵敏度测算

3 农村建设用地再开发市场促进决策支持技术

操作	地块编号	方案编号	综合分值	权重区间范围汇总值	是否选择	市场承受力	宏观经济形势	基准地价	拆迁安置成本	市场供需状况
选择方案	TC3202062013018	FA3202062013018_1	73.366359	1564	是	74.376751	98.095238	99.264706	0.000000	100.000000
选择方案	TC3202062013018	FA3202062013018_2	63.456359	1367	否	68.376751	98.095238	99.264706	0.000000	80.000000
选择方案	TC3202062013018	FA3202062013018_3	67.566667	755	否	63.000000	100.000000	100.000000	0.000000	60.000000

图 3 - 26 方案综合比选

3.6 实证研究——广州市白云区永泰茶山庄地块再开发市场促进决策支持

3.6.1 研究对象概况

农村建设用地再开发市场促进决策支持技术主要针对列入再开发规划或计划的地块,综合考虑市场承受力、政策约束、土地收益等因素,对地块再开发方案进行评价和优化,提出相关建议。在广州市拟实施三旧改造的地块中,永泰村茶山庄旧厂房改造地块是广州市旧村改造的重要标志项目,也是白云区三旧改造的破冰项目。因此,本技术在广州市选取该地块开展实证研究。

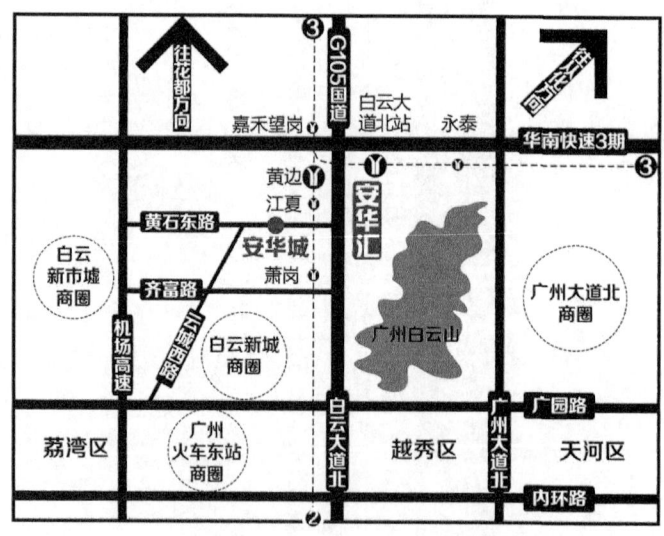

图3-27 永泰村茶山庄地块区位示意图

3 农村建设用地再开发市场促进决策支持技术

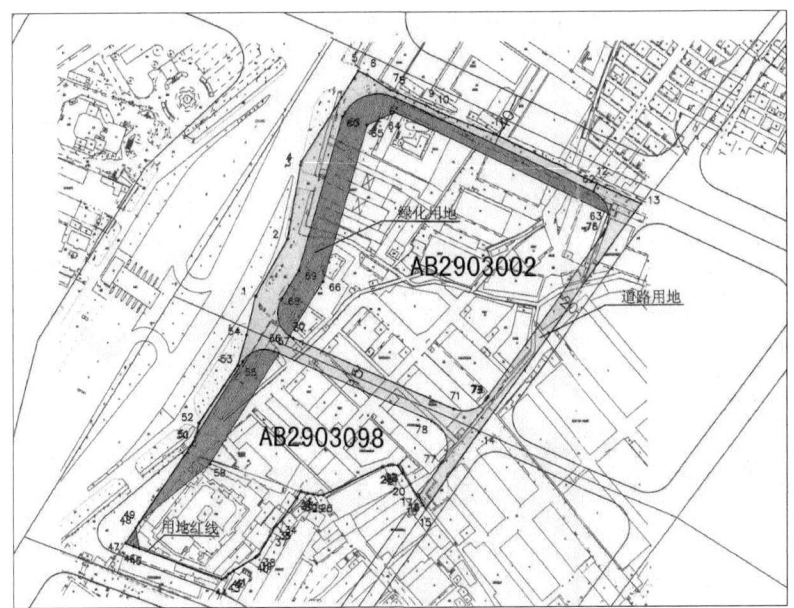

图 3-28 永泰村茶山庄地块规划红线图

3.6.2 地块调研与方案设计

针对白云区永泰茶山庄旧厂房改造地块,从市场促进角度(改造成本、预期收益、市场承受力等方面),对相关国土资源管理部门和地块开发单位进行调研,了解地块开发进展情况,收集相关资料。

按地块可选的规划方案、供地方式、开发模式等构建若干组开发方案。结合永泰村茶山庄地块具体情况,构建以下四个方案:

① 土地产权维持现状,村集体自主进行综合整治,改善环境,提高基础设施配套水平,消除安全隐患。

② 村集体招商,引入社会资本,对地块进行整体改造,投资方租赁村集体土地 40 年,每年按建成后的物业面积支付租金,租期期满后土地和建筑物产权归村集体所有。

③ 村集体招商,引入社会资本,成立项目公司,对地块进行整体改造。村集体以 40 年土地使用权作价入股,每年按股权获得相应的分红收益。

方案编号：4401110001-C		地块编号：4401110001	
方案名称：土地入股			
土地来源：白云区永平街道白云大道北永泰收费站东侧			
土地所有者：村集体		土地使用者：	
土地性质：村集体所有		土地用途：商服用地	
查询用途：商业		规划用途：商服用地	
土地面积(m²)：68226		规划容积率：4.10	
规划绿化系数：		规划新建密度(%)：40	
规划总投资（万元）：200000		拟定开发模式：合作开发	
资金来源：市场资金		预计拆迁安置成本（万元）：200000	
拟配产业类型：商服		拟供地方式：作价出资（入股）	
储心指数：60		区域主导产业类型：商服服务业	
区域集体建设用地基准地价(元/m²)：3500		周边市场需求地价(元/m²)：0	
预计地均产值(元/m²)：		预计地均税收(元/m²)：	
预计地均从业人员数(人/m²)：		区域地价升值潜力：较大	
区域配套完善程度：量源大		政府态度：不支持	
开发难度：支持		土地所有者态度：支持	
土地使用者态度：支持			
土地政策：宽松		财政政策：宽松	
货币政策：宽松		产业政策：宽松	
国家收益(元)：38400		地方收益(元)：54580.80	
村民收益(元)：38400		企业收益(元)：1115200	

图 3 - 29 决策方案构建

④ 政府按市场价格征收村集体土地,纳入土地储备,进行前期开发后择机出让(规划用途变更为商住混合用地),地块受让人须无偿承担被征收村民的安置房建设任务。

3.6.3 决策方案比选及建议

对各决策方案,在确保其综合分值排序不变的情况下,测算各指标权重的允许变化范围(即指标权重的灵敏度区间)。

将各方案的综合分值、权重可变区间汇总值及各指标分值进行比较,综合分值反映各方案总体优劣情况,指标分值反映各方案在相应指标上的优劣情况,权重可变区间汇总值反映各方案对权重变化的灵敏度,灵敏度低的方案评价结果更可靠。通过综合比较,确定最终的开发方案。

从市场承受力来看,方案二和方案三主要是再开发模式的差异,再开发的物业用途和规划方案是相同的,因此总投资也是相同的,市场承受力没有差异,方案四规划为商住用地,相对纯商业用地,市场需求更旺盛,承接能力更强,方案一投资较少,对市场基本没有压力。从总投资来看,初步测算 20 亿元左右,对于有实力的开发商来说,压力并不是很大。

从政策允许情况来看,四个方案都在现行政策许可范围内,没有政策风险,但方案二、三发展现代服务业,相对来说政策支持力度更大,方案四主要为商品房开发,受政策影响较大,方案一维持现状,不符合低效用地再开发的总体方向,得不到相应的政策支持。

从土地收益来看,四个方案对市场各方来说,收益及相应的风险都有明显差异。方案一对政府和村集体、村民来说,收益都较小,土地价值没有得到充分体现;方案二对政府和村集体、村民来说,收益都有明显提高,其中政府收益主要体现在增加了税收收入,村集体和村民收益主要体现在物业租金大幅提升,此外,引入的投资方也将获得可观的投资收益;方案三的情况和方案二类似,但是对于村集体、村民来说,风险明显增加,每年的物业租金不是固定的,而要按项目实际收益分成,会受到项目运营情况和市场环境影响。

从外部效益来看,方案一只是进行综合整治,对周边环境、土地价值提升作用不大,对区域配套基本没有影响,而另外三个方案通过地块整体拆除重建后,将明显提升周边环境和土地价值,改善周边基础设施和公共服务配套水平,产生较大的外部经济效益和社会效益。

从综合分值来看,四个方案分别为 43.7、81.3、83.6、70.5 分,即方案一和方案四明显较差,方案二和方案三基本相当。从对指标权重的灵敏度分析来看,各方案在维持自身排序不变的情况下允许的权重区间范围汇总值分别为 1 786、973、1 274、1 511,即方案一和方案四灵敏度不高,说明指标权重取值对这两个方案的评价结果影响不大。

综上,方案二和方案三为可选方案。但考虑到该地块为村集体物业,除充分发挥地块经济价值,获得相应投资收益外,还应更多地体现土地的社会保障价值,尽可能降低投资风险;此外,村集体缺乏商业综合体运营经验,在与开发商的合作中将处于被动状态,难以确保自身利益得到公平的对待。因此,宜采用收益稳定、风险可控的再开发方案,即方案二相对可行。

如有可能,建议进一步细化土地租赁方案,除取得"保底"租金外,还可增加与投资项目经营业绩挂钩的"浮动"租金。

3.7 本章小结

本章主要介绍了农村建设用地再开发市场促进决策支持的相关技术方法、决策过程,以及决策支持系统在农村建设用地再开发决策中的应用,形成以下结论:

1. 农村建设用地再开发是一项复杂的系统工程,涉及政府、村镇集体、开发商、原土地权利人等各方利益,相关决策者在进行决策时需要考虑更多、更复杂的制约因素,需要引入决策支持技术,提高决策的科学性和效率。

2. 农村建设用地再开发市场促进决策支持主要解决两个问题：一是再开发地块的选择，二是再开发方案的选择，两者均需借助 GIS、数据库、多属性决策等技术，建立决策支持系统。

3. 基于决策支持系统，可以为农村建设用地再开发规划和计划编制、区位选择、项目选择、产品定位、开发方案选择等关键问题提供辅助决策支持。

参考文献

[1] 百度文库. 张云丰：多属性决策基本理论与方法[EB/OL]. http://wenku.baidu.com/link?url=PXMXKoCq-1NSzYf6BEPoE_ACx5Waab622A98G1U_tCpcbbGXbow7mF1t5twiF7hlIHtj-jm2hUmTAjsZnXOD7SvK7P9f-AtVETRJG8PQyQu, 2017-02-05.

[2] 百度文库. 决策支持系统基本概念总结[EB/OL]. http://wenku.baidu.com/link?url=x640Q8QvMBpr5qtS33B6jwSr-yGC2aL-8oks7rXmsznaE3-ywrUPc6QJ5euisrzhaB_b8XRdPcph51jRZQYU0PHTBRBWz2wrojQcR-IUgh3, 2017-02-05.

[3] 孙喁喁.基于多 Agent 的智能决策支持系统研究[J].价值工程,2014,33(27):223-225.

[4] 刘博元,范文慧,肖田元.决策支持系统研究现状分析[J].系统仿真学报,2011,23(S1):241-244.

[5] 李胜博.基于综合评价方法的决策支持系统的研发[D].华北电力大学(北京),2011.

[6] 姚苏.智能决策支持系统研究[J].甘肃科技,2011,27(01):23-24+8.

[7] 田军,葛新红,程少川,汪应洛.我国决策支持系统应用研究的进展[J].科

技导报,2005(07):71-75.

[8] 任明仑,杨善林,朱卫东.智能决策支持系统:研究现状与挑战[J].系统工程学报,2002(05):430-440.

4 农村建设用地再开发市场调控技术集成与示范

4.1 技术集成思路

通过上述技术研发，形成了服务于农村建设用地再开发市场调控的一系列技术，为便于实际应用，需要将相关技术进行整合、集成，形成成套的技术系统——农村建设用地再开发市场调控技术支持系统，为发挥市场机制促进农村建设用地再开发提供技术支撑，解决当前农村建设用地市场管理薄弱、交易无序、信息化水平较低、市场监测和决策分析手段落后等问题。该系统由6个相互独立、有机集成的子系统组成，分别是农村建设用地市场信息采集智能终端、农村建设用地市场信息数据库系统、农村建设用地基准地价评估软件、土地价格与土地市场模拟预测软件、土地市场供需关系建模与仿真软件、农村建设用地再开发市场促进综合决策支持系统，其中农村建设用地市场信息采集终端与数据库系统是基础，为其他系统提供数据支持，农村建设用地再开发市场供需分析与仿真软件、农村建设用地基准地价评估软件、土地价格与土地市场模拟预测软件是用于土地市场评估、分析、预测的辅助工具软件，其成果可为农村建设用地再开发市场促进综合决策支持系统提供相关指标数据支撑。

各子系统开发的具体目标如下：

1. 农村建设用地市场信息采集终端

针对农村建设用地市场信息采集方法落后、采集效率不高等问题，集成嵌入式技术、新一代通信与3S技术，开发农村建设用地市场信息采集智能终端，实现农村建设用地市场信息采集、无线传输、规范存储、查询统计和信息发布等功能，为农村建设用地再开发市场调控相关评价系统、预测模型、决策支持系统提供多样性、高质量、实时性的数据支撑。

2. 农村建设用地市场信息数据库系统

针对农村建设用地再开发市场调控需要多领域数据支撑的现实要求，在土地利用调查、土地市场监测、土地估价等现有技术标准和规程的基础上，实现土地利用、土地市场与社会、经济等数据的一体化建库与管理，并在此基础上实现统一的数据库集成与共享，避免信息孤岛的形成，为其他系统提供全面、高效、安全的数据支撑。

3. 农村建设用地基准地价评估软件

针对当前村镇集体建设用地市场交易无序、缺乏科学的交易指导价，土地利用效率普遍较低等问题，借鉴《城镇土地分等定级规程》、《城镇土地估价规程》等相关技术规范，结合农村建设用地市场特点，研究农村建设用地基准地价评估技术，开发农村建设用地基准地价评估软件，实现土地级别划分、交易样点调查、样点地价测算、基准地价测算、图表输出等功能，为规范农村建设用地价格评估工作，科学显化农村建设用地价值提供技术支撑。

4. 土地价格与土地市场模拟预测软件

针对农村建设用地市场监测方法落后、监测手段单一等问题，根据现有的土地市场监测监管系统总体框架和相关技术规范，结合农村建设用地市场特点，开发土地价格与土地市场模拟预测软件，并与现有的土地市场监测监管系统对接，为强化农村建设用地市场监测、建立城乡统一的建设用地市场提供技术支撑。

5. 土地市场供需关系建模与仿真软件

针对我国建设用地供需矛盾突出的问题,以及"严控增量、深挖存量"的要求,为有效拓展建设用地空间,合理开发农村建设用地,研究农村建设用地再开发市场供需模型与模拟分析技术,研制农村建设用地再开发市场供需关系建模与仿真软件工具,形成农村建设用地市场供需分析模拟和调控的成套技术,为合理配置再开发农村建设用地提供技术支持。

6. 农村建设用地再开发市场促进综合决策支持系统

针对农村建设用地流转缺乏科学控制和整体安排,以及农村建设用地流转对土地市场的复杂作用带来的市场决策困难等问题,根据市场承受力、政策允许度、土地收益等社会经济因素进行多方案的农村建设用地流转综合影响分析,开发农村建设用地再开发市场促进综合决策支持系统,实现再开发农村建设用地市场投放规模、结构、方式和时序等的决策支持。

4.2 技术支持系统总体设计

4.2.1 系统设计原则

根据上述技术集成思路和系统目标,确定系统的总体设计原则如下:

(1) 标准化和规范化:系统建设必须遵循现行的相关行业标准和业务技术规范,确保与国土资源基础信息平台对接。

(2) 实用性:设计应遵循相关管理部门的需求,应按照业务部门的需求对系统进行设计,实现切实必要的功能。同时系统应保持界面的简洁易懂性,操作具有方便性,降低系统使用前的培训投入和使用中的维护投入。

(3) 科学性与先进性:运用 GIS 开发手段和技术,确保系统空间数据库设计、数据模型、研究技术路线的科学性;选择合适并且成熟的软硬件开发平台,保证系统设计的先进性。

(4) 安全性：系统应采用合理的用户权限管理和数据安全管理措施，防止出现系统非法使用或数据非法修改。

(5) 开放性和可扩充性：易于与其他国土资源信息系统进行数据交换。系统功能和数据库可以根据发展的需要进行扩充以满足用户对系统的要求和今后系统的扩充。

(6) 经济性：系统的实现应在达到功能、性能指标的前提下，尽量使用已有的软件平台和硬件设施，减少重复投资。

4.2.2 系统架构

1. 运行模式

采用 C/S＋B/S 模式，土地市场信息采集终端和数据库系统、土地市场供需关系建模和仿真软件采用 C/S 模式，单机部署；农村建设用地基准地价评估软件、土地价格与土地市场模拟预测软件、农村建设用地再开发市场促进综合决策支持系统采用 B/S 模式，各地可结合实际情况在因特网、政务外网或政务内网部署运行。

2. 体系结构

考虑系统稳定性、兼容性、安全性和可扩展移植性，采用基于组件式技术和 SOA(Service-Oriented Architecture，面向服务架构)技术的多层架构构建，包括表现层、业务应用层、基础服务层、数据层。

(1) 表现层：提供与用户交互的界面，其中数据采集终端基于手持智能终端，采用 Android 系统界面；数据库管理系统、市场供需关系建模与仿真软件采用类似 ArcGIS Desktop 风格界面，利用 Developer Express 控件优化界面设计，提供美观简洁、交互友好的系统界面。农村建设用地基准地价评估软件、土地价格与土地市场模拟预测软件、农村建设用地再开发市场促进综合决策支持系统采用浏览器界面。

(2) 业务应用层：针对 C/S 系统，应用组件式 GIS 与专业评价模型集成的开发模式，利用 ArcGIS Engine 组件库定制数据采集管理、空间查询、属性查询、空间分析、成果可视化等基本 GIS 功能,通过 Microsoft .NET Framework 开发框架将各类业务处理模型封装为 DLL(动态链接库),实现各类专业应用功能。针对 B/S 系统,利用 ArcGIS Server、天地图 API 和 .NET WebService 技术,以"天地图"为基础底图,发布各类专题地图服务和应用服务,并实现与现有相关系统数据共享。

(3)基础服务层:提供开发各类业务应用所需的公共组件,包括基于 ArcGIS Engine 的 GIS 服务、数据库访问服务、基于 ArcGIS Server 的 WebGIS 服务等。

(4)数据层:存储管理各类空间数据和属性数据。采用关系型数据库 Access 和 Oracle 作为数据管理平台,通过 ADO.NET 和 ArcSDE(空间数据库引擎)分别访问和操作非空间数据与空间数据。

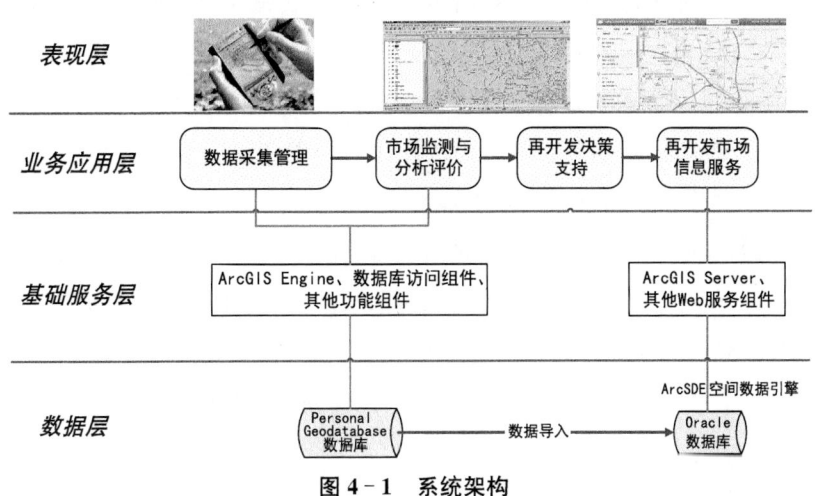

图 4-1 系统架构

4.2.3 功能结构与数据流程

系统涉及基础数据采集管理、市场监测与分析评价、再开发决策支持、市场信息服务等方面功能,按照用户对象和操作环境的不同,分为信息采集端、数据管理端、分析评价端、决策端、社会服务端五个相互联系的工作端,其总体业务流程如下:

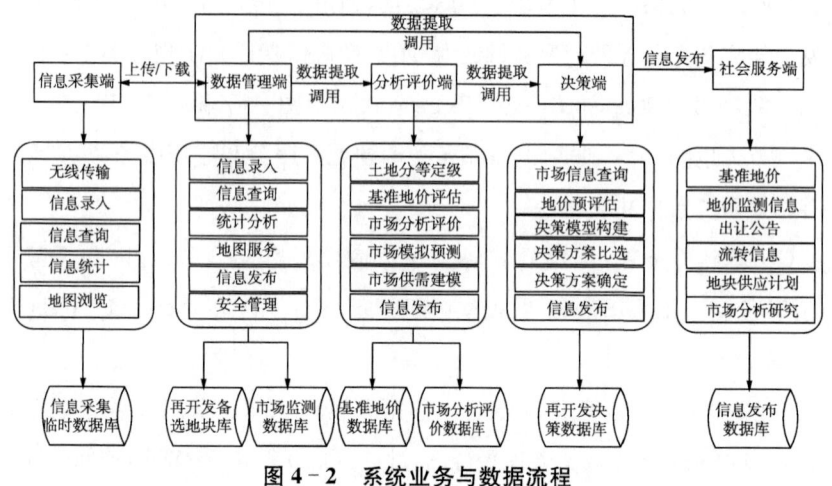

图 4-2 系统业务与数据流程

1. 信息采集端:主要面向信息采集人员,利用手持智能终端采集各类市场监测信息,通过 3G 网络调用远程地图服务,实现地块信息空间定位,并可实时将采集数据上传到服务器,或从服务器查询、下载所需的基础数据。系统提供无线传输、信息录入、信息查询、信息统计、地图浏览、空间定位等功能。

2. 数据管理端:主要面向数据管理人员,可实时接收、存储各采集终端上传的数据,也可人工录入、导入通过多种渠道收集、整理的基础地理数据、评价参数数据和社会经济统计数据等,进行必要的审核确认后,建立分析评价和决策所需的基础数据库,同时将需要公开的信息发布到社会服务端。系统提供远程信息接收、信息录入、信息查询、统计分析、安全管理、地图服务、信息发布等功能。

3. 分析评价端:主要面向土地市场分析评价人员,包括农村建设用地基准地价评估软件、土地价格与土地市场模拟预测软件、土地市场供需关系建模与仿真软件。用户通过调用数据管理端的相关基础数据,按照相应的分析评价模型,进行集体建设用地分等定级、基准地价评估、市场分析评价、市场模拟预测、市场供需建模等,并将分析评价结果发布到社会服务端。

4. 决策端:主要面向农村建设用地再开发决策人员,通过调用数据管理端的基础数据和分析评价端的相关结果数据,拟定决策方案,按照相应的决策模型进行方案比选和综合分析,确定再开发建设用地市场投放方案,并将地块供应计划发布到社会服务端。

5. 社会服务端:主要面向社会公众、投资者和研究人员等,建立信息发布网站,实现农村建设用地再开发市场信息公开和数据共享。用户可通过互联网浏览、查询、下载所需的土地市场监测信息,了解市场运行状况和地块投放计划,为投资者投资决策提供依据。

4.2.4 数据组织与管理

1. 数据组成及来源

系统所涉及的数据可以分为三大类:基础数据、业务数据和系统管理数据。基础数据是指在农村建设用地再开发市场管理工作中需要引用而不能修改的数据,如土地利用变更调查成果等;业务数据是指在农村建设用地再开发市场管理工作中通过调查录入、分析处理等形成的,并与业务直接相关的数据,如各类市场交易数据、市场分析数据、地价评估数据等;系统管理数据指因系统维护、管理需要而创建的数据,如用户信息、系统日志等。基础数据和业务数据的具体内容见表4-1和表4-2。

表 4-1 系统主要基础数据组成及来源

数据用途	数据名称	数据来源
工作底图	土地利用现状图矢量数据	自然资源部门提供
	土地利用规划图矢量数据	
	地形图或基础地理矢量数据	
	遥感影像数据	
	土地利用现状图瓦片数据	调用天地图或相关地图服务
	土地利用规划图瓦片数据	
	地形图或基础地理瓦片数据	
	遥感影像瓦片数据	
经济社会数据	乡镇和村经济社会数据	乡镇统计部门提供、实地调研
	市、县(市、区)经济社会数据	统计年鉴收集

表 4-2 系统主要业务数据组成及来源

数据用途	数据名称	数据来源
市场供需分析与仿真	乡镇级土地市场供需数据	市场调研、现场采集
	村级土地市场供需数据	
基准地价评估、市场监测与模拟预测	国有建设用地基准地价图	调用现有地图服务
	集体建设用地市场交易样点	市场调研、现场采集
	国有建设用地供应项目	建立数据接口获取或自然资源部门提供
	集体建设用地流转项目	市场调研、现场采集
	市场主体问卷调查结果	问卷调查
再开发决策支持	再开发地块信息	自然资源部门提供
	地块周边土地市场交易信息	市场调研、专业机构提供
	地块周边楼盘信息	市场调研、专业机构提供
	地块周边房屋出租、出售信息	市场调研、专业机构提供

2. 数据存储管理

(1) C/S 系统:以 Personal Geodatabase 格式(Access 格式的 ArcGIS 空间数据库,下同)存储管理各类空间数据,以 Access 数据库存储管理各类非空间数据,以文件形式存储成果报告、成果图件、成果表格和照片等数据,并纳入系统统一管理。

(2) B/S 系统:采用 Oracle 数据存储管理各类空间和非空间数据;以"瓦片"文件形式存储相关专题地图数据,并通过 ArcGIS Server 统一管理;以文件形式存储相关成果报告、成果图图片、成果表格和照片等数据,并纳入系统统一管理。

3. 数据接口

为满足系统集成和数据共享需求,系统提供以下数据接口:

(1) 手持终端数据传输接口

基于 Web Service 和无线通信技术,开发手持终端数据传输接口,实现客户端采集系统与服务端数据库管理系统的数据传输。

(2) 基础底图服务接口

根据 WMS 网络地图服务规范,开发与"天地图"等相关地图服务商的地图服务调用接口。

(3) 国有建设用地供应数据接口

基于 Web Service 技术,开发与现有土地市场监测监管系统的数据获取接口,能根据需要自动获取国有建设用地供应数据。

(4) 相关专题地图服务接口

基于 ArcGIS Server,开发系统所需的相关专题地图服务接口,如土地利用现状图、遥感影像图、基准地价图等。

4.2.5 运行环境

1. 网络环境

本系统为多层分布式系统,支持单服务器、双服务器以及多服务器三种部署方式。考虑到用户的业务需求,建议在生产环境中以双服务器或多服务器部署方式为主,部署示意图如下所示:

(1) 双服务器部署

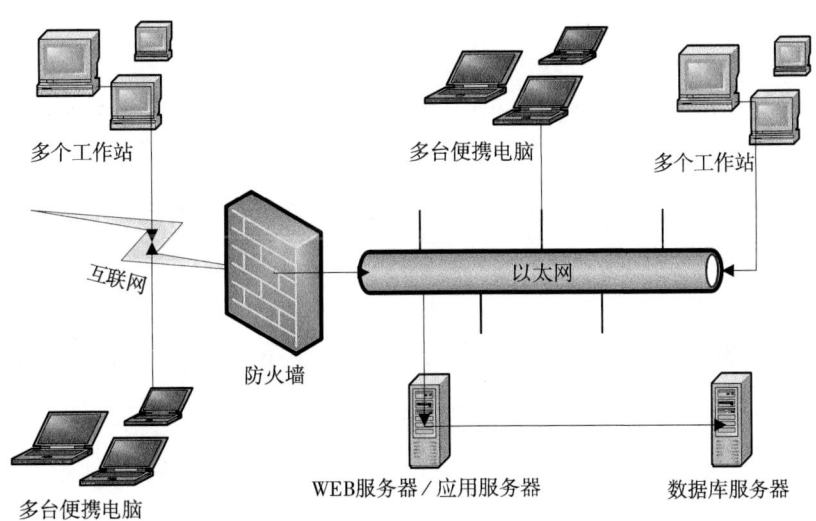

图 4-3 系统运行的网络环境示意图 1

(2) 多服务器部署

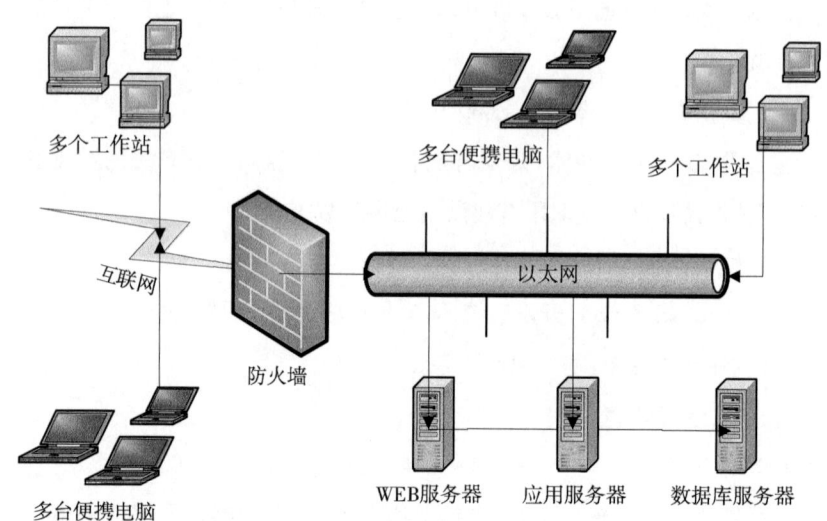

图 4-4　系统运行的网络环境示意图 2

2. 硬件配置

C/S 结构系统可安装在一般的主流电脑上，B/S 结构系统服务器建议配置如下：

双 CPU，8G 内存，三块 146G 以上硬盘做 RAID5，双网卡。

同时，系统应配备或共享相应的数据备份设备，满足历史数据备份要求。

3. 软件平台

系统建设与运行的软件平台包括操作系统平台、数据库平台、GIS 平台、报表软件、开发平台等。

(1) 操作系统

服务器：Windows Server 2008 简体中文企业版（Web 服务器安装 IIS 服务）

客户机：Windows XP、Windows7 或以上版本

手持终端：Android 4.2

(2) 数据库平台

Access(C/S 系统)、Oracle11g 简体中文企业版(B/S 系统)。

（3）GIS 平台

采用 ArcGIS 9.3 和天地图。

（4）报表软件

Microsoft Office 2007（Word、Excel）。

（5）开发平台

Visual Studio 2013、Eclipse

.NET 框架：.NET Framework 3.5。

4.3 技术支持系统各子系统设计

4.3.1 市场信息采集终端

为了实现满足农村建设用地市场信息采集管理的功能需求，系统采用基于 Android 4.2 的平板电脑及智能手机设备。在开发环境选择上，系统采用 Eclipse 完成客户端的开发工作。在地图服务方面，使用天地图 API 提供的开发框架实现地图的浏览和定位功能。

1. 系统总体架构

系统总体架构包括数据层、服务层、应用层、表现层几个主要层次，如下图所示：

（1）数据层

通过对基础空间库、业务数据库等数据的存储和检索，为上层的各项应用服务提供广泛的支持。

（2）服务层

服务层主要是为业务应用平台提供服务和中间件支持，如工作流、基础 WebGIS 服务、数据交换平台、安全认证服务、GPS 定位等，它是各项功能应用正常运行的支撑。

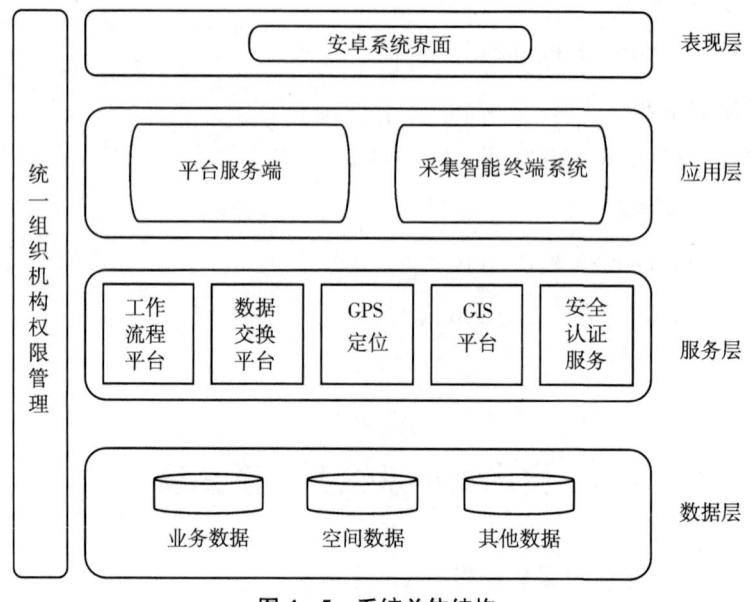

图 4-5 系统总体结构

（3）应用层

包括农村建设用地市场信息采集客户端系统和服务端系统。

（4）表现层

用户主要利用基于 Android 4.2 的 PDA 进行系统操作。

2. 应用体系架构

PDA 作为客户终端，可以通过移动的 GPRS/CDMA 网络，与服务端时刻保持通信，可以将 PDA 上采集的数据上传到服务端进行处理、存储。在服务端开放固定 IP 地址，开启 WEB 服务，PDA 通过 GPRS/CDMA 访问 Internet 或 VPN，直接连接服务器的 IP 以及数据上传的 WEB 服务程序，将数据以 HTTP 协议方式发给服务端，存储到数据库中。

3. 技术开发架构

系统基于表现层、业务层、数据层的三层体系进行构建，采用面向对象设计方法来设计，采用 UML 等建模工具来设计建模。

4 农村建设用地再开发市场调控技术集成与示范

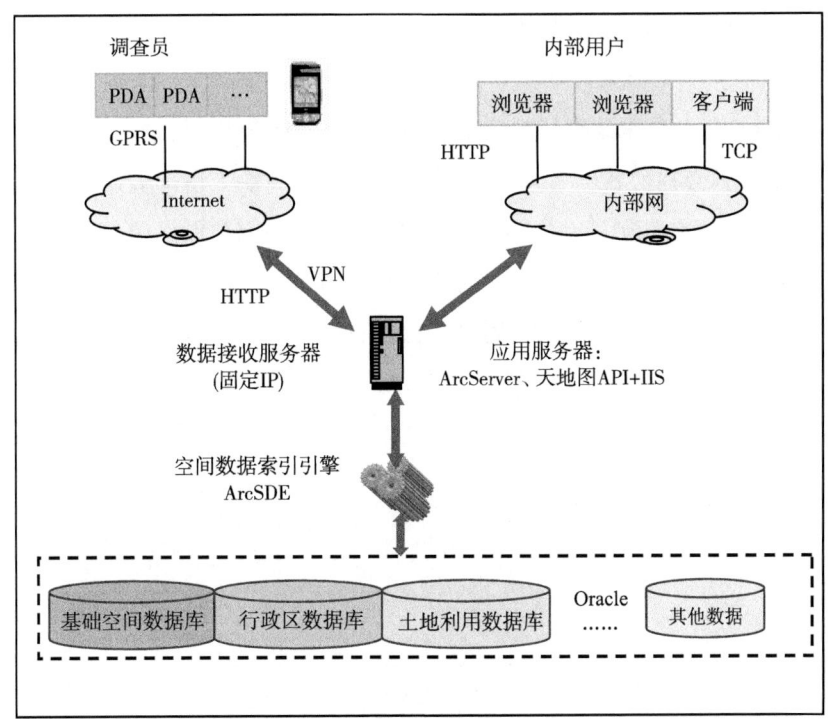

图 4-6　系统应用体系结构示意图

基于安卓操作系统的 PDA 采集客户端采用 Java 语言进行开发,服务端系统采用.NET 语言开发。系统 GIS 平台采用天地图,数据库平台采用 Oracle 数据库管理系统。

4. 客户端系统设计

(1) 客户端系统流程

客户端通过 3G 信号将数据下载到 PDA 中,采集人员通过 GPS 定位,把当前位置信息显示在地图上,再进行每个项目的数据采集作业。

① 采集员收集数据:记录采集对象相关属性信息、地图坐标,进行照片拍摄等。

② 采集员上报:通过 PDA 终端上报采集数据和照片。

③ 数据质检员:查看上报记录,修改补充上报数据。

④ 数据审核员：审核入库。

(2) 业务功能模块设计

功能包括数据采集客户端模块和数据采集指挥模块，其中，指挥中心职能包括：保证与移动客户端实时通信，接受移动客户端上传采集数据，正确、安全地将采集数据统一入库。数据采集模块主要功能包括：保证与指挥中心实时通信，正确完整地获取指挥中心分配的任务信息（包括空间信息、任务详细），采集数据（包括空间数据、属性数据、照片），正确、完整地上传采集数据到指挥中心。软件具体功能结构如下图所示。

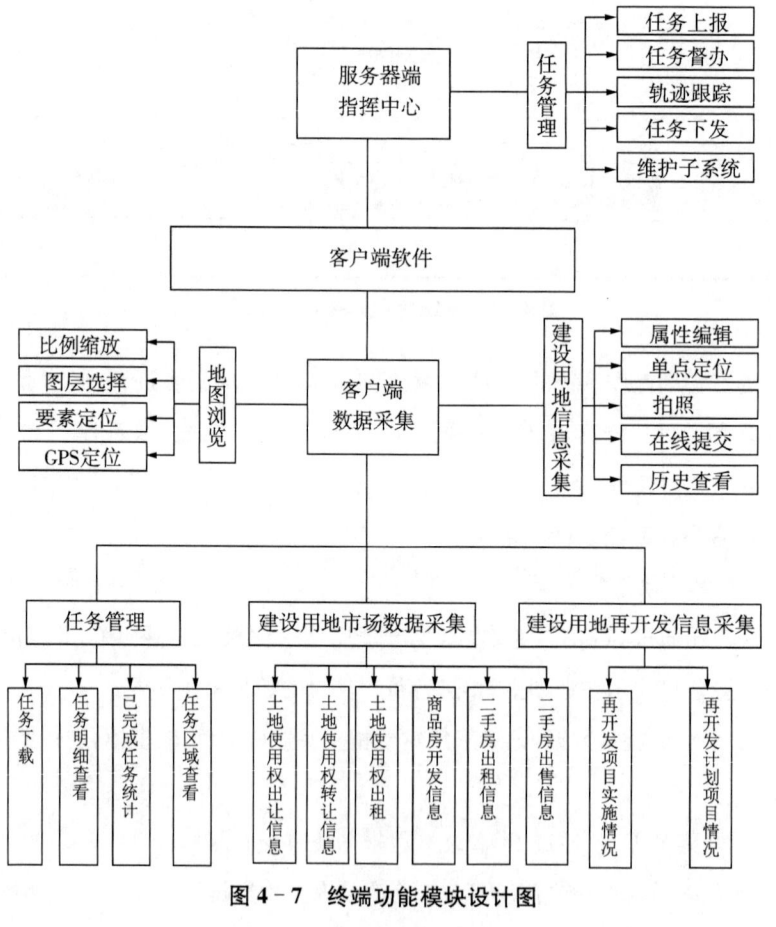

图4-7 终端功能模块设计图

(3)业务数据流程设计

业务数据管理基于嵌入式数据库 SQLite。SQLite 具有体积小,使用方便等优点。IOS 系统对 SQLite 数据库都提供了较好的支持,并且都有面向对象的数据存储模型框架,适用于数据模型已经高度结构化的应用程序。通过此框架,可将对象数据存储在 SQLite 数据库中完成数据对象的持久化操作。

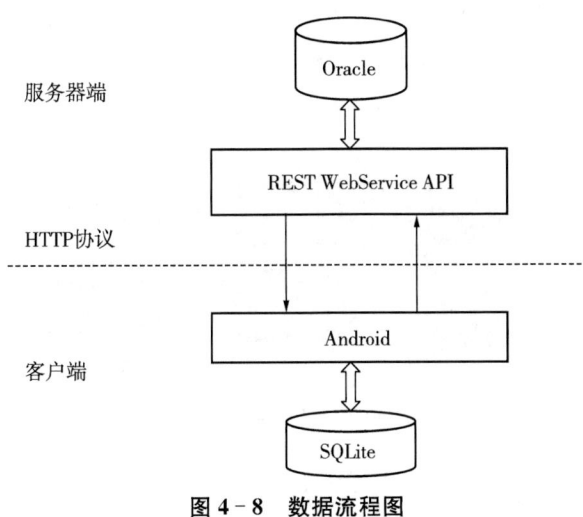

图 4-8 数据流程图

(4)地图服务设计

地图服务采用天地图发布的标准服务。客户端地图浏览、定位等功能采用天地图 API 实现。该平台是 ArcGIS 针对 IOS 设备应用所构建的开发平台,具有地图导航、空间查询分析,要素编辑及动态地图标注等功能。

5. 数据采集终端设备选型

根据本项目对数据采集终端的需求,选型设备指标响应情况如下表所示:

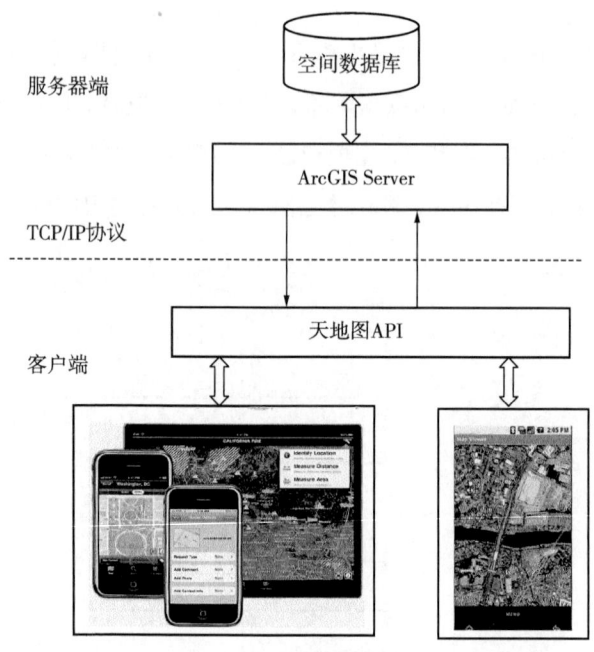

图4-9 地图服务架构

表4-3 数据采集终端设备技术指标

采集设备性能技术指标		
操作系统		Google Android 4.2
处理器	架构	Cortex A7 四核
	主频	1.5 GHz
GNSS	模块类型	99通道,BDS B1,GPS L1 C/A,支持 SBAS
	定位精度	单点 2～5 米(CEP),SBAS 1～3 米(CEP)
	更新频率	1 Hz
电源	电池电压	3.7 V
	电池容量	5 700 mAh(可拆卸,标配两块电池)
	续航时间	典型状态两块电池 12 小时以上

续 表

采集设备性能技术指标		
存储	RAM	2 GB
	机内 ROM	16 GB
	扩展存储	支持 MicroSD 卡扩展,标配 16 GB,最大支持 32 G
数据通信	数据线接口	MiniUSB 2.0,支持 MiniUSB-串口数据通信
	运营商网络	WCDMA(兼容 GSM/GPRS),支持语音通话
	其他	13.56 MHz RFID、Wi-Fi、蓝牙、调频收音机
屏幕特性	屏幕尺寸	7 英寸
	分辨率及类型	WSVGA(1 024×600),自适应反透式显示屏,强光下清晰可见
	触屏类型	电容式触屏,支持多点触控
防护及环境特性	防尘防水等级	IP65
	抗跌落水平	抵抗 1.2 米跌落至硬质地面
	工作温度	−20℃～60℃
	存储温度	−30℃～70℃
传感器及多媒体	传感器	电子罗盘、气压计、加速度传感器、光线传感器、接近传感器
	摄像头	主摄像头 1 300 万像素,支持自动对焦,支持闪光灯 前置摄像头 200 万像素
	音频	话筒、扬声器、耳机接口
物理特性	尺寸	213 mm×133 mm×17.5 mm(长×宽×厚)
	重量	约 570 g(含电池)
	按键	1 个电源键 1 个复位孔 4 个软功能键

产品外观如下图所示:

图 4-10　产品外观

4.3.2　市场信息数据库系统

1. 系统架构设计

系统采用多层架构构建,包括以下四层结构。采集层:提供与用户交互的界面;业务应用层:通过调用各类基础服务,实现各项业务功能;基础服务层:提供 ArcGIS Engine 的 GIS 服务、数据库访问服务、基于 ArcGIS Server 的 GIS 服务等;数据层:存储管理各类空间数据和属性数据。

2. 数据库架构设计

数据库主要建设内容分为以下 4 个方面:

(1) 市场政策文件库

用作于农村建设用地再开发市场调控政策文件的知识库,辅助决策农村

4 农村建设用地再开发市场调控技术集成与示范

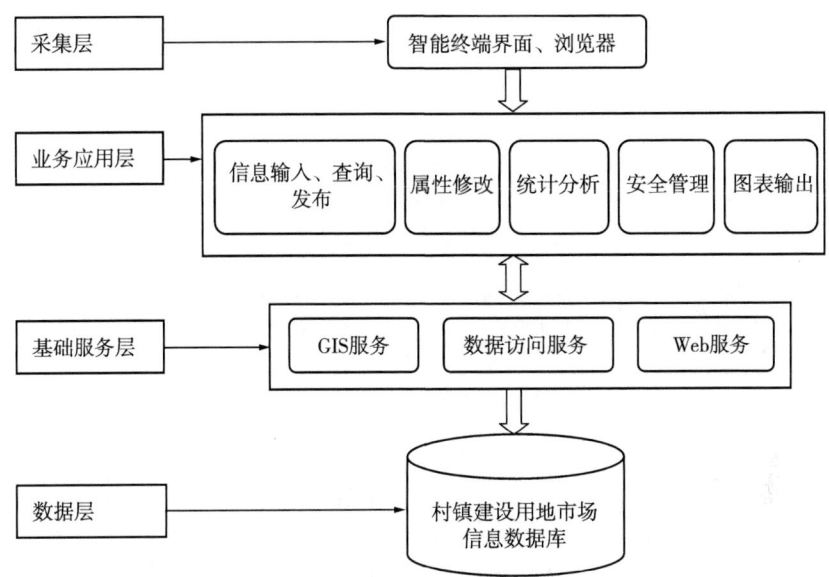

图 4-11 农村建设用地市场信息数据库系统总体架构图

建设用地再开发市场调控。

(2) 市场决策信息数据库

市场决策信息数据库分为市场基本信息数据库、配套设施信息数据库、产业信息数据库、财政税务信息数据库。基本信息数据库存储和管理区域内土地利用现状、土地利用规划、基准地价等基本信息；配套设施信息数据库存储和管理区域内的对外交通、道路通达、基本设施、周边环境配套等信息；产业信息数据库记录和管理区域内的产业配套信息，如主要产业、产业种类、产业产值等产业信息；财务税收信息数据库记录和管理区域内的财务税收信息，如财政投入、企业税费、农地征用税费、社保及相关补偿情况信息。

(3) 市场交易信息数据库

存储区域内农村建设用地土地的交易情况信息，涉及国有土地出让、转让、租赁、抵押，集体土地流转(出让、出租、转让、转租、抵押等)交易类型。

(4) 农村建设用地再开发项目库

分为项目实施情况数据库、备选项目数据库。项目实施情况数据库记录已实施和正在实施的开发项目信息;备选项目数据库记录区域内类似实施再开发的闲置土地、低效用地情况。

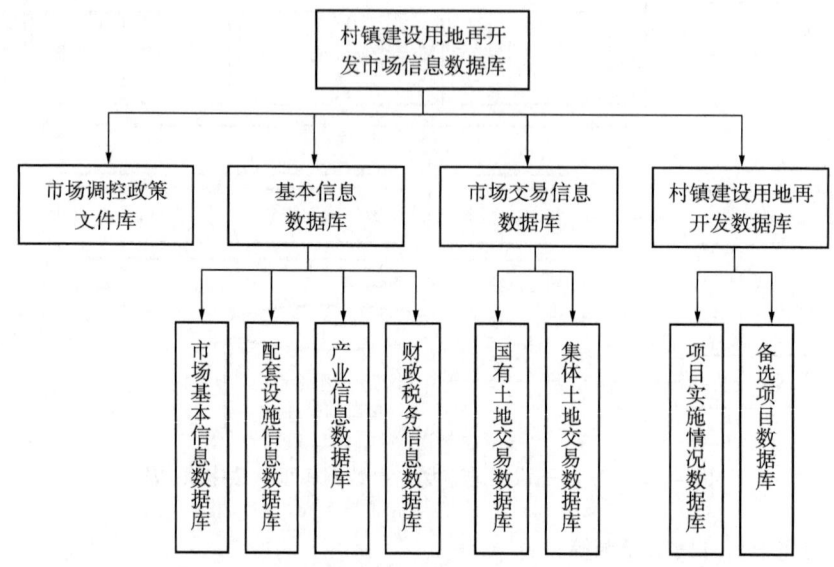

图4-12 农村建设用地再开发市场信息数据库架构示意图

3. 系统功能结构

(1) 登录模块

包括用户登录、安全验证、用户注册等功能。

(2) 信息管理模块

包括各类信息新增、修改、删除等功能。

(3) 信息查询模块

包括各类信息属性查询、结果输出等功能。

(4) 信息统计模块

包括各类信息统计、结果输出等功能。

(5) 地图显示模块

包括地图浏览、查询等功能。

(6) 安全管理模块

包括用户管理和日志管理功能。

(7) 信息发布模块

包括各类发布信息新增、修改、删除等功能。

4.3.3 土地市场供需关系建模与仿真软件

本系统功能主要分为三个模块：GIS基础工具模块、用地再开发供需预测模块、系统设置模块(图4-13)。

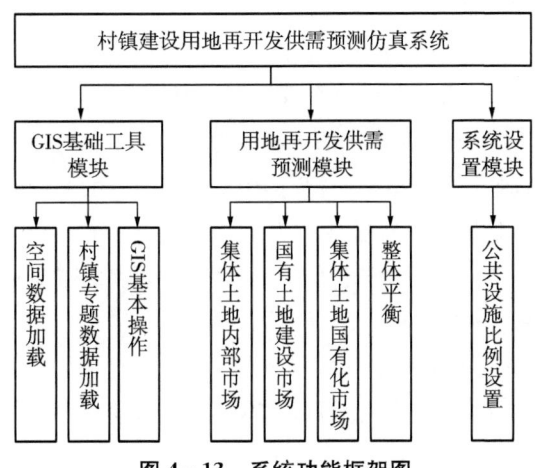

图4-13 系统功能框架图

1. GIS基础工具

(1) 空间数据加载

能够成功打开关于包含村、地块属性、镇信息的MXD文档。

能够成功导入关于包含村、地块属性、镇信息的Shapefile数据。

能够成功导入预测区域的TIF遥感影像。

能够成功添加SDE数据库中关于包含村、地块属性、镇信息的图层数据。

(2) 村镇专题数据加载

能够成功导入包含村、农村人口、第二产业各类用地指标、第三产业各类用地指标、地块等的Excel土地调查数据。能够成功加载选中的Excel文件，并将其保存在程序中指定目录下。

能够成功添加数据库中的包含村、农村人口、第二产业各类用地指标、第三产业各类用地指标、地块等的土地调查数据。能够成功加载设定的数据库中的数据,并将其保存在程序中指定目录下。

(3) GIS 基本操作

放大:任意放大地图显示。

缩小:任意缩小地图显示。

全视图:全景显示地图内容。

平移:任意移动地图。

前一视图:回到前一屏幕地图显示范围。

后一视图:回到下一屏幕地图显示范围。

显示属性:选择图层,单击要素,显示要素属性信息。

标注名称:选择图层,将所选图层要素的名称显示到地图上。

取消标注:选择图层,取消所选择的图层在地图上的名称标注。

清除选择:清除地图上已框选的要素。

移除图层:在图层列表中选择图层,将其在列表和图层显示区域中删除。

2. 再开发用地供需预测

(1) 集体土地内部市场

供给预测:选择农村集体土地图层数据,基于相关参数,进行集体土地内部市场供给预测。

需求预测:选择农村集体土地图层数据,基于相关参数,进行集体土地内部市场需求预测。

整体平衡:能成功地获取预测所得的值并进行平衡计算,对供求关系比较结果进行表格显示。

(2) 国有土地建设市场

供给预测:选择地块图层数据,并选择地块状态,若有需要,输入所需参数,根据各地块的状态计算各地块的供给面积。

需求预测:选择地块图层数据,根据需求预测所需的各项参数并进行计算得到预测结果。

平衡关系:显示国有土地建设市场土地总供给、需求面积以及供需比较结果。

(3) 集体土地国有化市场

供给预测：选择农村集体土地图层数据，基于相关参数，进行集体土地国有化市场供给预测。

需求预测：选择地块图层数据，根据需求预测所需的各项参数并进行计算得到预测结果。

(4) 整体平衡

整体平衡关系：加载集体土地内部市场的平衡情况，并计算总体平衡情况。

土地打分：对集体土地内部市场可用于集体土地国有化市场的村土地进行经济基础、区位条件、农民意愿等方面打分，计算综合分值。

区位选择图上显示：根据选择的图层和字段，赋予要素不同的颜色在图上显示。

总体评价：将三个市场总供需关系比较以文字显示。

3. 系统设置

能够根据村镇级别进行行政管理、教育机构、文体科技、医疗保健等类别的公共设施规定比例的设置。

4.3.4 农村建设用地基准地价评估软件

1. 系统架构

系统采用B/S结构，用户通过网页登录系统以后，即可使用已经被配置好的各项功能。

系统总体体系结构自底而上分为数据层、服务层、应用层和表现层，如下图所示。

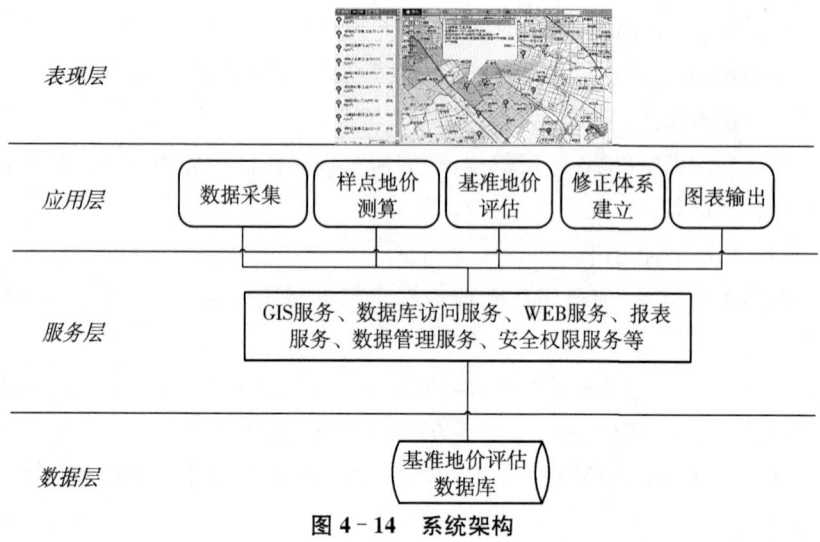

图 4-14 系统架构

2. 业务流程

系统业务流程分为土地定级指标体系构建、基础数据库建立、土地级别划分、交易样点采集与地价测算、基准地价评估、基准地价修正体系建立等环节,具体如图 4-15 所示:

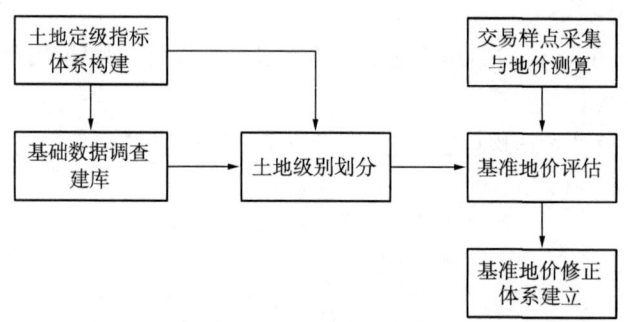

图 4-15 系统业务流程

3. 功能结构

系统主要业务功能模块包括土地级别划分、样点信息管理、估价参数确定、样点地价测算、基准地价评估、基准地价修正体系建立、地价时空分析、图表输出等,具体如图 4-16 所示:

4 农村建设用地再开发市场调控技术集成与示范

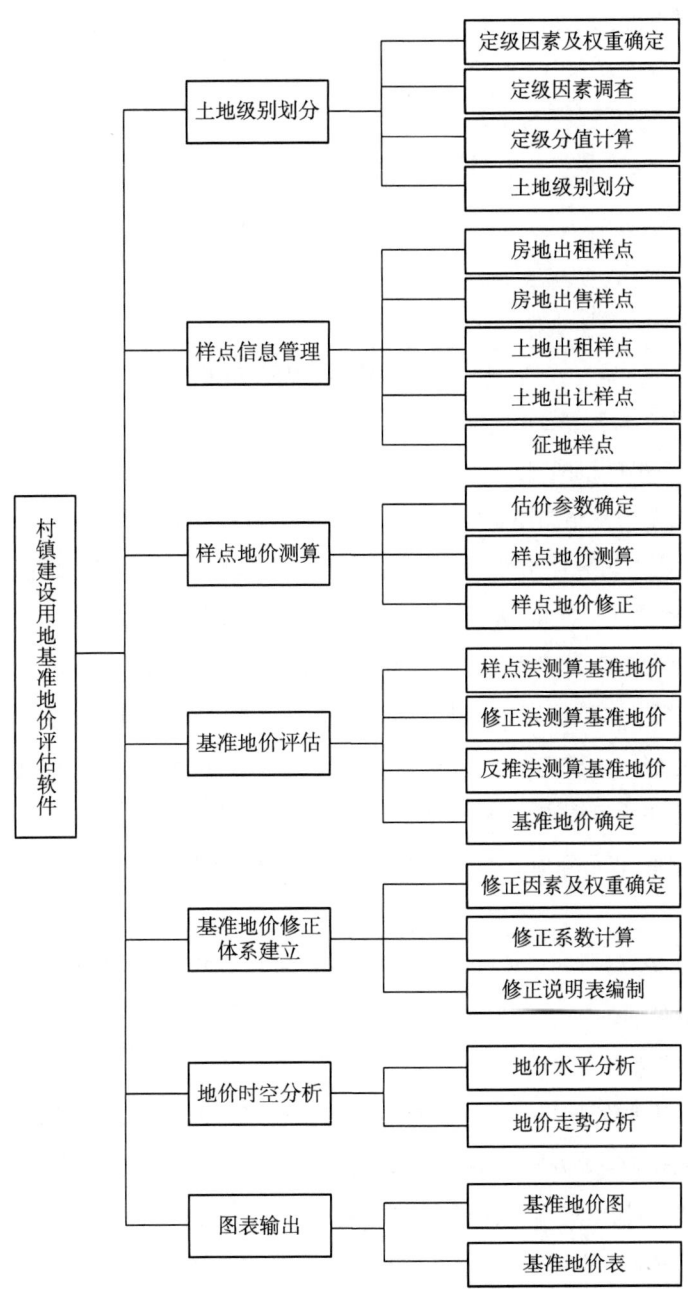

图 4-16 系统功能结构图

4. 界面结构

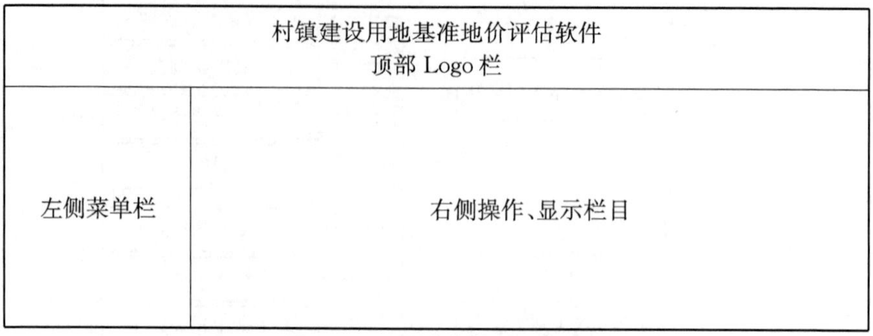

村镇建设用地基准地价评估软件 顶部 Logo 栏	
左侧菜单栏	右侧操作、显示栏目

图 4-17 系统主界面示意图

5. 功能设计

(1) 土地级别划分

① 定级因素指标体系建立：

定级因素指标体系采用多级树状结构(建字典表)，每个指标属性包括是否指标、字段英文名称、字段中文名称、字段类型、字段长度、单位、指标类型(正向型、逆向型、适度型)、无量纲化方法(阈值法、最大最小值法)。

保存后，点"数据库初始化"，自动生成相应的权重表、调查表和分值表。

② 定级因素权重确定：左侧树状结构，右侧显示相应的因素权重表。

③ 定级因素调查：以村为单位，填写相应调查表。

④ 定级单元分值计算：以村为单位，计算各村的因素因子分值和综合分值。

⑤ 土地级别划分：按村画分值排序图，从高到低，找级别分界点，确定各村的土地级别。

(2) 样点信息管理

对基准地价评估所需的样点信息进行统一管理，主要通过 Excel 导入各类样点数据，包括房地出租调查表、房地出售调查表、土地使用权转让调查表、土地使用权出租调查表、集体建设用地联营(联建)调查表等。

(3) 估价参数确定

包括不动产综合还原利率、土地还原利率、房屋还原利率、容积率修正系数、楼层地价分配系数、土地开发水平、房屋重置价、其他估价参数等的信息录入。

(4) 样点地价测算

根据城镇土地估价规程及农村建设用地价格评估技术规范,对采集的各类样点进行地价测算和修正。

(5) 基准地价评估

采用样点地价法、土地权益修正法等测算级别基准地价,填写级别基准地价确定结果。

(6) 宗地地价修正体系建立

根据级别基准地价及其变幅,自动测算宗地地价修正系数,编制宗地地价修正系数表。

(7) 地价时空分析

按土地级别和土地用途分析不同时点的地价水平和走势情况。

界面上方:土地用途选项;

界面下方:折线图,横坐标为年度,纵坐标为相应用途、相应年度的样点平均地价。

(8) 图表输出

显示级别基准地价表和相应的柱状图。

4.3.5 土地价格与土地市场模拟预测软件

1. 系统架构

土地价格与土地市场模拟预测软件系统采用 B/S 结构,用户通过网页登录系统以后,即可使用已经被配置好的各项功能。

系统采用的软件平台如下:

表 4-4 系统软件平台

名称	软件配置
操作系统	Windows Server 2008 R2
Web 服务器	IIS7.0
数据库系统	Oracle 11g

续表

名称	软件配置
开发平台	ASP.NET

系统总体思路如图 4-18 所示：

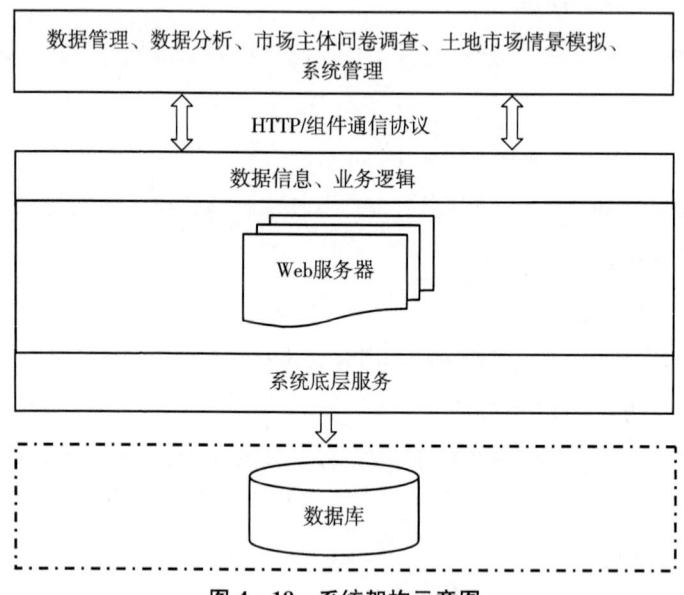

图 4-18　系统架构示意图

2. 业务流程

数据流程分为市场信息采集建库(其他外部系统完成)、市场现状分析、土地价格时空分析、市场主体认知及行为分析、市场模拟预测等环节,具体如下图所示：

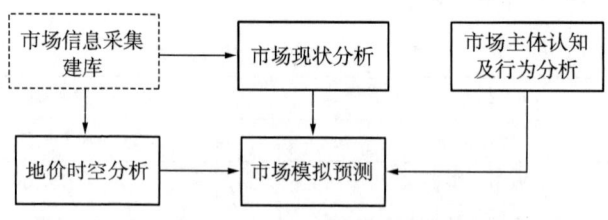

图 4-19　土地价格与土地市场模拟预测软件业务流程

3. 系统功能

系统的功能结构如下：

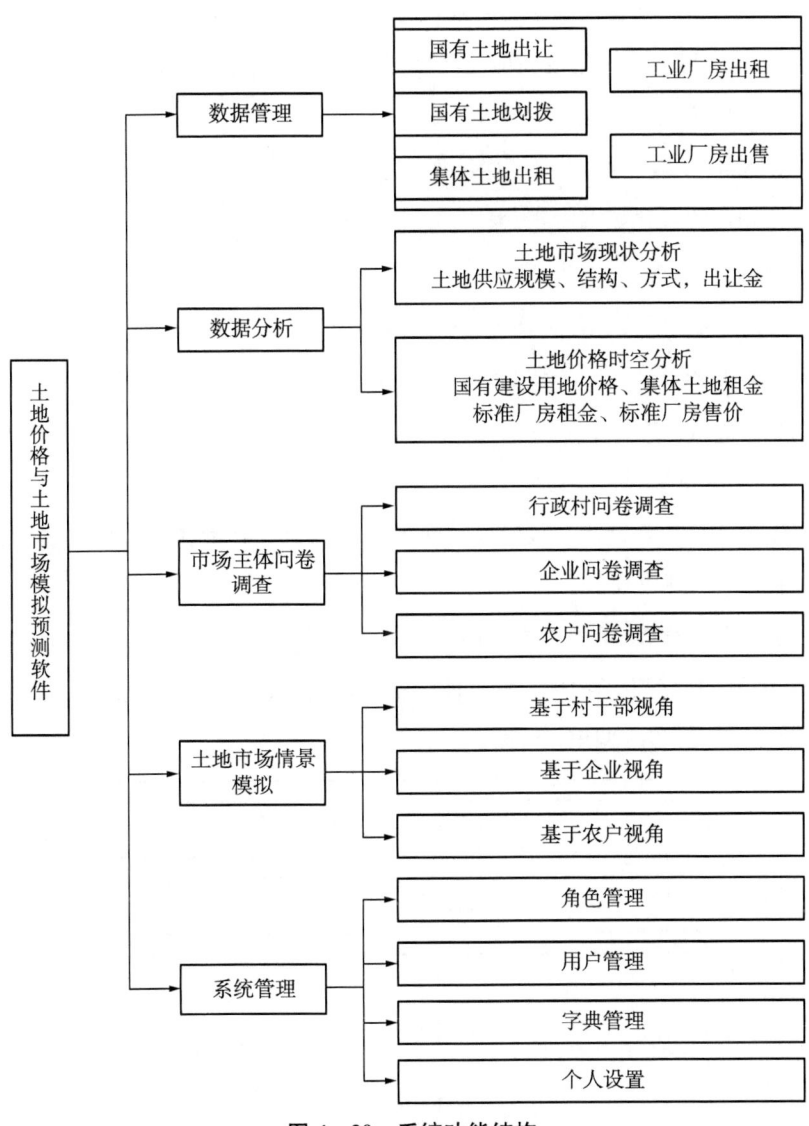

图 4-20 系统功能结构

4. 功能设计

(1) 数据管理

提供各类市场监测数据的导入、查询、浏览、删除功能,数据内容包括:

① 国有建设用地划拨和出让项目,包括行政区、面积、新增面积、存量面积、价格、底价、供应日期等字段。

② 集体土地出租、工业厂房出租、工业厂房出售项目。

土地出租包含如下内容:编号、标题、发布时间、交易类型、县区、乡镇、地址、面积、价格、配套、备注、网址。

厂房出租、出售包含如下内容:编号、标题、发布时间、交易类型、县区、乡镇、地址、面积、价格、厂房类型、配套、备注、网址。

(2) 数据分析

① 土地市场现状分析

土地供应规模分析:总宗数、总面积、新增面积、存量面积,以区、乡镇为单位按年度或季度统计。

界面包含列表(界面上方)和统计图(界面下方左右两个图,左侧为当期情况图,右侧为历期情况图),统计图包括分析指标、分析时间的选项,分析当期用柱状图,分析历期用折线图。

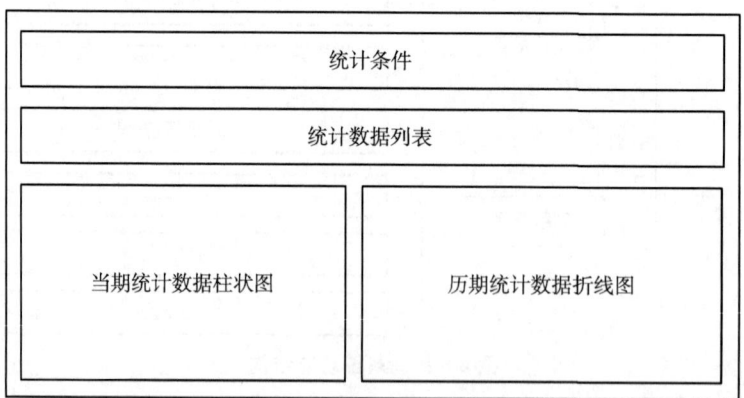

图 4-21 数据分析界面

土地供应结构分析:包括工业用地、经营性用地、其他土地。

土地供应方式分析:包括划拨、出让、协议出让、招拍挂出让等供应方式。

土地出让金额分析:包括出让总金额、工业用地出让金额、经营性用地出让金额。

② 土地价格时空分析

(a) 国有建设用地价格分析:包括出让单价、工业用地出让单价、经营性用地出让单价、工业用地平均溢价率、经营性用地平均溢价率等指标。

(b) 集体建设用地价格分析:包括土地租金、标准厂房租金、标准厂房售价等指标。

(3) 市场主体问卷调查

能导入、查询、浏览、删除以下问卷调查表格:

① 政府官员问卷调查

② 村干部问卷调查

③ 企业问卷调查

④ 农户问卷调查

将调查问卷按标准的 Excel 模板填写完毕以后,可以直接导入系统中。

(4) 土地市场情景模拟

对上述调查问卷整理分析基础上,基于村干部视角、基于企业视角、基于农户视角对调查问卷的结果进行分析。

界面上方显示 html 格式的问卷,问卷为超链接,点击后可以查看相应回答的统计结果,在界面下方显示。

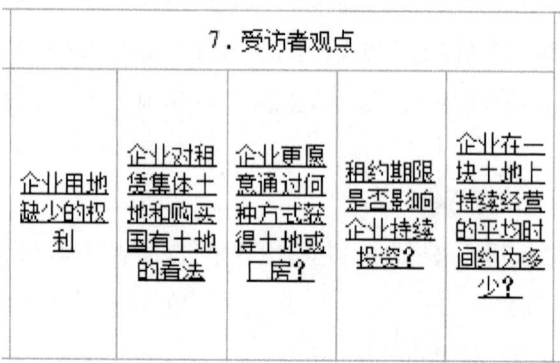

图 4-22　情景模拟问题链接

选择型的问题,结果显示为饼图(回答各种选项的个数、占比);

2.产业发展——(4)企业土地或用房的来源——村内工业厂房的投资主体

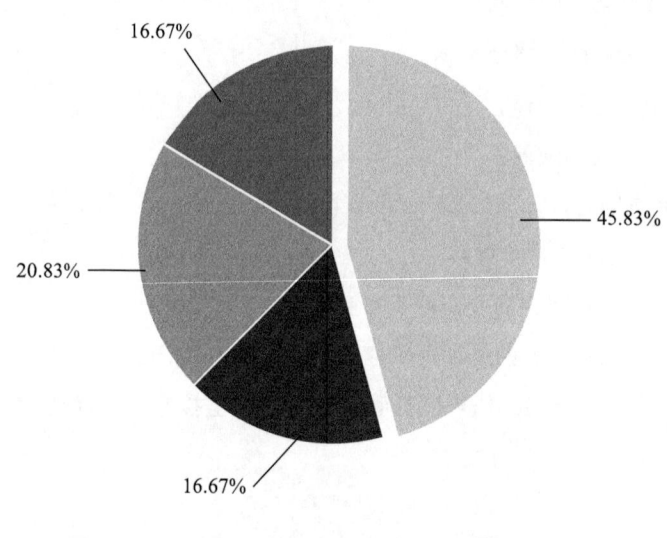

图 4-23　选择型问题饼图

输入数值型的问题,结果显示为散点图;散点图中横坐标为问卷编号,纵坐标为相应问题填写的数值。

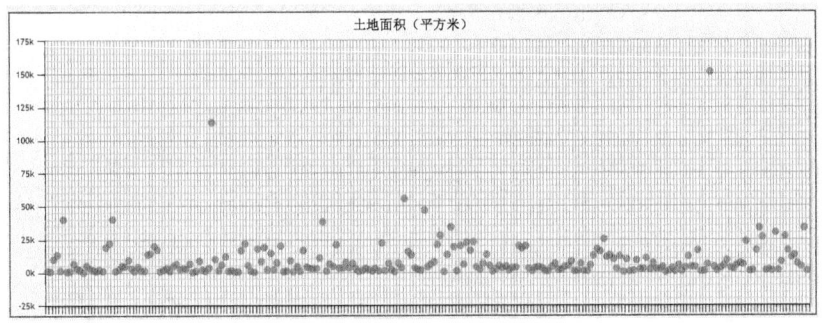

图 4-24 数值型问题散点图

(5)系统管理

① 角色管理:角色的增加、修改、删除功能。

② 用户管理:用户的增加、修改、删除功能。

③ 字典管理:系统中使用到的字典浏览、查询。

④ 个人设置:修改个人登录密码。

4.3.6 市场促进综合决策支持系统

1. 系统架构

农村建设用地再开发市场促进综合决策支持系统采用 B/S 结构,用户通过网页登录系统以后,即可使用已经被配置好的各项功能。

系统总体思路如图 4-25 所示：

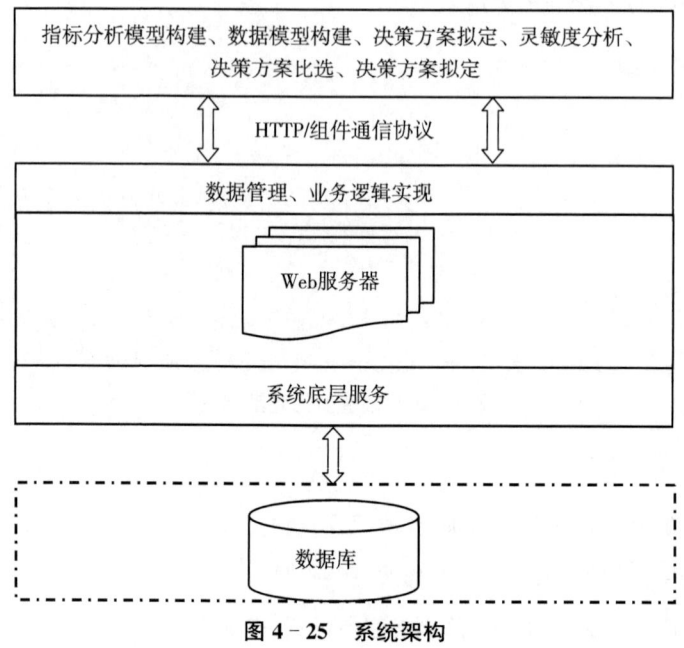

图 4-25　系统架构

2. 业务流程

系统业务流程分为决策指标体系构建、决策模型构建、备选地块库建立、决策方案拟定、决策方案评价、决策方案优化、方案确定等环节，具体如下图所示：

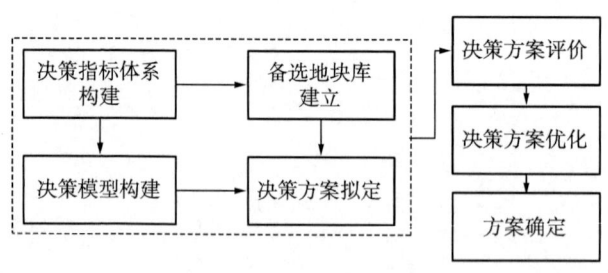

图 4-26　系统业务流程

3. 系统功能

系统的功能结构如下：

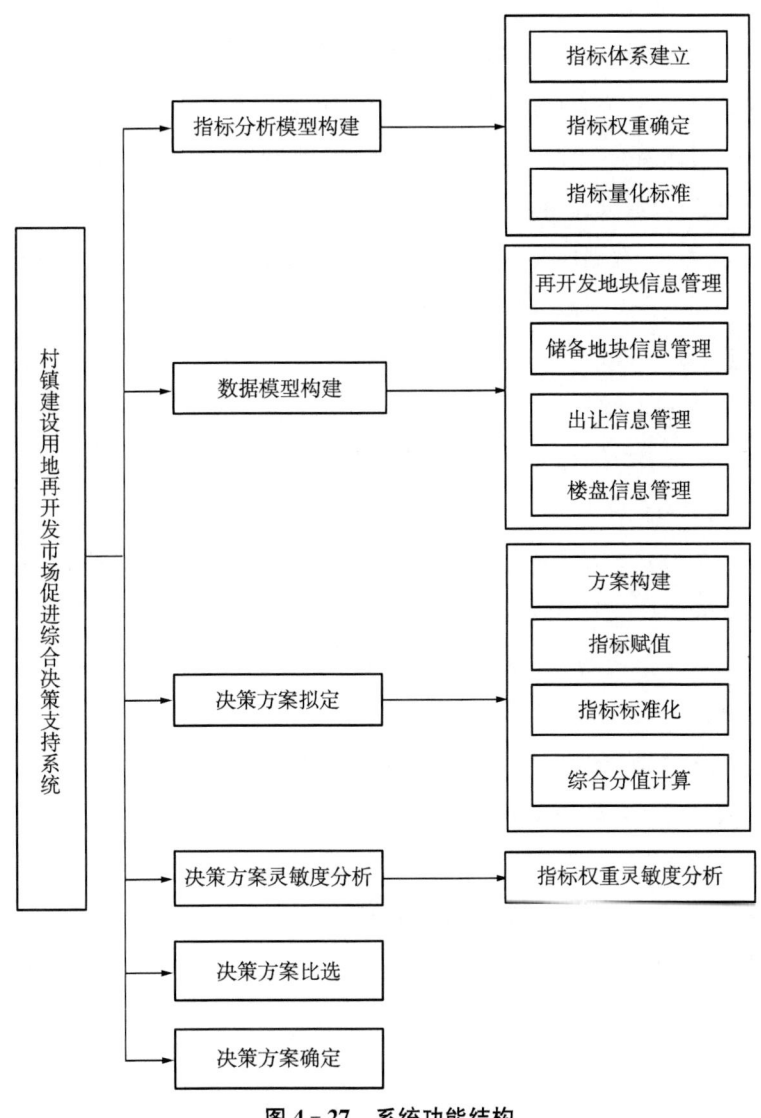

图 4-27 系统功能结构

4. 功能设计

（1）指标分析模型构建

① 指标体系建立

界面为多级树状结构（树上节点为指标体系），建指标体系字典表，用于自定义评价指标，字段包括字段英文名称、字段中文名称、字段类型、字段长度、单位、指标类型（正向型、逆向型、适度型，空着的表示不是末级指标）、分值计算方法（极值法、标准差法）。

保存后，点"数据库初始化"，自动生成调查表、权重表、分值表三张表。后面涉及相关界面的列表功能，都从指标体系表读取各指标字段英文和中文名，并组织 SQL 语句。

② 指标权重确定

输入权重表数据，指标权重采用百分制。

③ 指标量化标准

输入各末级指标的量化标准（一段文字）、对应再开发方案表字段（从再开发方案表选择一个字段），量化标准和指标值字段放在指标体系表中。用树状界面，点一个指标，右侧文本框输入相应的量化标准。

（2）数据模型构建

① 再开发地块信息管理

导入、查询、浏览、删除再开发地块信息。

② 储备地块信息管理

导入、查询、浏览、删除储备地块信息。

③ 出让地块信息管理

导入、查询、浏览、删除出让信息。

④ 楼盘信息管理

导入、查询、浏览、删除楼盘信息。

(3) 决策方案拟定

① 方案构建

选择一个再开发地块,插入再开发方案表中,再输入再开发方案表中的其他信息。一个地块可构建多个开发方案。

界面上方是地块列表,下方是当前选中地块的方案列表,列表提供增加方案按钮。

② 指标赋值

按照各指标所对应的方案表字段,进行指标赋值,记录插入调查表中。

界面上方是地块列表,下方是当前选中地块的调查表列表,列表提供指标赋值按钮。

③ 指标标准化

针对地块构建的多个方案,各指标按所有方案中该指标的最大值进行标准化,记录插入分值表中。

界面上方是地块列表,下方是当前选中地块的分值表列表,列表提供指标标准化按钮。

④ 综合分值计算

按加权求和,计算各方案的指标综合分值(综合分值字段也在分值表中)。

界面上方是地块列表,下方是当前选中地块的分值表列表,列表提供综合分值计算按钮。

(4) 决策方案灵敏度分析

决策方案灵敏度分析:在各方案排序不变的情况下,测算各指标权重的允许变化范围。算法:例如,方案1排名第1,A指标权重为10,将A指标权重逐步增加或减少,例如变为11、12、9、8等,A指标权重每次增加或减少后,变动的值(如1)在其他指标间按原比例关系分摊,确保总权重为1。每次会产生一组新的权重,用这组权重重新测算综合分值,看方案1是否仍排名第1,

直至不满足要求。由此可得出 A 指标权重的变化范围,如 7~12。每个指标都按这种方式算出一个变化范围。每个方案都按这种方式算,最后的结果是:针对每个方案,在确保其排序不变的情况下,都有一套相应的各指标权重变化范围。

界面上方是地块列表,下方是当前选中地块的方案列表(地块编号、方案编号、方案名称、A 指标权重范围、B 指标权重范围……),列表的每行提供"权重灵敏度测算"链接。

点击"权重灵敏度测算",弹出新页面,列表显示各指标权重的变化范围(指标名称,权重初始值,权重允许区间,变化范围),页面下方提供"测算"、"关闭"按钮。点击测算,就按前面总体思路的算法算出每个指标的权重允许区间(最小值,最大值)和变化范围(即最小值和最大值的差)

计算时,设计多个 dictionary<>分别存储各指标权重的初始值、当前值、最小值、最大值;用循环完成上述算法,权重每次变化值为 1,分别从初始值往上加和往下减。

(5) 决策方案比选

界面上方是地块列表,下方是当前选中地块的方案列表(地块编号、方案编号、方案名称、各评价指标值、综合分值、权重区间范围汇总值、是否选择)。

权重区间范围汇总值是指每个权重的变化范围值之和,在灵敏度分析中测算得到并赋值。

列表提供"选择方案"操作。

4.4 技术支持系统开发

根据上述设计思路,按照结构化生命周期法和原型法相结合的软件开发方式,进行系统开发、测试和试运行,具体程序如下:

(1) 开发人员组织。根据软件开发任务落实软件开发的人员,成立开发组,其中组长1名,主要负责软件需求分析、总体设计、系统开发及应用示范工作组织,数据工程师1名,负责系统开发及应用示范所需的基础数据采集、整理、建库,程序员2名,负责程序编制、测试、集成等,美工1名,负责系统界面设计、美化处理等。

(2) 开发环境搭建。在课题组现有软硬件和网络设施基础上,根据课题研究需要补充和升级了部分软硬件,包括服务器、图形工作站、防火墙网关等,并进行了软硬件的安装、配置、调试等,搭建软件开发环境。

(3) 基础数据收集。从系统应用示范区收集系统开发所需的基础数据,包括土地利用现状图、遥感影像图、城镇国有建设用地基准地价成果、国有建设用地供应台账、村镇社会经济发展数据等。

(4) 程序设计和编码。制定统一的编码规范,按照设计的功能模块,为程序员分配编码任务。程序员负责对自己开发模块的功能和性能进行初步测试,并将测试好的代码签入服务器。

(5) 系统集成和测试。对各功能模块进行集成,委托第三方测试机构对系统的功能、性能和安全性等进行全面测试,根据测试情况对系统进行修改完善。

系统具体情况见附录三。

4.5 技术示范

4.5.1 示范目的与意义

一是对课题研究成果进行检验和完善。为发挥市场机制促进农村建设用地再开发提供技术支持。无锡市是"苏南模式"的发源地,凭借临近上海的区位条件和发展集体经济的传统积累,逐渐形成以乡镇政府为主组织资源的村镇经济发展模式，形成了先工业化、再市场化的发展道路。广州市是中国改革开放的前沿地区，凭借临近港澳的区位条件和发展外向型经济的传统积累，逐渐形成高度市场化的村镇经济发展模式。改革开放以来，无锡和广州经济社会快速发展，农村建设用地需求旺盛，市场活跃，而土地权益关系复杂、市场机制缺位导致农村建设用地流转低效，土地粗放利用较为明显，建设用地再开发潜力较大。因此，课题组选择无锡和广州作为研究和示范基地，对相关技术的可操作性、实用性等进行检验，并根据应用情况进行改进和完善。

二是促进农村建设用地再开发市场信息平台建设。无锡市国土资源信息化工作一直走在全国前列，现已构建了市局—市（县）局、分局—乡镇国土所三级联网网络架构，开发和运行了"一张图"综合监管平台、"四全"服务平台、"综合事务管理系统"、国土资源网上交易系统、地价管理系统等软件系统，但在农村建设用地市场管理方面，相关信息化建设欠缺，广州市也面临同样的问题。随着集体建设用地流转、"三旧"改造、城镇低效用地再开发等业务的试点和推进，相关技术系统的研发将逐步提上日程。本研究在无锡和广州的应用示范，将弥补这一方面的不足，促进示范区农村建设用地再开发市场信息平台建设。

三是为各地农村建设用地再开发市场建设提供借鉴。近年来，中央提出了建设社会主义新农村和统筹城乡发展的战略决策。农村建设用地再开发是保障上述国家发展战略的重要支撑，也已成为节约集约利用土地、保护耕地，调整转变经济增长方式，建设资源节约型和环境友好型社会的必然选择。因此，全国各地正围绕农村建设用地再开发进行积极的探索和实践，然而，受发展阶段影响，目前专门针对农村建设用地再开发技术的系统性研究还较为欠缺。本研究通过在无锡和广州开展农村建设用地市场信息采集与建库技术、监测与模拟预测技术、供需分析与仿真技术、体系设计与调控技术等的研究和应用，发挥辐射带动和示范作用，为各地农村建设用地再开发市场建设提供借鉴。

4.5.2 示范点选取

1. 选取原则

一是符合性原则:示范点的空间尺度应与示范的技术内容相匹配,相关基础数据和市场环境应满足各项技术应用要求。

二是方便性原则:示范点相关管理部门应有一定的工作积极性,能够配合研究承担单位开展市场调研和基础数据收集整理等工作。

三是代表性原则:示范点应能够代表农村建设用地的典型土地利用状况,涵盖旧城镇、旧村庄、旧厂房等用地类型。

2. 选取结果

按照上述原则,在无锡选取了6个示范点,具体如下:

(1)惠山区钱桥街道:位于无锡市城乡结合部,总面积46平方千米,有旧城镇约119公顷;

(2)锡山区锡北镇:远离无锡主城区,总面积70平方千米,有旧厂房约731公顷;

(3)滨湖区胡埭镇:为无锡市工业"退城进园"的承接区,总面积36平方千米,有旧村庄约152公顷;

(4)南长区夹城里地块:地块为无锡市典型的棚户区,经市政府立项为危旧房改造项目,总面积22.81万平方米;

(5)南长区压缩机厂地块:地块原为无锡压缩机厂,总面积11.85万平方米,根据城市规划实施拆迁和再开发;

(6)惠山区城铁站地块:位于无锡市郊区,总面积14.35万平方米,地块原为旧村庄和少量农用地,依托沪宁城铁站建设商务区,对周边区域实施再开发。

同时,在广州示范区也选取了6个示范点,具体如下:

(1)白云区江高镇:位于广州市北郊,总面积102.28平方千米,有较大规模的旧城镇、旧厂房和旧村庄。

（2）白云区人和镇：位于广州市北郊，总面积74.1平方千米。2010年，人和镇因白云机场第三跑道项目开启宅基地房屋拆迁，涉及人和镇所辖凤和、太成等6条行政村共20个经济社。

（3）白云区石井街道：位于广州市城区北侧，总面积39.28平方千米。石井街道张村因石井河综合整治工程于2009年进行了动迁，172户居民在安置小区建成之后按照"拆一补一"的补偿方式回迁。

（4）天河区猎德村、棠下村：两者均为典型的城中村。其中猎德村总面积3.1平方千米，已成功实施了整体改造；棠下村总面积2.8平方千米，为典型的外来人口集聚地，宅基地房屋租赁较普遍。

（5）白云区永泰村茶山庄地块：地块位于白云区永平街道白云大道北永泰收费站东侧，总用地面积68 226平方米，规划计容积率建筑面积为22.1万平方米。前身为永泰村的集体旧厂房，根据规划将改造成一座现代化商业综合体。

根据各项技术应用要求和示范点实际情况，选取示范技术相应的示范点，见表4-5和表4-6：

表4-5　无锡示范点选取结果

示范技术	示范点	示范规模
农村建设用地再开发市场信息采集与数据建库技术	惠山区钱桥街道、锡山区锡北镇、滨湖区胡埭镇	15 200公顷
农村建设用地再开发市场供需分析与仿真技术	滨湖区胡埭镇	3 600公顷
农村建设用地基准地价评估技术	惠山区钱桥街道、锡山区锡北镇、滨湖区胡埭镇、南长区夹城里地块	15 223公顷
农村建设用地市场监测与模拟预测技术	惠山区钱桥街道、锡山区锡北镇、滨湖区胡埭镇	15 200公顷
农村建设用地再开发市场促进决策支持技术	南长区夹城里地块、南长区压缩机厂地块、惠山城铁站地块	49公顷

表 4-6 广州示范点选取结果

示范技术	示范点	示范规模
农村建设用地再开发市场信息采集与数据建库技术	白云区江高镇	10 228 公顷
农村建设用地再开发市场供需分析与仿真技术	白云区江高镇	10 228 公顷
农村建设用地基准地价评估技术	白云区江高镇	10 228 公顷
农村建设用地市场监测与模拟预测技术	白云区江高镇、人和镇、石井街道，天河区猎德村、棠下村	约 11 000 公顷
农村建设用地再开发市场促进决策支持技术	白云区永泰茶山庄地块	6.822 6 公顷

4.5.3 示范工作组织

1. 无锡示范区工作组织

根据示范工作要求，课题研究单位与无锡市原国土资源局充分协商，分别成立了示范领导小组、技术开发组和示范基地建设组，落实了工作人员和职责分工。

示范领导小组负责应用示范相关工作组织协调、重大事项决策、成果论证等；技术开发组负责课题相关技术成果在无锡示范区的开发完善、安装部署、应用集成等，主要成员由南京大学、广东友元国土信息工程有限公司和天津城建大学课题研究骨干组成；示范基地建设组负责示范点选取、业务调研、基础资料收集、技术培训、技术应用及反馈等，主要成员由课题组相关研究人员及无锡市国土资源交易中心、无锡市国土资源信息中心技术骨干组成。

2. 广州示范区工作组织

课题研究单位与广州市原国土资源和房屋管理局充分协商，分别成立了示范领导小组、技术开发组和示范基地建设组，落实了工作人员和职责分工。示范领导小组负责应用示范相关工作组织协调、重大事项决策、成果论证等，主要成员由广东省土地开发储备局、广州市原国土资源和房屋管理局、白云区土地学会相关负责人组成；技术开发组负责课题相关技术成果在示范区的开发完善、安装部署、应用集成等，主要成员由南京大学、广东友元国土信息工程有限公司和天津城建大学课题研究骨干组成；示范基地建设组负责示范点选取、业务调研、基础资料收集、技术培训、技术应用及反馈等，主要成员由课题组相关研究人员及白云区土地学会技术骨干组成。

4.5.4　示范实施过程

1. 无锡示范区实施过程

无锡示范区应用示范实施过程分为以下阶段：

（1）示范区调研及资料收集整理（2013 年 6 月—2014 年 8 月）

根据课题应用示范要求，在无锡市国土资源局协助下，分别选取了 3 个区域层面的示范点和 3 个地块层面的示范点。对各示范点，收集相关基础资料，组织开展业务调研，了解示范点土地市场状况，明确关键问题及解决方案，编制应用示范方案。

（2）技术研发（2014 年 1 月—2014 年 12 月）

根据课题研究任务，结合示范区调研及资料收集情况，进行相关技术研发，包括开发技术选型、开发环境搭建、开发人员组织及培训、需求分析、系统设计、程序编写、系统测试、系统集成等。

（3）示范准备（2014 年 7 月—2014 年 12 月）

一是根据示范需要采购相关软硬件设备，并进行安装调试；二是对示范区基础数据进行加工整理，将数据清洗、转换、加工形成可在本系统中应用的数据；三是组织示范区相关技术人员进行技术交流和培训，进一步完善相关技术系统。

（4）技术应用示范（2015 年 1 月—2015 年 12 月）

基于选取的 6 个示范点，利用相关软件和装备，进行农村建设用地市场信息采集、供需分析、价格评估、市场监测、再开发决策支持等，形成示范区相关示范成果，并对系统进行进一步检验和完善。

（5）示范总结（2016 年 1 月—2016 年 6 月）

一是对示范区技术应用情况进行总结提炼，编制农村建设用地价格评估技术规范、城乡统一的土地市场动态监测技术规范,并报无锡市质量技术监督局备案;二是对示范区示范效果进行总结分析,整理相关成果,编写示范报告。

2. 广州示范区实施过程

广州示范区应用示范实施过程分为以下阶段:

(1) 示范区调研及资料收集整理(2014年3月—2016年1月)

根据课题应用示范要求,在广州市和白云区国土资源和房屋管理局协助下,分别选取了5个区域层面的示范点和1个地块层面的示范点。对各示范点,收集相关基础资料,组织开展业务调研,了解示范点土地市场状况,明确关键问题及解决方案,编制应用示范方案。

(2) 技术研发(2014年1月—2014年12月)

根据课题研究任务,结合示范区调研及资料收集情况,进行相关技术研发,包括开发技术选型、开发环境搭建、开发人员组织及培训、需求分析、系统设计、程序编写、系统测试、系统集成等。

(3) 示范准备(2014年7月—2014年12月)

一是根据示范需要采购相关软硬件设备,并进行安装调试;二是对示范区基础数据进行加工整理,将数据清洗、转换、加工形成可在本系统中应用的数据;三是组织示范区相关技术人员进行技术交流和培训,进一步完善相关技术系统。

(4) 技术应用示范(2015年6月—2016年6月)

基于选取的示范点,利用相关软件和装备,进行农村建设用地市场信息采集、供需分析、价格评估、市场监测、再开发决策分析等,形成示范区相关示范成果,并对系统进行进一步检验和完善。

(5) 示范总结(2016年5月—2016年6月)

对示范区示范效果进行总结分析,整理相关成果,编写示范报告。

4.5.5 示范内容

1. 农村建设用地再开发市场信息采集与数据建库技术

针对建设用地再开发渐变性、周期长,单纯用人工调查、数据上报等常规手段很难满足有效实时市场监测的特点,集成嵌入式技术、新一代通信与3S技术,研制市场信息采集终端,实现信息无线传输、信息输入、信息分类、信息实时查询、信息统计及信息发布等功能;构建数据库系统,实现信息输入、信息查询、数据统计、数据分析、图表输出等功能。通过选取示范点,利用上述终端和数据库系统,建立示范点农村建设用地市场信息数据库,对系统的功能、性能、易用性、安全性等方面进行测试和评估。

2. 农村建设用地再开发市场供需分析与仿真技术

通过研究农村建设用地再开发的市场供需关系与变化规律,构建农村建设用地再开发市场供需模型与模拟分析技术,研制农村建设用地整治与再开发市场供需关系建模与仿真软件,实现土地市场供给测算、土地市场需求测算、土地市场供需分析、仿真模型构建、土地市场供需平衡预测等功能。通过选取示范点,利用上述软件进行农村建设用地再开发市场供需分析,对系统的功能、性能、易用性、安全性等方面进行测试和评估。

3. 农村建设用地基准地价评估技术

针对村镇集体建设用地市场不成熟、权属关系复杂、权益不完整等特点,研究集体建设用地使用权基准地价评估技术;针对农村建设用地再开发需求,研究建设用地再开发区片指导价评估技术。在此基础上,编制农村建设用地价格评估技术规范,研制农村建设用地基准地价评估软件,实现土地级别划分、样点信息采集、估价参数确定、样点地价测算、基准地价评估、图表输出等功能。通过选取示范点,应用上述技术规范和软件,进行集体建设用地基准地价和建设用地再开发区片指导价评估,对系统的功能、性能、易用性、安全性等方面进行测试和评估,对技术规范进行检验和完善。

4. 农村建设用地市场监测与模拟预测技术

针对目前我国现有的土地市场监测监管重城市、轻农村,监测指标不全面等问题,研究农村建设用地市场监测的内容和技术要求,编制城乡统一的土地市场动态监测技术规范,研制土地价格与土地市场模拟预测软件,实现数据管理、土地市场现状分析、土地价格时空分析、市场主体问卷调查、土地市场情景模拟等功能。通过选取示范点,基于上述技术规范和软件,进行市场信息采集和监测分析,对系统的功能、性能、易用性、安全性等方面进行测试和评估,对技术规范进行检验和完善。

5. 农村建设用地再开发市场促进决策支持技术

根据市场承受力、政策允许度、土地收益等社会经济因素进行多方案的农村建设用地流转综合影响分析,研究再开发农村建设用地市场投放多准则评估和综合决策分析技术,开发以市场促进为目标的农村建设用地再开发决策支持系统,提供市场信息查询分析和地块开发多目标决策等功能。通过选取示范点,收集相关基础数据和市场信息,利用系统进行地块再开发决策分析,对系统的功能、性能、易用性、安全性等方面进行测试和评估。

4.5.6 示范成果

1. 无锡示范区成果

课题在无锡示范区应用示范取得的主要成果如下:

(1)以惠山区钱桥镇、滨湖区胡埭镇、锡山区锡北镇为示范区,利用农村建设用地市场信息采集终端和数据库系统,采集了36个行政村的社会经济数据、541个土地市场交易案例、357份农户调查问卷和223份企业调查问卷,建立了农村建设用地市场信息数据库,利用土地市场监测与模拟预测软件、农村建设用地基准地价评估软件,完成了三个乡镇的建设用地市场监测和基准地价评估,显化土地资产价值近500亿元;以惠山区城铁站地块、南长区压缩机厂地块、南长区夹城里地块为示范点,利用农村建设用地再开发市场促进综合决策支持系统,开展了地块再开发绩效评估和决策分析等工作,提出了相关建议;以惠山区钱桥镇为示范区,利用土地市场供需关系建模与仿真软件,开展了农村建设用地市场供需分析和预测等工作,对区域产业发展和土地利用模式提出了建议。通过上述应用,形成了无锡市农村建设用地再开发市场调控示范区,并完成了农村建设用地再开发市场调控绩效评估报告。

（2）在课题成果应用基础上,结合无锡市原国土资源局"三化一体"地价管理模式,对农村建设用地价格评估和土地市场动态监测的技术思路和方法进行了梳理和提炼,形成了"农村建设用地价格评估技术规范"和"城乡统一的土地市场动态监测技术规范",并经无锡市质量技术监督局备案。该成果技术有效地提升和完善了无锡市局的"三化一体"地价管理体系,对进一步提高地价管理水平、强化土地市场调控具有重要意义。同时还将课题研制的相关软件与"三化一体"地价应用系统进行了集成,促进了无锡市农村建设用地再开发市场信息平台建设。

2. 广州示范区成果

课题在广州示范区应用示范取得的主要成果如下:

（1）利用农村建设用地再开发市场信息采集与建库技术,在采集智能终端和数据库系统支持下,采集了广州市白云区江高镇 17 个行政村的社会经济数据、251 个土地市场交易案例、107 份农户调查问卷和 77 份企业调查问卷,建立了农村建设用地市场信息数据库。该技术可以提高农村建设用地市场信息采集和数据处理的方便性和实时性,随时随地为用户提供方便、快捷、可靠的信息查询和管理手段。

（2）利用农村建设用地市场监测与模拟预测技术、农村建设用地基准地价评估技术、农村建设用地再开发市场供需分析与仿真技术,在相关软件系统支持下,完成了江高镇建设用地市场监测与模拟预测、基准地价评估、农村建设用地市场供需分析,以及白云区人和镇、石井街道,天河区猎德村、棠下村宅基地流转的农户福利效应分析等工作,揭示了区域土地市场发展状况,显化了村镇土地资产价值,对区域产业发展和土地利用模式、集体土地流转等提出了建议。该技术可以用于科学合理的评估并形成农村建设用地的交易指导价格,规范农村建设用地流转,科学显化农村建设用地价值,促进农村建设用地再开发。

（3）利用农村建设用地再开发市场促进综合决策支持技术，对广州市白云区永泰茶山庄旧厂房改造项目进行了再开发市场分析和方案比选，提出了相关建议。该技术可以用于地块再开发方案的比选和优化，为再开发项目实施提供决策参考。

4.5.7 示范效益

1. 经济效益

农村建设用地市场信息采集终端与数据库系统改变了传统的手工记录、离线录入的信息采集方式，提高信息采集和数据处理的便捷性、精准性和实时性，降低了采集成本，适应了农村建设用地市场信息采集与分析的要求。

农村建设用地价格评估、农村建设用地市场监测与模拟预测技术的应用，可以科学合理地评估并形成农村建设用地的交易指导价格，规范农村建设用地价格评估工作，科学显化农村建设用地价值（通过应用示范，完成了四个乡镇的建设用地市场监测和基准地价评估，显化土地资产价值近700亿元），揭示农村建设用地市场及价格变化特征，为应用市场机制促进农村建设用地再开发提供客观准确的市场信息和价格依据。

农村建设用地市场供需分析与仿真技术、市场模拟预测技术可以了解市场主体各方对集体建设用地直接入市的交易偏好、利益诉求及由此带来的土地利用变化，根据农村建设用地市场发展实际提出区域产业发展和土地利用相关建议，有利于引导农村建设用地再开发的"精明增长"。

农村建设用地再开发市场促进决策支持技术的应用，提高了再开发决策的科学性和效率，推进了农村建设用地再开发项目实施，产生了良好的经济效益。

2. 社会效益

农村建设用地价格评估、农村建设用地市场监测与模拟预测技术的应用，可以规范农村建设用地价格评估工作，合理调节市场参与各方利益关系，将积极推进规范、有序的农村建设用地市场的形成,促进农村建设用地再开发;同时,及时了解建设用地市场供需状况、农村建设用地价格水平及走势,及时发现农村建设用地市场再开发中存在的问题,不断完善和促进农村建设用地再开发,提高存量建设用地再开发效率和综合效益;农村建设用地市场的模拟可以揭示市场主体各方对集体建设用地直接入市的交易偏好、利益诉求及由此带来的土地利用变化,为制定和完善城乡统一的建设用地市场制度设计提供依据;农村建设用地再开发市场供需分析与仿真技术的应用,将为缓解农村建设用地浪费严重问题,拓展建设用地空间,合理开发农村建设用地起到指导作用,同时也将促进建设用地的有效供给,构建良好的农村建设用地市场调控新机制,促进国民经济健康发展和社会稳定。

综上,本书技术应用对于规范农村建设用地市场、促进农村建设用地再开发,提升村镇国土资源管理科技水平发挥了明显作用,具有显著的社会效益与经济效益。

4.5.8 示范结论

相关部门应用证明及专家现场考察意见证实,课题研究的相关技术成果应用情况良好,具有广阔的应用前景。具体情况如下:

1. 农村建设用地市场信息采集终端和数据库系统。农村建设用地信息采集智能终端的使用将构建一个实时实地的农村建设用地市场信息服务平台,在网络化内容服务、多尺度互联互通等方面满足政府、专业部门和公众的多层次需求。农村建设用地数据库系统将可用于收集并存储村镇土地利用信息,并对土地使用过程中产生的各类信息进行整理分析,为农村建设用地的高效利用和再开发规划提供决策支持和数据支撑。

2. 农村建设用地基准地价评估软件。当前村镇集体建设用地市场交易无序、缺乏科学的交易指导价,土地利用效率普遍较低。通过应用该技术,可以规范农村建设用地价格评估工作,科学显化农村建设用地价值,合理调节市场参与各方利益关系,促进农村建设用地再开发,推进土地节约集约利用,提高村镇土地管理水平,为农村建设用地出让、出租、作价出资(入股)、抵押等提供依据。

3. 土地价格与土地市场模拟预测软件。目前农村建设用地市场监测主要针对国有建设用地,已形成一套完整的市场信息采集、上报、审核、备案、分析和决策机制。而村镇集体建设用地分布广、数量大、利用效率低下,是今后土地市场管理的关键所在。通过应用市场监测技术,可以及时了解村镇集体建设用地市场供需状况,有效把握土地价格水平及走势,合理评价市场发展健康状况,发现农村建设用地供应和开发利用中存在的主要问题,为建立城乡统一的建设用地市场提供市场调控的技术手段。农村建设用地市场模拟预测技术从市场主体各方的政策认知及行为模式分析入手,通过基于情景模拟的问卷调查,了解市场主体各方对集体建设用地直接入市的交易偏好、利益诉求及由此带来的土地利用变化,为制定和完善城乡统一的建设用地市场制度设计提供依据。

4. 土地市场供需关系建模与仿真软件。通过农村建设用地市场供需进行合理分析和预测,对合理有序地开发农村建设用地起指导作用,为缓解农村建设用地浪费严重问题,拓展建设用地空间,促进建设用地的有效供给,构建良好的农村建设用地市场调控新机制提供理论基础和依据;同时,对农村建设用地供需关系进行预测和仿真模拟,有效反映用地市场的供需关系,为农村建设用地的再开发决策提供依据与技术支持。

5. 农村建设用地再开发市场促进综合决策支持系统。目前农村建设用地利用效率普遍较低,而农村建设用地再开发是推进村镇土地节约集约利用的主要途径。当前,国家层面的集体建设用地入市政策尚未出台,在此情况下,各地的农村建设用地再开发方案主要由地方政府结合地块自身条件和村镇具体情况确定,决策的层面不高、依据不足,很难有效把握市场承受力,合理平衡各方利益,这些都导致很多再开发项目推进缓慢。本技术以市场促进为目标,通过构建决策指标体系,进行决策方案模拟和指标测算分析,采用多目标优化技术进行决策方案比选,在满足再开发项目的政策约束、市场约束及各方利益均衡约束情况下,寻找最优的再开发方案,为全面推进农村建设用地再开发,促进土地节约集约利用提供技术支撑。

根据相关技术系统在示范区的应用情况,其推广应用的预期效益主要体现在以下方面:

一是农村建设用地市场信息采集和建库技术可以提高农村建设用地市场信息采集和数据处理的便捷性、精准性和实时性,适应了农村建设用地市场信息采集与分析的要求。

二是土地市场监测与模拟预测技术、基准地价评估技术可以显化村镇土地资产价值,揭示农村建设用地市场及价格变化特征,为应用市场机制促进农村建设用地再开发提供客观准确的市场信息和价格依据。

三是农村建设用地再开发市场促进综合决策支持技术有效提高了地块再开发决策的科学性和效率,有助于推动再开发项目顺利实施。

四是土地市场供需关系建模与仿真技术能根据农村建设用地市场发展实际,提出区域产业发展和土地利用相关建议,有利于引导农村建设用地再开发的"精明增长"。

4.6 本章小结

本章主要介绍了农村建设用地再开发市场调控技术集成思路、技术支持系统总体设计和各子系统设计、系统开发、技术示范等,形成以下结论:

1. 农村建设用地再开发市场调控技术支持系统由6个相互独立、有机集成的子系统组成,分别是农村建设用地市场信息采集智能终端、农村建设用地市场信息数据库系统、农村建设用地基准地价评估软件、土地价格与土地市场模拟预测软件、土地市场供需关系建模与仿真软件、农村建设用地再开发市场促进综合决策支持系统。

2. 系统在无锡和广州示范区进行了安装部署与应用示范,对相关研究成果进行了检验和完善,示范效果良好。

3. 系统在一定程度上解决了当前农村建设用地市场管理薄弱、交易无序、信息化水平较低、市场监测和决策分析手段落后等问题,具有广阔的应用前景。

参考文献

[1] 张犁.GIS系统集成的理论与实践[J].地理学报,1996(04):306-314.

[2] 陈腾浩,马振利,韩建荣.系统建模与仿真技术探讨[J].中国储运,2012(03):106-107.

[3] 蔡瑜.基于WebGIS技术农村土地承包综合管理信息系统设计与实现[D].东华理工大学,2014.

[4] 林喜庆,朱岩,唐韵.国土资源信息化中应用WebGIS技术[J].科技传播,2012,4(15):199+170.

[5] 王林青.国土测绘与国土GIS一体化集成探析[J].科技创新与应用,2016(17):295.

[6] 郝宇欣,关晨.3S技术集成与地理信息系统的发展[J].黑龙江科技信息,2015(04):1.

附 录

附录一:村镇建设用地价格评估技术规范(草案)
附录二:城乡统一的土地市场动态监测技术规范(草案)
附录三:农村建设用地再开发市场调控技术支持系统介绍

扫一扫
获得附录文件

后　记

随着农村集体建设用地市场制度的构建,尤其是2019年出台的《中华人民共和国土地管理法》(修正案)确定允许集体经营性建设用地入市,同时在征地补偿、宅基地等直接关系农民利益的问题上做出多处创新完善,这不仅较为充分地体现了关于农村土地征收、集体经营性建设用地入市、宅基地改革试点的制度性成果,而且更为重要的是为通过改革破解现行农村土地制度与市场调控不相适应的问题提供了政策保障。

但农村集体建设用地市场制度建设涉及的主体,所包含的利益关系复杂,因此,需要科学地揭示农村建设用地市场再开发与调控的规律,并结合先行地区的成功经验,加以探索与完善。为此,得益于国家"十二五"科技支撑计划重点项目课题"村镇建设用地再开发市场调控关键技术研究(2013BAJ13B02)"和国家自然科学基金项目(41571162)支持,尤其是结合国家"三块地"改革试点地区以及农村土地制度改革先行地区等地方的试点,《农村建设用地再开发市场决策与调控》从农村建设用地市场供需分析、决策模型以及调控机制等方面开展了较为深入地探讨,为探索形成符合中国特色的农村建设用地市场制度提供了借鉴。

本书由南京大学、广东友元国土信息工程有限公司和天津城建大学共同开展。在4年多的课题实施过程中,得到了自然资源部科技发展司、自然资源部国土整治中心、中国土地学会等部门有关领导、专家及同行们的悉心指导和帮助,得到了自然资源部土地整治重点实验室、广东省自然资源厅、江苏省自然资源厅、广州市白云区规划和自然资源局、无锡市自然资源局、南海市自然资源局等单位、部门的大力支持,在此一并致以感谢。

本书作者分工如下,第一章:谢泽林、叶丽芳、陈翔;第二章:刘戈、黄凌翔、徐玉婷、汪东川、宋宜全;第三章:谢泽林、晏雪飞、陈翔;第四章:胡月明、谢泽林、叶丽芳、刘吼海、刘戈、黄凌翔;附录:黄贤金、谢泽林、胡月明、叶丽芳、刘吼海、刘戈、黄凌翔等。

农村集体建设用地再开发决策与调控,涉及经济社会发展、城乡用地关系以及乡村发展阶段,尤其是涉及政府、集体、农户以及企业等多重利益主体关系,此外,还存在区域性差异。因此,我们在典型地区所开展的探索性研究,只能起到抛砖引玉的作用,需要有更深入的研究加以推进。

由于作者水平有限,研究成果中尚有很多不足和值得商榷之处,书中不妥、疏漏乃至错误在所难免,恳请读者批评指正。